어떤 유명 연예인이 자살을 했는데 그리스도인으로 알려졌다. 한 모임에서 일단의 사람들이 보인 반응은 "그리스도인이 어떻게"였다. 그리스도인들도 자살한다. 그들도 우울증에 시달리며 삶의 막다른 골목에서 좌절한다. 그리고 죽음이 가볍게 느껴지기도 한다. 기독교는 자살에 대해 오랜 시간 동안 여러 입장을 보여왔다. 천 년이 넘는 시간 동안 자살에 대해 많은 투쟁을 벌여온 것이다. 그러나 기독교는 요즘 자살을 철저하게 외면하고 있다. 마치 그리스도인은 자살하고는 거리가 먼 것처럼 말이다. 이 책은 자살에 대해 기독교적인 관점에서 관련된 주제들을 모두 다루고 있다. 실례를 들어가며 우리의 이해를 넓혀준다. 가히 자살에 대한 기독교 종합판이라고 할 만하다.

조성돈
LifeHope기독교자살예방센터 대표, 실천신학대학원대학교 교수

나는 목회자로서, 상담가로서 자살의 유혹과 힘겨운 싸움을 하고 있는 이들을 어떻게 도울 수 있을까를 늘 고민해왔다. 그런데 이 책『그대, 죽지 말아요』는 자살에 대해 A부터 Z까지 주요한 주제들을 정교하게 다룸으로써 해결책을 제시한다. 자살에 대한 이론과 통념, 신학적 주제들을 명확하게 설명하고, 실제 사례들을 통해 자살 시도자, 자살 생존자들, 자살을 겪은 유가족들과 신앙 공동체의 회복과 치유를 위해 실질적인 도움을 제공한다. 자살 예방을 원하는 사람은 누구나 반드시 읽어야 할 책이다. 왜냐하면 예방에 실패하면 다시는 도울 기회가 없기 때문이다.

홍인종
장로회신학대학교 목회상담학 교수

당신이 목회를 준비한다면, 당신을 위해 예비된 것이 바로 이 책이다. 당신이 우리 중 어느 누구보다도 더 많이, 죽음이 생명을 만나는 이 어두운 만남의 장소에 서 있는 자신을 발견할 것이라는 데는 의심의 여지가 없기 때문이다.

데이비드 B. 비벨
*Finding Your Way After the Suicide of Someone You Love*의 공동 저자

이것은 내가 지금까지 자살 예방에 관해 읽었던 책 중 최고의 작품이다.

앨런 T. "블루스" 베이커
전직 미국 해병대 소장 및 은퇴 군목

이 책은 여러 교파와 다양한 배경에 있는 목회자들에게 광범위한 정보를 제공한다. 저자는 자신의 임무를 완수했고, 이 책은…종교 지도자들로 하여금 곤경에 처한 이들 및 그들이 사랑하는 이들 그리고 신앙 공동체에 전문적인 목회 돌봄을 제공할 수 있도록 돕는다.

탤리타 아놀드
미국 전국자살예방실천연맹의 신앙 공동체 전문위원회 공동대표

이 책이 그동안 교회가 기다렸던 매뉴얼이다.

티모시 C. 텐넌트
애즈버리 신학대학원 총장

어떤 목회자도 이 책이 가르치는 것을 배우기 위해 정신건강의 위기가 발생하거나 자살이 교구를 강타할 때까지 기다릴 시간적 여유가 없다. 이것은 교단에 관계없이 모든 목회자가 반드시 읽어야 할 필독서다.

캐스린 그린-맥크레이트
*Darkness Is My Only Companion*의 저자

Preventing Suicide

A Handbook for Pastors, Chaplains and Pastoral Couselors

Karen Mason

Preventing Suicide

그대, 죽지 말아요

자살 위험에 노출된 사람을 돕는 방법

캐런 메이슨 지음
장보철 옮김

새물결플러스

가치 있는 삶을 형성하도록

나에게 모델이 되어주신

나의 부모님 랜달 매튜스와 앨리스 매튜스에게

이 책을 바칩니다.

목차

감사의 글

나의 내담자들이 내게 자살 예방에 대해 많은 것을 가르쳐주었다. 그들이 용기를 갖고 도전적인 삶을 사는 것은 나에게 많은 활력을 불어넣어준다. 자신들의 경험을 관대하게 공유해준 성직자들도 동일하게 많은 영감을 주었다. 나는 릴리 신학 연구 지원 프로그램을 나에게 배정해준 북미 신학교 협회에 진심으로 감사드린다. 나는 이 연구비를 받아 성직자에 대한 연구와 성직자들이 자살에 참여한 것에 관한 연구를 수행할 수 있었다. 나는 공동 연구자인 제임스 D. 와인즈 주니어, 모니카 가이스트, 레이먼드 펜들턴 그리고 파블로 폴리슈크 박사에게 감사를 전한다. 또한 나의 조교들이 매우 귀중한 도움을 주었다. 그들이 없었다면, 나는 이 연구를 완성할 수 없었을 것이다. 도움을 준 엘리자베스 부사, 레베카 도로, 헤더 손버그, 데이 마샬, 리처드 쿠오에게 진심으로 감사의 마음을 전한다. 나의 부모와 이 책의 책임 편집자인 데이비드 콩든이 이 원고의 초안을 꼼꼼하게 읽고 매우 귀중한 도움을 준 것에 대해서도 매우 감사하게 생각한다. 이 책에 나오는 모든 실수는 전적으로 나의 책임이다.

서론

비록 모두는 아니지만,
대부분의 자살은 예방할 수 있다.

케이 레드필드 제이미슨

내가 언제부터 자살을 예방할 수 있다고 믿게 되었는지는 확실치 않다. 아마도 몇 년 전에 다중인격으로 고통을 겪으며 평생 자살을 시도했던 제인[1]이라는 여성을 상담하는 중에 자살을 예방할 수 있다고 믿게 되었던 것 같다. 나는 어느 날 문득 제인이 아직 자살하지 않았고, 그녀도 자신이 자살하지 않도록 내가 그녀를 도와주기를 원했다는 사실을 깨달았다. 나는 삶과 죽음의 문제에, 그것도 그리 낙관적이지 않은 문제에 뛰어드는 게 적잖이 두려웠지만 그녀를 돕기 위해 그 문제에 뛰어들기로 결정했다. 또한 나는 자살을 예방해야 한다는 심리학 전문가로서의 책임감도 있었다.[2] 자살하려는 내담자는 일반적으로 자살 예방을 위해 병원에 입원시키는 것이 관례인데, 제인은 병원에 입원하고 싶어 하지 않았다. 나는 이것이 가능할지, 가능하다면 어떻게 그것을 처리해야 할지 확신이 서지 않았다.

이 모든 일은 내가 살면서 겪은 자살에 관한 이런저런 복잡한 일단의 태도 때문에 나의 내면에서 발생했다. 소포클레스와 셰익스피어의 작품을 읽거나 자살을 다룬 영화나 신문기사를 보면서, 나는 어떤 상황이 닥치면 내담자에 따라서는 자살할 수 있는 권리를 주장할 수도 있겠다고 생각했다.[3] 나는 제인이 자살할 수 있는 권리를 주장하지 않아서 그녀에게 큰 호기심이 생겼다. 나는 자살에 대한 다양한 의견을 접하면서 살펴볼 필요가 있는 자살에 관한 여러 가지 태도를 수용하고 있었다. 태도가 행동에 영향을 끼칠 수 있었기 때문이다.[4] 자살에 관한 일부 의견이 나의 태도에 영향을 끼쳤고, 제인을 돕는 방법에 관한 생각을 혼란스럽게 했다.

자살에 대한 다양한 관점

자살 및 자살 예방에 대한 우리의 태도에 영향을 끼치는 자살에 관한 일반적인 관점은 다음과 같은 것이 있다.

의무로서의 자살

의무로서의 자살을 보여주는 예는 죽은 남편의 화장용 장작더미에 자신을 산 제물로 드리는 힌두교인 미망인이다. 비록 이 유형의 자살이 의무로 여겨지지만, 자발적인 측면도 있다. 1829년에 대영제국이 이러한 형태의 자살을 불법적인 행위로 선포했지만, 그럼에도 그들은 이 행위를 멈추게 하는 것이 어렵다는 것을 발견했다는 사실이 이 유형의 자살에는 자발적인 측면이 있음을 증명한다.[5] 중앙아프리카와 멜라네시아 지역의 아내들은 죽은 남편과 함께 산 채로 매장되었고, 북미의 나체즈족과 뉴질랜드 마오리족의 아내들은 교살되었다.[6] 유럽의 거대한 강들을 건너갈 힘이 없는 나이든 집시들은 가족들을 위해 함께 떠나지 않고 뒤에 남아 죽기를 선택한다는 늙은 집시에 관한 TV 프로그램을 예전에 시청한 기억이 떠오른다. 가라앉는 배와 함께 죽기를 선택한 선장은 의무 혹은 명예로운 자살의 현대판이다.[7]

명예를 지키기 위한 자살

자살에 대한 두 번째 관점은 자살이 특정한 상황에서는 명예로울 수 있다는 것이다. 페든(Fedden)은 귀족과 군인이라는 신분의 소속감을 지키기 위해 명예롭게 자살을 선택하는 유형으로 분류되는 일본인의 하라-키리(hara-kiri) 관행[8]에 대해 다음과 같이 서술했다.

> 1868년 프랑스 관리의 살해에 연루된 20명의 일본 무사들에게 프랑스 대사가 보는 앞에서 할복하라는 처벌이 내려졌다. 그러나 형이 집행되어가는 과정에서 이런 유형의 일본식 의리는 도저히 인정할 수 없다는 것을 발견했다. 프랑스 대사는 무사 가운데 11명이 할복한 후에 더 이상 이 광경을 지켜볼 수 없었고, 나머지 9명은 처형을 면한 대신에 유배당했다.[9]

이러한 유형의 자살이 매우 명예로운 것으로서 인식된 까닭에 세네카는 카토의 자살에 대해 다음과 같이 묘사했다. "분명히 신들은 자신들의 제자가 영광스럽고 기념할 만한 방식으로 최후를 맞이한 것에 대해 흡족하게 바라보았을 것이다!"[10] 명예 자살의 좀 더 현대적인 예로는 제2차 세계대전 당시 일본의 카미카제 조종사를 들 수 있다.

정치적 항거로서의 자살

중동의 자살 폭탄의 사례처럼 자살은 정치적인 항거의 수단으로 사용되어왔다. 기원후 73년에 960명의 유대인들이 마사다에서 함께 자결했다.[11] 간디가 정치적인 목적을 가지고 행했던 몇 차례의 금식은 그를 거의 자살 직전까지 몰고 갔었다.[12] 얀 팔라흐는 소련이 체코슬로바키아를 침공한 후, 체코 국민들의 도덕적 타락에 항거하기 위해 1969년 프라하에서 분신해 목숨을 끊었다.[13] 베트남의 마하야나 불교 승려인 티크 콴 독은 남베트남 정부의 불교 탄압에 항거하기 위해 1963년 6월 11일 사이공 시내 교차로에서 분신자살했다. 1978년 11월 18일에는 짐 존스의 인민사원(People's Temple)에 속한 914명에 달하는 추종자들이 집단 자살했다.[14] 짐 존스는 다음과 같이 말한 것으로 알려졌다. "우리는 자살하는 것이 아니라 혁명적인 행동을 하는 것이다."[15]

합리적인 선택으로서의 자살

또 다른 관점은 자살이 합리적이고 철학적 선택이라는 것이다. 기원전 약 2천5백 년쯤에 『바빌로니아 염세주의자와의 대화』(*The Babylonian Dialogue of Pessimism*)는 논리적으로 볼 때 삶의 무의미함은 반드시 자살을 초래할 수밖에 없다는 결론을 내리고 있다.

> 그렇다면 무엇이 선인가?
> 내 목과 당신의 목을 꺾는 것,
> 강물로 뛰어드는 것이 바로 선이다.[16]

고대 그리스의 견유 학파, 스토아 학파 그리고 에피쿠로스 학파의 철학자들은 모두 합리적인 선택으로서의 자살에 대한 권리를 지지했다. 예를 들면 스토아 학파의 세네카는 다음과 같이 말했다. "내가 항해해야 할 배, 거주해야 할 집을 선택하는 것처럼, 나는 삶을 떠나야만 하는 죽음을 선택할 것이다.…인간의 운명은 자기 자신의 선택에 의해 계속해서 비참해지지 않을 수 있으니 참으로 행복한 것이다."[17] 그는 자살은 합리적일 뿐만 아니라 현명한 것이라고 말했다. "지혜로운 사람은 자신이 할 수 있는 한 오래 사는 것이 아니라 살아야만 할 때까지 사는 것이다."[18] 아테네 사람들은 자신이 불행하다고 느끼고, 자신의 선택의 합리성에 대해 원로원을 설득할 수 있다면 자살을 허락받았다. 아테네 법은 다음과 같이 명시하고 있다.

더 이상 살고 싶지 않은 사람은 누구나 원로원에 그 이유를 설명해야만 한다. 허가를 받은 다음에 생명을 포기할 수 있다. 살아 있다는 것이 당신에게 너무나 싫고 지루하면 죽을 수 있다. 당신의 운명이 너무나 무거운 짐을 지운다면 독약을 들이켜라. 비통이 당신을 너무나 힘들게 한다면 생명을 포기하라. 불행한 사람으로 하여금 자신의 불행을 말하게 하고, 관원은 그에게 구제책을 제공해야 하며, 그의 비참한 생활은 종말을 고할 것이다.[19]

마르세유를 건립했던 그리스인들은 자살할 만한 적절한 이유가 있다고 민회를 설득해 자살하라는 허락을 받은 사람들을 위해 독약을 상시 구비해둠으로써 이를 영속화시켰다.[20] 대플리니우스는 다음과 같이 말했다. "비탄에 빠진 사람으로 하여금 자살하게 하려는 것이 아니라면 우리의 어머니 대지가 뭐하러 그렇게 많은 독을 만들어내겠는가?"[21] 물론 모든 고대 그리스인이 합리적 자살을 받아들였던 것은 아니다. 피타고라스 학파의 학자들은 합리적인 윤리적 관점에서 자살에 대한 반대 의견을 다음과 같이 주장했다. "우리는 신이 정한 시간에 자유롭게 될 때까지 기다려야만 한다."[22] 자살이 비합리적일 경우 비합법적이며 이런 유형의 자살은 절단이란 결과를 가져왔다. 죽음을 실행한 손을 잘라 내버린 것이다.[23]

페든은 르네상스 시대의 철학자들이 당대에 점차 확산되던 음울하고 우울한 상황에서 고대 그리스와 로마의 철학과 합리적 자살을 되살려놓았다고 주장했다.[24] 또한 그는 17세기 후반에 가난은 윤리적으로 열등한 것으로 경멸을 받았고, 따라서 자살의 이유가 되었다고 지적했다.[25] 르네상스 시대의 철학자 중 일부는 인간 삶의 무의미함과 인간이 지닌 자유에 근거해서 자살의 합리적인 권리를 지지했다.[26] 예를 들어 몽테뉴는 다음과 같이 『수상록』에 기록했다. "자발적인 죽음이야말로 최고로 아름다운 것이다. 삶은 다른 사람들의 쾌락에 달려 있으나 죽음은 우리 자신에게 달려 있다."[27]

르네상스 이후의 철학자들도 합리적 자살이라는 관점을 주장했다. 19세기 철학자 쇼펜하우어는 다음과 같이 말했다. "이 세상에서 자기 자신의 인격과 생명에 대한 권리보다 더 확실한 어떤 권리를 가진 사람은 아무도 없다는 점은 분명한 사실이다."[28] 때때로 실존주의는 자신을 결정하는 최후의 행위로 자살을 간주한다. 시인 윌리엄 카를로스 윌리엄스(William Carlos Williams)는 "행동하는 사람의 완벽한 유형은 바로 자살자다"라고 말한다.[29] 레이보(Reybaud)의 글에 나오는 인물인 제롬 파튀로 역시 이러한 생각을 잘 반영한다. "자살은 비로소 인간을 인간으로 만든다. 사람은 그다지 특별할 것이 없고 죽은 자는 영웅이 된다.…모든 자살은 성공한 셈이다.…나는 확실하게 자살을 준비해야만 한다."[30] 장 폴 사르트르(Jean Paul Sartre)와 알베르 카뮈(Albert Camus)가 개인적으로 자살을 찬성하지는 않았지만 자살에 관한 철학적 논쟁에는 공헌했다.[31] 알베르 카뮈는 다음과 같은 글을 썼다. "진정으로 중요한 철학적인 문제가 하나 있는데 그것은 바로 자살이다. 삶이 살 만한 가치가 있느냐 없느냐에 대한 판단은 철학의 원초적인 질문에 답하는 것과 같다."[32]

합리적 자살의 다른 유형은 잭 케보키언(Jack Kevorkian)과 데릭 험프리(Derek Humphry)가 주장한 것처럼 노년, 무능력, 질병에 의한 수치심 혹은 고통을 피하려고 행하는 자살이다.[33] 자발적인 안락사 협회(Voluntary Euthanasia Society)의 부회장인 아서 쾨슬러는 1983년에 자신의 아내 신시아와 함께 자살로 생을 마감했다.[34] 안락사 협회 회원이었던 헨리 피트 반 두센 박사는 자신의 부인과 신체적인 쇠약의 시기를 보낸 후에 1975년 1월 약물 과다 복용으로 스스로 목숨을 끊었다. 그는 유니온 신학교의 총장을 역임하기도 했다.[35] 프로이트는 자신의 담당 의사에게 모르핀을 치사량까지 주입해달라고 요청하여 1939년 9월 23일에 죽었다.[36] 기원전 1250년까지 거슬러 올라가면, 이집트의 위대

한 왕이었던 람세스는 시력을 잃어버리자 스스로 목숨을 끊었다.[37]

합리적 자살의 마지막 유형은 자살이 경제적인 큰 실패나 비참한 상황에 대한 적절한 반응이라는 것이다. 도박 빚은 18세기 영국의 자살과 연관성이 있다.[38] 영국 언론은 1929년 뉴욕에 닥친 대공황으로 자살자가 가득하게 되었다고 다음과 같이 부정확하게 묘사했다. "검은 목요일(black Thursday)로부터 일주일 어간에, 런던의 염가 신문(penny press)은 뉴욕 중심가의 모습을 유쾌하게 전했다. 투기꾼들이 창문 너머로 자신들의 몸을 던지고 있으며, 행인들은 떨어진 금융업자들의 시체 사이를 조심스럽게 헤치며 걷고 있었다."[39]

예술가의 운명으로서의 자살

한 가지 관점은 예술가들이 쉽게 자살하는 경향이 있다고 말한다. 자살은 "천재들이 지불해야 할 많은 대가 중 하나"[40]이기 때문이다. 소설가 데이비드 포스터 월리스(David Foster Wallace)는 자살은 자신의 마음속에 있는 "최악의 주인"에게 총을 쏘는 것이라고 주장했다.[41] 앨버레즈(Alvarez)는 예술가들은 "만사의 종결로서가 아니라 어리석은 부르주아에게 보내는 최고의, 극적인 경멸적 표현"[42]으로 자살할 수밖에 없는 운명에 처해 있다고 역설했다. 이에 더해, 자살은 연극과 같은 것으로 간주될 수도 있다. "자신을 죽이는 행위는 연극에서의 행위와 같다. 즉 당신이 기다리지 않을 때 죽음이 당신에게 살며시 다가오길 기다리기보다는 당신이 적극적으로 찾아가 죽음에게 문을 열어달라는 표시가 자살이다."[43]

"이루어질 수 없는 운명의 연인"들을 연결해주는 것으로서의 자살

우리는 로미오와 줄리엣 또는 마르쿠스 안토니우스와 클레오파트라처럼 서로 하나가 될 수 없는 비극적인 운명의 연인이 자살하면서 서로의 운명을 하나로 엮는 또 다른 관점을 본다. 1678년, 존 드라이든(John Dryden)은 안토니우스와 클레오파트라의 이야기를 다룬 자신의 희곡 『오직 사랑을 위하여』(All for Love)의 마지막을 다음의 대사로 장식한다. "그 어떤 연인도 그렇게 위대하게 살지 못했고, 그토록 멋지게 죽지 않았네."[44] 윈슬로우는 죽은 연인을 발견한 센강의 뱃사공의 예를 든다.

> 두 사람의 사체, 아주 멋진 옷으로 치장한 약 20살 가량의 젊은 여성과 제8경기병의 제복을 입은 젊은 남성…한 장의 종이에는…그들의 이름과 자살한 동기가 다음과 같이 적혀 있었다.
>
> "오 그대여! 이 글을 읽고 있는 그대가 누구인지는 모르지만, 동정심 많은 영혼을 소유한 그대는 우리 두 사람의 몸이 하나가 되었음을 발견할 것입니다. 우리가 이 세상에서 가장 뜨거운 애정을 가지고 서로 사랑하였음을, 그리고 우리는 서로 함께 죽어 영원히 한 몸이 되었다는 사실을 알게 될 것입니다. 동정심이 많은 그대여, 우리의 마지막 소원은 우리가 한 몸을 이룬 것처럼 한 무덤에 묻히는 것입니다. 사람이 죽음으로 한 몸을 이룬 이들을 갈라놓지 못할 것입니다." (서명) 플로린 고용.[45]

18세기에 이루어질 수 없는 운명의 연인들이 자살한 유형의 예로 가장 유명한 것이 『리옹의 연인들』(Lovers of Lyons)이다. 리옹의 연인들은 결혼을 허락받지 못해 결국 동시에 총으로 자살했다.[46] 괴테의 베르테르도 혼자 짝사랑하고 그 사랑이 이루어지지 않아 자살로 생을 마무리한다.[47] 어떤 이들에게 자살은 내세에서 재결합하는 방법일 수 있다. 플라톤은 다음과 같이 말했다. "많은 이들이 지상에서 사랑했던 이들, 곧 아내나 아들을 만나 소소하게 이야기를 나눌 수 있다는 희망에 고무되어 기꺼이 하데스로 내려가길 소망한다."[48]

많은 이들은 자살을 정당화하는 것처럼 보이는 여러 상황을 묘사한 것과 더불어 자살이 가져오는 끔찍한 결과를 분명히 지적하고 있다. 이것은 우리가 자살을 어떻게 보아야 할지 더욱 복잡하게 만든다.

자살하면 지옥에 간다

이 관점은 자살로 생을 마감한 사람은 영원한 형벌로 인해 괴로움을 당할 것이라고 분명히 말한다. 14세기에 단테는 지옥 9층에 있는 사탄과 함께 7층에서 고문을 당하는 자살자들에 대해 썼다.[49] 단테는 베르길리우스의 『아이네이스』(Aeneid)를 근거로 해서 『지옥편』(Inferno)을 썼다. 『아이네이스』를 보면, 아이네이스가 하데스로 내려갔는데, 그곳에서 자살한 사람들을 발견한다.

> 그다음 장소에는 범죄와는 무관하지만 스스로 목숨을 끊은 자들, 그리고 지금 그들은 얼마나 기꺼이 저 공중에 떠다니는 메마름과 거친 고통을 견디고 있는지![50]

햄릿은 "사느냐, 죽느냐, 그것이 문제로다"라고 말하면서 자살을 깊이 생각하지만 "죽음 이후 두려운 무언가"가 있을 것 같아서 자살하지 않기로 결심한다.[51] 밀턴의 『실낙원』(*Paradise Lost*)에서 아담은 하나님의 "복수하시는 분노" 때문에 자살을 하면 안 된다고 주장한다.[52]

자살한 이의 영이 들러붙는다

자살이 가져오는 또 다른 무시무시한 우려는 자살한 이의 유령이 살아 있는 사람을 위협한다는 것이다. 자살로 죽은 사람은 매우 심하게 부당한 대우나 괴롭힘을 받았기 때문에 그 유령이 특별히 복수에 불타오른다고 추정되었다.[53] 윈슬로우는 다른 가정부에게 다음과 같이 말한 가정부의 예를 들려준다. "나는 수영을 하고 그 후에 너를 괴롭힐 거야." 그녀는 나중에 익사한 채로 발견되었다.[54] 이런 이유 때문에, 15세기에 프랑스의 메스라는 도시에서는 자살로 죽은 사람들을 통에다 집어넣어 모젤강가로 떠내려 보냈다고 한다. 이는 자살한 이들을 마을과 그들이 들러붙어 따라다니기 원하는 사람들에게서 멀리 떠나보내려는 의도에서 나온 것이었다.[55] 들러붙는 것에 대한 두려움이 왜 영국에서 자살자들의 심장에 말뚝을 박고 네거리의 한가운데다 매장하는 이유를 설명해준다. 즉 죽은 자의 영이 집으로 오는 길을 찾지 못하도록 하기 위함이었다.[56]

교회가 자살 예방을 위해 할 일

자살에 관한 이런저런 관점과 태도들을 고려해볼 때, 나는 내담자인 제인을 혼란스런 가운데 만날 수밖에 없었다. 한 명의 그리스도인으로서 나는 교회가 그녀를 도울 수 있는 곳인지에 대해 의심했다. 자살하고픈 생각이 동반된 우울증으로 시달렸던 윌리엄 제임스는 "종교적인 믿음을 자살을 막는 가장 강력한 안전판으로 여겼다."[57]

그러나 제인은 자신이 다니던 교회에서 축귀(exorcism)를 받았고, 그 후로 두 번 다시 교회에 발도 디디지 않는다고 설명했다. 교회가 자살자를 돌볼 수 있어야 하지만, 항상 그런 역할을 하는 것만은 아니다. 앤지(Angie)는 총을 들어 방아쇠를 당겨 자살했다. 비록 그 누구도 그녀가 자살할지에 대해서 알지 못했지만, 앤지의 어머니는 개신교 목사인 그녀의 오빠로부터 한 통의 편지를 받았다. "저는 그 아이를 용서할 수 없어요. 어머니는 그 아이가 지금 지옥에 있을 것이라는 사실을 받아들이셔야 해요."[58] 이런 유형의 견해는 장기적으로 부정적인 결과를 초래할 수 있다. 비벨(Biebel)과 포스터(Foster)는 다음과 같이 말한다. "자살이 발생한 후 2년 안에 적어도 유가족 중 80%는 다니던 교회를 떠나 다른 교회에 출석하거나 더 이상 교회에 출석하지 않는다. 이렇게 반응하는 가장 흔한 두 가지 이유는 (1) 채워지지 않는 기대로 인한 실망과, (2) 비판 혹은 정죄하는 태도와 대우 때문이다."[59]

이러한 쉽지 않은 상황에도 불구하고 나는 두 가지 이유에서 자살을 예방하는 데 목사, 기관 사역자 그리고 목회 상담가의 역할이 중요하다고 확신한다. 학문과 나의 개인적인 경험은 자살을 예방하는 데 신앙이 중요한 역할을 한다고 말하기 때문이다. 여러 연구 결과들은 종교심이 자살로부터 보호해준다는 사실을 발견했다.[60] 나는 지나온 삶 가운데 힘들었던 시기에 신앙이 내 자신에게 매우 중요했다는 것을 깨달았고, 믿음 없이 살아가기를 절대로 원하지 않는다는 것도 잘 알고 있다. 이에 더해 그 어느 전문가보다도 목회자, 기관 사역자 및 목회 상담가는 신학과 윤리적 실천이라는 두 영역에서 도움을 줄 수 있다. 그들은 사람들에게 어떤 삶을 선택할 것인지를 가르친다. 달리 말해 그들은 어떻게 하면 가치 있는 삶을 살 수 있는지를 지도한다. 고통을 어떻게 다루어야 하는지를 가르치고, 자살하려는 사람들이 도움을 구하러 올 때 그들을 점검하고 치료에 개입한다. 또한 자살 생존자를 어떻게 지원해야 하는지에 대해 신앙 공동체를 지도하고, 지역 사회에 있는 다른 이들과 협력해 일한다. 사실, 미국 정부는 "2012 자살 방지를 위한 미국의 국가 정책: 행동을 위한 목표와 목적"(2012 National Strategy for Suicide Prevention: Goals and Objectives for Action)이라는 보고서에서 종교 지도자와 지역 사회의 주요 역할을 인식했다.[61] 목양 사역자는 자살을 예방하는 데 매우 중요하고 독자적인 역할을 감당한다.

하지만 이 글을 읽고 있는 당신이 목회자, 기관 사역자 혹은 목회 상담가라면, 당신이 무엇을 해야 하는지에 대한 답을 늘 갖고 있지는 않을 것이다. 아마도 내가 자살의 유혹을 받고 있는 내담자에게 그랬던 것과 같은 동일한 혼란을 느낄 것이다. 나는 그런 독자들이 스스로 자신의 목숨을 끊으려는 사람들과 함께하고 자살로 누군가를 잃어버린 사람들에게 위로를 줄 수 있도록 돕기 위해 이 책을 썼다. 목회자, 기관 사역자 그리고 목회 상담가들은 다음과 같은 일들을 실천하면서 자살을 예방하는 데 도움을 줄 수 있을 것이다.

1. 자살에 대한 윤리적인 반론을 포함한 삶과 죽음의 신학 가르치기.
2. 신정론 혹은 고통을 어떻게 이해하고 다루는지 가르치기.
3. 누군가 자살 충동을 느끼거나, 자살을 시도했거나, 혹은 자살로 죽었을 때 낙인을 미리 찍지 말고 자살이라는 주제에 직접 참여하기.
4. 의미 있는 삶의 목적과 소속감을 가진, 살 만한 가치 있는 삶을 어떻게 만들어야 할지 가르치기.
5. 관계적인 기술을 배우고 실천하며 지원이 필요한 사람들이 지지를 얻을 수 있는 공동체 제공하기.
6. 자살을 예방하는 데 타인들과 협력하기.

비록 이런 임무들이 너무 커 보일지라도, 나는 여러분이 이 책을 다 읽고 나면 그것들이 성취 가능하다는 것을 납득하길 소망한다.

정의

자살에 대해서 더 많은 것을 다루기 전에 목양 사역자가 무엇을 예방하는지를 알기 위해 자살에 대해 정의하고자 한다. 자살이 발생했다고 결정을 내리기 위해서, 그 사건은 (1) 자기 자신에게 가해를 행하는 행위를 반드시 포함해야 하고, (2) 사망에 이르러야 하며, (3) 죽을 의도를 포함해야만 한다.[62] "죽을 의도"가 자살을 정의할 때에 매우 중요한 부분이다. 누군가 우연히 죽을 수 있거나 자신이 죽기를 원했는지 확실치 않을 수도 있기 때문이다.[63] 다음에 나오는 사항들은 죽을 의도가 있는지 혹은 없는지 또는 불분명한지에 따라서 여러 가지 경우들을 보여준다.[64]

자살할 의도가 없는 자해

샌디는 어느 무더운 여름 날에 긴 소매의 옷과 바지를 입고 치료 상담을 받으러 왔다. 그녀는 치료사의 질문에, 치료사에게 자신의 팔에 난 칼자국을 보여주었다. 또한 그녀는 자기 넓적다리도 같은 방식으로 자해했다고 말했다. 그녀는 엄마와의 갈등이 최고조에 이르면 자신을 자해하고, 자살할 의도는 없으며, 그렇게 해야 나중에 기분이 좀 더 좋아진다고 말했다.

자살할 분명한 의도를 가진 자살 시도

스튜어트는 전쟁에서 외상성 뇌손상을 입었다. 그가 병원에 입원하고 퇴원해서 집으로 돌아온 이래, 그는 아내와 극심한 부부 갈등을 겪었다. 아내가 업무차 집을 비웠을 때, 그는 그동안 있었던 부부 싸움에서 절망감을 느꼈고, 저항할 수 없을 정도로 자살에 대한 생각이 격렬하게 일어나고 있음을 경험했다. 그는 성인이 된 딸에게 작별의 편지를 남기고, 방문을 잠근 후에 진통제를 ("한 움큼" 정도) 삼켰다. 그는 죽을 계획이었다. 예기치 않게, 그녀의 딸이 집을 방문하여 편지를 발견했고, 그의 방으로 들어갈 수 없게 되자 경찰에 신고했다. 경찰은 방문을 부수고 들어가 그를 가까운 병원 응급실로 데리고 갔다. 그는 이것저것 질문을 던지는 의사에게 자신이 죽지 않아서 유감이라고 말했다.

의도하지 않은 자살 관련 행동

제니는 알코올 의존자이자 자식을 방치한 어머니 밑에서 자랐고, 그녀가 유치원생이었을 때부터 이미 술을 마시기 시작했다. 제니의 알코올 사용은 주로 코카인을 비롯한 다른 마약을 남용하는 데까지 나아갔다. 성인이 된 그녀는 광포하고 참을성이 전혀 없는 조증의 단계를 동반하는 우울증을 경험하는 것에 근거하여 양극성 장애를 진단받았다. 그녀는 조증 단계 동안에도 약물을 종종 복용하지 않았다. 약물이 필요하지 않다고 느꼈기 때문이다.

어느 날 제니가 조증 단계에 있을 때, 그녀와 그녀의 남자 친구는 "크게 한바탕 싸웠다." 그가 집을 나가자, 그녀는 전기 플러그가 콘센

트에 꽂힌 토스터를 들고 그대로 욕조로 뛰어들었다. 집에 있던 그녀의 아들이 911에 전화했다. 잠시 입원한 후에, 그녀는 치료사에게 자기가 정말로 죽고 싶었는지는 잘 모르겠다고 말했다. 왜냐하면 조증에 빠질 때면 생각을 분명하게 하지 못하기 때문이었다. 그러나 남자 친구가 집을 떠났을 때, 그녀는 생각에 잠겼으며, 플러그가 꽂힌 전기기기와 물이 전기 쇼크를 일으키면 결국 죽음을 가져온다는 사실이 떠올랐다. 그녀는 자살 시도에 관한 생각을 전혀 기억하지 못했다. 자살을 결심한 것도 기억할 수 없었다. 자신이 죽을 의도가 있었는지조차 확실하지 않았다.

앞서 언급한 사례 중 오직 스튜어트만이 분명한 자살 의도가 있었다. 자살할 의도를 분명하게 밝히는 일은 쉬운 일이 아니다. 그것은 자살을 시도한 사람의 보고에 따라 다르다. 자기 보고는 죽음에 대한 감정이 얼마나 양면적인지와 자살 당시의 기억에 달려 있다.[65] 자살 의도는 중요하지만 그게 정확한 의도인지를 밝히기가 어렵다.

나는 **자살**을 죽을 의도를 갖고 자해한 상처로 인한 죽음이라고 정의한다. **자살 시도**란 어느 정도 명백하게 죽을 의도를 갖고 자해했지만 치명적이지 않은 부상이다.[66] 자살 의도의 정의를 내리는 것이 중요한 것처럼 부상 역시 소홀히 할 수 없는 부분이다. 청소년 내담자 중 한 명이 열쇠로 자신의 손목을 그었을 때, 그 소녀의 어머니는 이러한 행동이 자살 시도가 아닌지 염려했지만, 그것은 치명적이지 않았다.

자살 시도와 자살로 이어지는 경로는 "자살 생각"(suicidal ideation)이다. 자살 생각은 자살이나 자살하려는 의도에 관한 생각이나 정신적인 이미지를 포함한다.[67] 자살 위기란 "자살 욕구, 자살 시도 또는 다른 자살과 관련된 행동이 동반된 자살 생각이 구체적이고 극심한 상황"에 처한 경우를 의미한다.[68] "자살 성향"(suicidality)은 자살 생각과 행동의 범위를 묘사하는 포괄적 용어다.

마지막으로 언급하고 싶은 말이 있다. 자살에서는 "성공"도 없고, 자살 시도에서 살아났다고 해서 "실패한" 것도 아니라는 것이다. 따라서 이 책에서 이 두 단어를 다른 자료를 인용할 때를 제외하고는 사용을 피했다. 또한 나는 "자살을 범하다"라는 표현을 사용하기보다는 "자살로 죽었다"라는 말을 사용할 것이다. 자살은 더 이상 범죄가 아니라는 사실을 나에게 깨닫게 해준 자살 생존자를 존중하는 의미에서 말이다.

자살의 범죄성

10세기 초 영국은 자살을 범죄 행위로 보았다.[69] 법원은 자살한 사람에게 그의 의도성에 따라서 두 가지 가능한 판결, 곧 "제 몸에 중죄를 범하는 자"(felo de se, 자살자) 또는 "심신 상실"(non compos mentis)이라는 판결을 내렸다. 어린 아이와 정신 이상자들은 자신들의 행동의 결과를 이해하지 못할 것으로 여겨졌기 때문에 죄를 면제 받았고, 이 경우에 판사는 "심신 상실"이라는 판결을 내렸다.[70]

"제 몸에 중죄를 범하는 자"라는 판결을 받은 시체는 다음과 같이 훼손당했다. 프랑스에서는 시체를 마차에 매달아 거리를 끌고 다녔고, 영국에서는 심장에 말뚝을 박아 교차로 한가운데 매장했으며, 미국 식민지 시대에서는 시체를 파묻은 묘지 위에다 무수한 돌 무더기를 쌓았고 죽은 이의 재산은 국왕에게 귀속시켰다.[71] 몽테스키외는 1715년에 다음과 같이 말했다. "유럽의 법은 자살에 대해 매우 엄격해서 사람을 두 번 죽게 만든다. 죽은 이들은 수치스럽게 길거리에 질질 끌려다니고 불명예로 낙인찍히며, 재산을 몰수당한다."[72] 1707년 4월에 미국의 재판관은 "스스로 목매어 죽은 아브라함 해리스의 시체를 갤로우 맞은편에 있는 록스베리로 가는 길목인 보스턴 넥(Boston Neck)에 묻고, 치욕의 낙인으로 그의 묘지에 한가득의 돌을 쌓으라고 명령했다."[73] 존 웨슬리(John Wesley)는 자살자들의 시체를 그 시대에 일반적으로 행해졌던 관습에 따라 교수대에 매달 것을 요구했다.[74] 존 던은 다음과 같이 설명했다. 이러한 관습은 "거의 모든 나라에서 공통된 이유로 인해 행해졌는데, 즉 처벌이 아니라 사람들로 하여금 자살을 막기 위해서였다."[75] 윈슬로우는 15세기에 루이스 드 뷰몽트의 시체가 "다른 사람들에게 보여주기 위해 가능한 한 가장 잔인하게" 끌려다녔다고 말했다.[76]

이 책의 4장에서 다룰 버튼(Burton)과 윈슬로우의 것을 포함하여 몇몇 기념비적인 작품의 출간을 계기[77]로 인해 예방의 한 방법으로 자살을 범죄시하는 관습이 뒤안길로 사라지기 시작했고 정신병을 자살의 원인으로 간주하는 움직임이 전면에 부상하기 시작했다. 쿠쉬너(Kushner)는 다음과 같이 적고 있다.

31살의 실직 상태에 있던 선장인 윌리엄 본드는 1828년 3월 27일에 "자신의 머리에다 장총을 겨누어 쏨으로써 사망에 이르렀다." 그럼에도 배심원단은 자살로 판명하지 않았는데 이는 본드가 죽기 전에 "매우 낙담하고" 있었다는 증언을 받아들였기 때문이다. 1828년에 "자신의 멜빵을 스스로 목에 감아" 죽었던 선원인 제이콥 윌슨은 "정신 이상의 발작"으로 그런 짓을 저질렀다고 판결을 받았다.[78]

18세기 말엽에 이르러 배심원들은 일반적으로 심신 상실(*non compos mentis*)로 판결을 내리기 시작했다.[79]

배심원의 판결 변화는 법의 개정을 가져왔다. 조지 3세 영국 의회는 심장에다 말뚝을 박고 매장하는 관습을 폐지했고, 이 방법으로 매장당한 마지막 사람은 1823년 그리피스였다.[80] 자살의 피해자의 재산을 몰수하는 법도 1870년에 폐지했다. 1879년과 1882년에 자살 시도에 대한 최대 형량은 징역 2년으로 줄었고 자살자는 정상적인 시간에 무덤에 묻힐 권리를 부여 받았으며, 종교의식을 할 것인지의 여부는 목회자의 몫으로 정해졌다.[81]

미국의 일부 주는 미국 독립 혁명 이후 자살에 관한 법을 수정했고, 프랑스도 1789년 프랑스 대혁명 이후 같은 절차를 밟았다.[82] 비록 대다수의 미국 배심원이 자살에 대해 "심신 상실" 판결을 내렸지만, 일부 주법은 20세기가 될 때까지 공식적으로 이 입장을 반영하지 않았다. 예를 들면 1974년까지만 해도 9개 주는 자살 시도를 여전히 죄로 여겼다.[83] 잉글랜드와 웨일즈에서도 1961년까지 자살을 죄로 간주했고, 그 해에 자살 법령은 자살과 자살 시도의 범죄성을 인정하는 조항을, 아일랜드는 1993년이 되어서야 자살이 범죄라는 조항을 폐지했다.[84] 앨버레즈는 자신의 자살 시도 후 경찰과의 만남을 이렇게 회상했다. "잘 기억나지는 않지만 경찰이 왔는데, 당시만 해도 자살은 여전히 범죄 행위로 간주되었다. 그들은 거칠게 그러나 약간은 호의적인 태도로 침대로 다가오더니, 나에게 그다지 답을 원하지 않는 질문을 던졌다. 내가 설명하려고 애를 쓰자 정중하게 내 말을 막았다. '그냥 사고였을 뿐이지요?' 나는 그저 그렇다고 말했고, 경찰관들은 방을 나가버렸다."[85]

이 책의 범위

이 책은 주로 죽고 싶으면서도 또 한편으로는 살 방도를 찾기를 원하면서 삶을 보냈던 나의 내담자의 사례처럼, 적어도 죽으려는 의도가 어느 정도 포함된 자살 행위에 초점을 맞출 것이다. 최근의 자살 분류 체계가 자신을 베는 행위(자해, 자기 절단, 비자살적 자해 행위 또는 유사 자살 행위)와 같은 죽을 의도가 없는 의도적인 자해까지도 자살로 포함시킬 정도로 광범위한 반면에, 나는 비자살적 자해 행위는 다루지 않을 것이다. 그 이유는 그러한 행위가 너무나 복잡하기 때문에 이 책에서 제대로 다룰 수 없기 때문이다.[86] 또한 "현대 자살학의 조부"인 칼 메닝거(Karl Menninger)가 "만성적 자살자"(chronic suicides)라고 명명한 부류 역시 다루지 않을 것이다. 만성적 자살자란 "죽음에 이르도록 술을 마신다거나" 또는 "죽을 때까지 굶는" 사람들처럼, 서투른 선택으로 말미암아 천천히 죽어가는 사람을 의미한다.[87] 비록 이러한 행동 유형들이 극도로 심각하고 도덕적인 딜레마에 빠지게 하지만, 이 책은 적어도 어느 정도 죽을 의도가 분명한 행동에 집중하려고 한다.[88] 그 외에도 죽으려는 의도를 가진 몇 가지 특별한 유형의 자살은 언급하지 않을 것이다. 이러한 자살 유형으로는 의사의 도움을 받는 자살, 자살 폭탄, (치명적인 행동을 취하도록 법집행관을 자극한) 경찰에 의한 자살, 살인자 자살, 집단 따돌림에 의한 자살(bullycide) 등이 있다. 이러한 자살 유형은 각 주제에 적합한 책에서 다룰 소재들이다.

신학과 심리학의 통합

이 책은 신학과 심리학을 포함하고 있기 때문에, 내가 이 두 분야를 어떤 방식으로 통합하는지를 분명히 밝히는 것이 중요할 것 같다. 내가 이해하는 범위 내에서, 심리학은 정신 과정이나 행동을 체계적으로 관찰하는 학문이며, 신학은 하나님에 대한 이성적인 담론이다. 어떤 사람들은 신학과 심리학을 "불구대천의 원수"로 여기며 싸움을 붙인다.[89] 그러나 나는 신학과 심리학이 서로 다른 학문의 영역일 뿐, 모두 자살을 예방하는 데 기여하며 그 둘을 통합해야 한다고 생각한다. 신학이 다루는 영역의 대상은 그리스도와 성경을 통해 나타나신 하나님과 그분의 계시다. 심리학의 영역은 경험적인 관찰이다. 경험적 학문인 심리학은 목양 사역자에게 자살에 관해 매우 많은 정보를 제공해줄 수 있지만, 자살에 대해 도덕적으로 반대할 만한 것이 무엇인지에 대해서는 선언할 수 없다. 반면에 신학은 그것이 가능하다.

성경이 하나님과 세상에 대한 나의 신학적인 믿음을 결정하지만, 그것은 내가 세상에 관한 특정한 지식을 개인의 경험과 과학 및 보편적인 인간의 이성과 같은 다양한 자료에서 얻는다는 것을 전제한다. 예를 들어 성경에 나오는 많은 개념은 독자들이 자신들이 거주하는 세상을 안다는 가정에 근거한다. 독자들은 하나님의 법을 금보다 더 소망해야 하는 이유를 이해하기 위해 사람들이 기본적으로 돈을 얼마나 원하는지를 충분히 관찰할 필요가 있다. 하나님의 법이 꿀보다 어떻게 더 달콤한지를 이해하기 위해 꿀이 얼마나 독특하게 우리를 즐겁게 해주는지에 관심을 기울일 필요가 있다. 과학은 지식의 원천이다.[90] 과학으로서의 심리학은 고려할 만한 가치가 있는 진리를 갖고 있다. 성경은 그 자체가 진리인 반면에, 모든 진리를 담고 있지는 않다. 아더 홈즈(Arthur Holmes)는 이것을 다음과 같이 말한다.

모든 진리가 하나님의 진리라고 말하는 것은 모든 진리가 성경에 들어 있다거나 또는 우리가 성경에서 찾는 것에서부터 모든 진리를 추론할 수 있다는 것을 의미하지 않는다. 역사적인 기독교는 성경의 진정성을 믿어 왔다. 그 이유는 인간이 알 수 있거나 혹은 알고자 하는 진리의 모든 것을 빠짐없이 다 계시하기 때문이 아니라 신앙과 행동에 충분한 규칙을 제시

하기 때문이다.[91]

예를 들면 마태복음 28:19은 "가서…모든 민족을 제자로 삼으라"고 말한다. 그러나 성경은 그 일을 어떻게 해서 달성할 수 있는지에 대해서는 말하지 않는다. 성경은 우리에게 술에 취하지 말라고(또는 알코올 의존증[alcoholism]을 피하라) 명령하지만 (잠 23:29-35), 문제의 음주자들에게 긍정적인 결과를 촉진할 수 있는 음주 환경에 대해서는 알려주지 않는다.[92] 성경은 몇 가지 자살을 묘사하지만, 심리학은 자살을 야기하는 많은 요인을 더 철저하게 그리고 보다 완전하게 구체화한다. 성경은 하나님과 관계를 어떻게 맺어야 하는지에 대한 영감된 계시로서 하나님의 선물이지만, 자살을 어떻게 방지할 수 있는지에 대한 구체적인 설명서는 아니다.[93]

일부 독자들은 성경 밖에서 진리를 발견하는 것이 성경을 비판하는 것이라고 염려할지도 모른다. 하지만 그렇지 않다. 관찰자가 천문학 지식을 가지고 천체의 현상을 보충한다고 해도 성경의 가치는 조금도 떨어지지 않는다. 천문학은 지구가 돌고 태양이 떠오르지 않는다는 것을 우리에게 알려준다. 성경은 퇴색하지 않는다. 성경은 하나님의 영감을 받은 계시로서 과학에서 관찰하는 것이 어떤 의미가 있는지를 알려주기 때문이다.[94] 과학은 한계가 있다. 우리가 경험적으로 관찰한 것을 이해하기 위해서는 하나님의 계시가 필요하다. 엘리자베스 바레트 브라우닝 (Elizabeth Barrett Browning)은 다음과 같이 말한다.

이 세상은 하늘나라로 가득 차 있네요.

평범하기 그지 없는 수풀에도

하나님의 불꽃이 빨갛게 타오르고 있어요.

하지만 이 불꽃을 본 사람만이 거룩한 분 앞에서 조용히 신발을 벗지요.

나머지 사람들은 그 불꽃을 보지 못하고 산딸기를 따느라 정신이 없네요.[95]

일부 심리학자들은 하나님을 보지 못한 채 산딸기를 따고 있다. 그들은 인간의 복잡성을 이해하지만, 관계적이며 신의 성품으로 충만한 창조주를 보지 못한다. 우리 모두는 그분의 형상을 따라 창조되었다. 나는 상담사로 훈련받는 동안에 나를 지도했던 감독 중 한 명에게 사람들이 왜 자기 자신을 가치 있게 여겨야만 하는지 물었다. 그는 사람들은 우주 안의 공간을 차지하기 때문에 자신들을 가치 있게 여겨야만 한다고 대답했다. 인간은 참으로 공간을 차지한다는 점에서 과학은 옳은 말을 하는 셈이다. 그러나 시편 8편에서 발견되는 의미를 놓쳤다. "그를 하나님보다 조금 못하게 하시고 영화와 존귀로 관을 씌우셨나이다"(시 8:5). 사람들은 과학을 통해서 우주에 무엇이 있는지를 이해하고, 자신들이 보는 것의 의미를 하나님께서 의도한 바대로 이해한다면 신학을 하는 셈이다. 이 둘은 각기 분리된 영역이며, 사실상 과학은 신학이 잘 하는 것을 하지 않는다.

예를 들어 프로이트는 종교를 사람으로 하여금 스스로를 어린아이로 느끼게 하는 무력감에 기초한 환상으로 생각한 유물론자였다.[96]

그리스도인들은 프로이트의 생각이 기독교의 관점과 갈등을 일으키기 때문에 그가 도출한 의미에 동의하지 않는다. 반면에 우리는 무의식, 방어 그리고 "프로이트의 말실수"(Freudian slip, 착행증) 같은 프로이트가 고안한 개념을 사용한다. 우리는 심리학이 할 수 있는 일을 높이 평가한다. 심리학이 신학을 하지 않는다고 탓하는 것은 마치 망치가 빵을 굽지 못한다고 실망하는 것과 같다. 망치를 내버리는 것은 좋은 도구를 파괴하는 것이다.[97]

요약

목회자, 기관 사역자 그리고 목회 상담가는 자살을 예방하는 데 있어 매우 독자적이고 중요한 역할을 감당하지만 내가 만났던 것과 똑같은 난관, 즉 자살하려는 사람을 어떻게 상대해야 하는가의 문제에 부닥칠 수 있다. 나는 상담가로서의 일을 시작한 지 얼마 안 되었을 무렵에 자살에 대한 다양한 다른 많은 접근법으로 인해 혼란을 약간 느꼈는데, 나처럼 목회 상담가들은 각자의 신앙 공동체 내에서 제인과 같은 이들을 어떻게 도울 수 있는지를 알기 위해 도움이 필요하다. 우선 도구가 필요하다. 무엇보다도 중요한 도구는 자살에 대한 적절한 정의와 심리학과 신학의 통합에 대한 접근 등을 포함한 자살 예방에 필요한 틀이다.

그러나 자살에 관한 다양한 접근법이 자살에 대해 어떻게 생각할지에 혼란을 일으키는 게 아니다. 자살에 대한 편견이 만연하다. 그러한 편견 중 가장 눈에 띄는 편견 중 하나는 십 대 여자 아이가 자살할 위험이 가장 높다는 것이다. 누가 자살할 위험성이 가장 높은지 우리는 어떻게 알 수 있을까? 우리는 제1장에서 이 질문을 중점적으로 다룰 것이다.

토론을 위한 질문

1. 실제 자살 이야기를 담은 실화를 읽기란 쉬운 일이 아니다. 당신은 이 책을 읽으면서 어떻게 마음을 다스릴 것인가?
2. 성경은 여러 곳에서 자살을 언급하고 있다. 아비멜렉(삿 9:52-54), 삼손(삿 16:30), 사울(삼상 31:4), 아히도벨(삼하 17:23), 시므리(왕상 16:18), 유다(마 27:5; 행 1:18). 우리는 이번 장에서 다룬 관점들과 이러한 자살에 대한 성경적 언급을 어떻게 연결할 수 있을까?
3. 자살에 대한 당신의 관점은 무엇인가?
4. 가능하다면, 당신은 자살을 예방하기 위해 목회자, 기관 사역자 그리고 목회 상담가가 무엇을 해야만 한다고 생각하는가?

참고 자료

자살예방상담전화, 국내 1577-0199. 365일 24시간 자살 위기나 정서적 고통에 처한 모든 이들이 이용 가능. 또한 the Lifeline's profile on MySpace: ⟨www. myspace.com/800273⟩도 방문하라.

캐나다 자살예방협회(CASP/ACPS), ⟨www.suicideprevention.ca⟩

T. D. Doty and S. Spencer-Thomas, *The Role of Faith Communities in Suicide Prevention: A Guidebook for Faith Leaders* (Westminster, CO: Carson J. Spencer Foundation, 2009).

K. J. Kaplan and M. B. Schwartz, *A Psychology of Hope: A Biblical Response to Tragedy and Suicide* (Grand Rapids: Eerdmans, 2008).

중앙 자살예방센터, *The Role of Faith Communities in Preventing Suicide: A Report of an Interfaith Suicide Prevention Dialogue* (Newton, MA: Education Development Center Inc., 2009).

미국 보건부 산하 공중위생국과 전국자살예방실천연맹, *2012 National Strategy for Suicide Prevention: Goals and Objectives for Action* (Washington, DC: HHS, 2012).

제 1 장

누가 자살하는가?

밤 10시 30분에 당신 집의 전화벨이 울려 전화기를 들어 받았더니 짐이 흐느끼며 자살할 것이라고 말한다. 아내가 자신의 불륜을 알아챘기 때문이다. 그는 자신이 용서받을 수 없는 일을 저질러 하나님, 가족과 자기 자신을 실망시켰다고 말한다.

짐은 당신이 섬기는 교회의 교인 중에서 자살에 대한 생각을 절대로 하지 않을 것이라고 믿을 만한 사람이다. 그는 당신이 출석하는 교회의 헌신된 그리스도인이다. 그는 한 번도 자신의 결혼 생활에 대한 염려를 누군가에게 말한 적이 없다. 심지어 그런 문제를 가지고 있다고 하더라도, 그는 적극적이고 낙관적이며, 사람들은 그가 "모든 어려움을 능히 이길 수 있는 성격"을 가진 "의지할 만한" 사람이라고 말한다. 당신은 당황스럽다. 짐이 자살한다면, 다른 교인들도 자살할 수 있지 않을까? 사람들이 자살을 (실제로) 생각하고 자살하는 것은 우리가 생각하는 것보다 훨씬 더 보편적인 현상이다.

자살이 사람들 사이에 널리 퍼져 있나?

세계보건기구(The World Health Organization)에 따르면 전 세계적으로 한 해에 전쟁으로 사망하는 숫자보다 살인으로 사망하는 숫자가 세 배, 그리고 자살로 사망하는 숫자는 무려 다섯 배 많다고 한다.[1] 미국의 경우만 보더라도, 2010년, 모든 연령대를 망라한 사망 원인 가운데 자살이 10위(38,364명)에 달하는데, 이 순위는 살인(16,259명)과 HIV(8,352명)보다 앞선다.[2] 심지어 당신이 지금 이번 장을 읽고 있는 순간에도 16분마다 한 사람씩 자살할 것이다.[3] 우리는 자살을 우리 사회에서 심각한 위협으로 생각하고 반드시 진지하게 고려해야 한다. 특히 자살자의 숫자가 실제보다 적게 보고되기 때문이다. 쿠쉬너가 1899년에 있었던 사건을 인용한 다음의 예를 살펴보자. 34살의 여성이 가스를 흡입했으나 살아났다. 그녀는 그 후에 모르핀을 삼켜 의식을 잃었지만, 다시 살아났고, 증상은 조금씩 호전되었다. 그녀는 5일 후에 죽었는데, 그녀의 검시관의 보고서와 1899년에 작성된 그녀의 사망진단서에는 사망 원인이 폐렴으로 되어 있었다.[4]

자살로 죽은 사람의 실제 수는 단지 빙산의 일각만 알려져 있을 뿐이다. 대규모로 실시한 전국적인 조사에 따르면, 해마다 10만 명당 14명이 자살하고, 약 5백 명이 자살을 시도하며 3천 명이 자살을 생각한다고 추정한다.[5] 이렇게 보았을 때, 우리는 우리가 섬기는 교회에도 자살을 생각하는 사람들이 매우 많을 수 있다는 사실을 염두에 둘 필요가 있다. 교인들과 상담을 요청하는 사람 그리고 심지어 교회 중직자 가운데서도 자살을 생각하거나 혹은 자살을 시도한 사람이 있을지 모른다. 더 나아가 우리 중 일부는 지금 출석하는 교회 공동체의 교인 중 한 사람이 실제로 자살한 것을 목격했을 수 있다.

짐의 경우는 일이 제법 잘 풀린 사례에 해당한다. 그는 담임 목사에게 전화해서 하나님의 용서(롬 5:20-21)에 대한 이야기를 듣고 자살하지 않았다. 하지만 당신의 교회에 짐과 같이 자살하려는 사람이 담임 목사나 다른 누군가에게 전화하지 않는다면 어떤 일이 일어날까? 우리는 자살하려는 사람을 미리 알고 그에게 어떤 도움을 줄 수 있을까?

우리는 의사가 환자들에게 고혈압의 원인을 알려주는 방법과 동일한 접근을 사용해서 이 질문에 답하고자 한다. 공중보건 분야의 접근은 다음과 같은 사항을 포함한다. (1) 누가 고혈압에 걸리는지를 관찰 또는 추적한다. 특히 나이, 성별, 인종도 고려하면서 말이다. (2) 고혈압과 함께 발생하는 요인들, 즉 과체중, 고염도 식단, 흡연 등에 대해 연구한다. 우리는 우리의 교회에서 짐과 같은 사람을 알아볼 수 있는지를 살펴보기 위해 공중보건 분야의 접근법을 자살에 적용해보자.

어떤 집단이 자살로 죽는가?

어떤 집단이 자살로 더 많이 죽는지 그리고 자살을 자주 시도하는지를 알기 위해 구체적인 통계를 살펴보는 것에서부터 시작해보자.

나이

저녁 뉴스를 통해 학교에서 집단 따돌림을 당해 스스로 목숨을 끊은 포브 프린스 같은 십 대에 관한 이야기를 들으면, 우리는 자살이 십 대들 사이에서 매우 심각한 문제라는 사실을 알게 된다.[6] 2010년 미국에서 자살은 10-14살 또래의 청소년들 또래의 사망 원인 중 세 번째이며, 15-24살 연령층 사이에서는 3위, 그리고 25-34살 사이에는 2위를 차지했다.[7] 자살은 십 대들에게 문제가 된다. 정신병과 자살 행동이 10-14살 사이의 연령 집단에서 심각한 문제로 떠오르기 시작하며 청소년과 청년층에서 자살 시도가 가장 많이 나타나기 때문이다.[8]

그러나 실제로 사망한 사람의 숫자를 보면, 중년기의 사람들이 자살 위험도가 가장 높다. 2010년에 15-24살의 연령층에 속하는 사람 중 4,600명의 젊은이가 자살로 사망했고, 반면에 35-44살 사이는 6,571명, 45-54살 사이가 8,799명이, 그리고 55-64살 사이의 연령대에서는 6,384명이 스스로 목숨을 끊었다.[9]

심지어 어린아이도 자살을 생각하고, 드물기는 하지만 자살로 죽는다. 2010년 통계를 보면, 미국에서 5-9살 연령대의 아이 중 7명이 자살했다.[10] 조사가들은 2-5살 사이의 유아들도 자살을 생각하고 시도한다는 사실을 발견했다.[11] 제인은 자신이 자살을 제일 먼저 생각한 것은 약 3살 무렵이었는데, 그때 칼을 자기의 복부에 댄 것으로 기억했다.

다른 연령대에 대한 비율을 살펴본다면 우리는 자살자 숫자에 대해 다르게 이야기할 수 있다. 자살률은 단순히 한 연령대에서 자살로 죽은 사람의 수를 동일 그룹의 전체 숫자로 나눈 것이며, 다른 연령층

간의 의미 있는 비교가 가능하도록 하기 위해서는 100,000을 곱해 표준화한다. 이렇게 계산된 자살률을 볼 때, 우리는 2010년의 경우 45-54살의 연령대의 자살률이 가장 높다는 것을 발견하게 된다. 즉 미국의 모든 연령층의 자살자 숫자인 10만 명당 12.43명인 것과 비교해, 45-54살 연령대의 자살자 수는 10만 명당 자살자가 19.55명으로 나타난 것이다.[12] 두 번째로 높은 자살률은 85살 이상의 연령층이며(10만 명당 17.62명), 세 번째는 55-64살 사이로 2위와 큰 차이가 없었다(10만 명당 17.50명).[13] 가장 나이가 많은 미국 노인층의 자살률은 전혀 예상 밖이었는데, 노인들의 경우 2010년 전체 인구 중 13%를 차지한 반면에, 자살로 인한 사망자 수는 15.6%였기 때문이었다.[14]

그렇다면 이러한 정보가 우리의 신앙 공동체에 있을지도 모르는 짐이나 제인 같은 사람을 알아보는 데 어떤 도움을 줄까? 어느 집단에 속한 그 누구도 자살의 가능성에서 제외시키지 말아야 한다는 사실을 기억하자. 모든 연령대가 자살을 생각하고 그로 인해 사망한다. 우리가 중년에 속한 교인들에게만 특별히 관심을 쏟는다면, 우리의 도움이 필요한 사람들을 놓쳐버릴지도 모른다.

성별

매년 남성이 여성보다 거의 네 배나 많이 자살로 사망한다. 2010년 미국에서 여성이 자살로 8,087명이 죽은 것에 비해 남성은 30,277명이 자살로 죽었고, 10만 명당 남성의 자살률은 19.95명인 반면에 여성은 5.15명이었다.[15] 그러나 여성이 남성보다 더 많이 자살을 시도한다.

2010년에 미국 병원 응급실에서 비치명적인 자해로 인해 치료받은 사람 중 여성이 57%를 차지했다. 비치명적인 자해로 인한 부상으로 치료받은 464,995명 중 199,204명이 남성이었고, 이는 10만 명당 비율이 131.67명이었으며, 여성은 265,727명으로 10만 명 당 180.59명이었다.[16]

남성의 사례

남성이 여성보다 더 많이 자살로 죽는 이유를 설명하는 많은 이론이 있다. 어떤 이론은 남성이 총기를 사용한다는 것으로 설명한다. 2010년 자살로 죽은 남성의 56%가 총기를 사용했고, 여성의 경우는 30%가 총기를 사용했다.[17] 같은 해에, 총기와 관련된 자살 사망자의 88%가 남성이었다.[18] 이것은 아마도 남성의 총기 소유 숫자가 여성보다 3배 더 많다는 사실과 관련이 있을 것이다.[19] 자살을 깊이 생각하는 대다수 사람의 두드러진 특징은 양가감정이다. 한편으로 그들은 죽고 싶은 반면에, 다른 한편으로는 살아야 할 이유를 찾는다. 마약류를 과다 복용할 계획이었던 기독교 찬송가 작자인 윌리암 카우퍼(William Cowper)가 바로 이 경우에 해당한다. 그는 아편을 담은 병을 20번이나 입에 가져다 댔지만, 그때마다 다시 거두었다. "나는 죽음에 대한 갈망과 그것에 대한 두려움 사이에서 괴로웠다."[20] 양극성 장애로 고통당하고 고등학교 때부터 환청을 듣기 시작했던 케빈 하인즈(Kevin Hines)는 2000년에 금문교에서 뛰어내렸다. 그는 뛰어내리자마자 자신은 죽고 싶지 않다는 사실을 깨달았다. 그는 기적적으로 살아났다.[21] 자살을 시도했다가 살아났던 다른 예는 켄 볼드윈(Ken Baldwin)인데, 그 역시 금문교에서 뛰어내렸을 때 자신의 양가감정을 깨달았다. 그는 다음과 같이 말했다. "뛰어내리는 바로 그 순간, 도저히 고쳐지지 않을 것이라고 생각했던 나의 삶의 모든 것이 사실은 완전히 고칠 수 있는 것임을 깨달았다. 자살은 그 모든 것을 물거품으로 만드는 것이었다."[22] 한 여성은 약을 집어 삼켰는데, 그때 갑자기 자신이 살기 원한다는 것을 깨달았다. 그녀는 도움을 요청하기 위해 911 응급구조대에 전화했다. 그러나 총기를 사용한 남성의 경우 두 번 다시 생각할 기회가 거의 없다. 나는 여성이 남성에 비해 양가감정을 더 많이 느낀다는 것을 말하려는 것이 아니라 자살 방법에 있어 성별 간의 차이가 있음을 강조하고 있다. 여성이 살고 싶다는 갈망이 떠오를 여지가 있는 자살 방법을 사용한다면, 그녀는 총기를 사용하는 남성보다도 자살 시도에서 살아날 가능성이 좀 더 클 것이다.

자살로 죽은 남성이 왜 더 많은지를 설명하려고 시도하는 다른 이론들 중에 문화 스크립트 이론이 있다. 이 이론은 남성다움이 자살로 죽는 것과 관련이 있고 여성다움이 비치명적인 자살 시도와 연관이 있다고 제안한다.[23] 또 다른 이론은 남성의 약물 남용 비율이 여성들보다 훨씬 더 높은데, 이것이 관계에서의 문제뿐만 아니라 강한 충동이나 판단력의 결함과 관련이 있다는 것이다.[24] 남성은 좀 더 이른 나이에 관계에 깊이 빠지고 그들은 "죽을 만큼 사랑"하면서 오랫동안 집착하며 친밀한 관계가 실패로 돌아간 후 자살로 죽는 경우가 여성의 3배에 달한다.[25] 슈나이드만(Shneidman)은 아내와 갈라선 31살의 남성이 쓴 다음과 같은 유서를 인용한다.

나를 용서해줘. 오늘 죽기로 결심했어. 당신이 없는 이 세상을 나 혼자서 살아가기란 참 힘들 것 같아. 차라리 죽는 게 낫을 것 같아. 편안함이 내게 찾아올 테니 말이야. 나를 죽음으로 몰아가는 공허함이 내 안에 자리잡고 있어. 더 이상 이 감정을 감당할 수 없어. 당신이 나를 떠나간 후 나의 내면은 이미 죽었어. 내가 정말로 당신에게 하고 싶은 말은…당신이 떠난 이후로 남아 있는 건 하나도 없고, 그저 나를 죽음으로 끌고 가는 찢어진 마음밖에 없다는 거야. 나를 도와달라고 하나님께 울부짖었지만, 그분은 답이 없으시네. 내가 할 수 있는 게 전혀 없어.[26]

남성의 자살률이 높은 이유를 설명하는 데 도움이 되는 다른 상황은 감금이다.[27] 남성이 2010년의 수감자 비율의 80%를 차지했다.[28] 자살은 구치소 사망의 가장 큰 원인이며, 감옥에서의 사망 원인으로는 질병 다음으로 두 번째다.[29] (구치소[jail]는 재판을 기다리거나 단기적인 수감형을 받은 사람들이 있는 곳이며, 반면에 감옥[prison]은 유죄 판결을 받아 좀 더 오랜 형을 받은 사람들이 복역하는 곳이다.) 구치소에서 발생하는 자살의 대부분은 수감된 날이나 바로 다음 날이든지, 수감된 후 첫 번째 주 동안에 발생한다.[30] 또한 교도소에서 석방된 바로 직후 자살 가능성이 높으며,[31] 범죄와 자살 간의 연관성이 있다. "살인범들은 살인을 저지르지 않은 같은 나이와 성별의 사람들보다 수백 배나 높은 자살률을 보인다. 그리고…방화범과 같은 폭력적이고 충동적인 범죄로 판결받은 사람들이

극단적인 자살을 시도할 가능성이 매우 높다.[32] 폭력과 자살은 서로 관련이 있다.[33]

다른 이론은 남성은 여성에 비해서 좀 더 덜 두려워하는 성향이 있거나 또는 자기 보존의 본능을 거슬리는 데 필요한 대담함을 습득한다는 것이다.[34] 볼테르(Voltaire)는 "오직 강한 남성만이 가장 강력한 본성을 극복할 수 있다"고 적었다.[35] 토마스 조이너(Thomas Joiner)는 자살 충동에 사로잡힌 사람은 좀 더 심각하고 잠재적으로 치명적인 시도를 향해 "단계적인 경로"를 밟는 것을 연습하면서 자기 자신에게 해를 끼칠 수 있는 능력을 개발한다는 이론을 세웠다.[36] 이 이론은 이전에 자살을 시도한 사람들은 그렇지 않은 사람에 비해 자살로 죽을 가능성이 40배나 높다는 연구 결과와 일치한다.[37] 조이너는 남성은 "총이나, 물리적 싸움, 권투나 미식축구 같은 격렬한 운동 그리고 자가 주사 약물 사용에 좀 더 자주 노출"되면서 치명적인 자기 부상을 가져오는 능력을 습득할 기회를 더 많이 가진다고 생각했다.[38] 또한 획득한 대담함은 군대에 복무하는 남성과 여성 그리고 재향군인들 사이에서 일어나는 자살을 설명하는 데 도움이 된다.[39] 이라크와 아프가니스탄의 여러 전투 지역에서 복무했던 전직 특수부대 요원은 "우리는 죽음이 어떤 것인지 알고 있고 그것을 편안하게 느낀다"고 말했다.[40]

여성의 사례

비록 남성이 여성에 비해 자살자 비율이 훨씬 더 높지만, 그렇다고 여성의 자살을 걱정하지 않고 손놓고 있을 수는 없다. 맥키온(McKeon)

은 다음과 같이 말한다. "비록 어떤 집단이 전국적인 평균보다 자살률이 낮다고 해도, 이것이 그 인구 통계학적인 집단에서 수천 명이 아닐지라도, 수백 명이 매해 자살로 죽지 않는다는 것을 의미하는 것은 아니다."[41] 여성도 자살로 죽을 뿐만 아니라 어느 연구에 의하면 여성의 자살 시도율은 남성보다 다섯 배나 더 높다.[42] 2010년 미국의 경우, 여성(10만 명당 180.59)이 남성(10만 명당 131.67)보다 더 높은 자살 시도를 보였다.[43] 더구나 이 숫자는 실제보다 더 낮게 계산되었을 가능성이 높다. 자살을 시도하는 모든 사람이 병원 응급실로 가는 것이 아니기 때문이다. 로빈스는 34살 여성의 사례를 제시하는데, 그녀는 수면제를 과다 복용해 자살을 시도했지만, 자녀들이 그녀에게 커피를 주고 계속 몸을 움직이게 만들어서 잠들지 못하도록 했다고 한다.[44] 그 여성은 병원 관계자들을 전혀 만나지 않았다. 나중에 병원에 갔을 때, 그녀는 이전에 자살을 시도했던 사실을 부인했다. 또 다른 예로, 내가 진료한 내담자 중 한 명이 자해할 의도로 약을 먹었다. 그녀는 나중에 깨어났지만 결코 응급실에 가지 않았다. 따라서 그녀의 자살 시도는 보고되지 않았다.

목양 사역자는 여성이 남성보다 불안이나 우울증과 같은 기분 장애를 경험할 확률이 더 높기 때문에 여성에게 관심을 기울여야 한다(비록 남성이 주의력 결핍/과잉 행동 장애, 행동 장애와 약물 사용 장애에 걸릴 확률이 더 높지만 말이다).[45] 우리는 이 장의 뒷부분에서 정신 장애가 자살의 위험성을 높인다는 사실을 살펴볼 것이다. 또한 연구자들은 여성이 남성보다 자살에 대해 생각을 더 많이 한다고 보고한다.[46] 여성은 남성에 비해서 성적 학대와 데이트 폭력을 더 많이 경험하는 경향이 있으며, 이러한 현상은 높은 자살 시도율과 관련이 있다.[47] 그러나 여성들은 남성에 비해 안전한 편이라고 할 수 있는데, 왜냐하면 여성이 남성보다 정신건강 돌봄을 더 많이 구하고[48] 종교와 사회적 연결망에 좀 더 많이 참여하기 때문이다.[49] 여성이 남성보다 도움을 구하는 것이 더 높은 경향은 목회자들이 목회 현장에서 남성보다 자살을 생각하는 여성을 더 자주 만날 수 있다는 사실을 암시한다.

지금까지 살펴본 정보가 교회에서 또 다른 짐이나 조안을 식별하는 데 도움이 되는가? 이 정보는 남성인 짐은 높은 자살률을 가진 집단에 속해 있지만, 여성 역시 자살로 죽으며 남성보다도 자살을 더 많이 생각하고 시도한다는 사실을 깨닫게 해준다.

인종

2010년에 자살로 죽은 사람을 인종별로 살펴보면, 백인은 10만 명당 14.13명이었다. 아프리카계 미국인은 5.1, 아메리칸 인디언 및 알래스카 원주민은 11명이었고, 아시아계 및 태평양섬 출신의 경우 6.24명 이었다. 2010년에 미국에서 자살로 죽은 30,277명의 남성들 가운데, 백인 27,422명, 아프리카계 미국인 1,755명, 아메리칸 인디언 및 알래스카 원주민 344명 그리고 아시아계 및 태평양섬 출신은 756명이었다.[50] 백인이 자살 시도에서 대다수를 차지했다.[51] 비록 백인이 가장 높은 비율을 보이지만, 모든 인종 출신의 사람이 자살로 죽는다.

자살에 관한 조사나 자살 사망자 추적 통계들이 나타내는 정보는 자살로 인한 사망은 중년의 백인 남성층이, 자살 시도는 젊은 백인 여성층이 가장 위험하다는 유용한 정보를 제공한다. 또한 이 정보는 모든 연령층과 인종과 성별에서 자살로 죽거나 자살을 시도하는 사람들이 있다는 사실을 보여준다. 우리가 섬기는 교회에서 자살의 위험이 있는 사람을 알아보도록 도와주는 또 다른 질문은 자살을 시도할 생각과 관련이 있는 요인들은 무엇인가이다. 체중, 식단, 스트레스, 유전 및 흡연과 같은 요인이 고혈압과 관련이 있듯이, 어떤 요인이 짐의 자살 시도 생각과 관련이 있을 수 있을까? 그리고 이러한 요인이 자살자를 알아보는 데 도움을 줄까?

위험 및 보호 요인: 자살에 관한 연구 조사

당신은 "주요 정보 자료를 더 이상 이용할 수 없을 때" 우리가 위의 질문에 어떻게 대답할지 궁금할 수 있다.[52] 사용할 수 있는 하나의 방법은 심리학적 해부다. 이것은 죽고자 하는 의도를 명료하게 하기 위해 자살자와 함께 치료 작업을 했던 전문치료사뿐만 아니라 가족, 친구 그리고 동료들과의 심층 면접을 통해 이루어진다.[53]

다른 방법은 역학(epidemiology)을 활용하는 것이다. 이것은 자살의 위험 요인(자살의 가능성을 높이는 요인)과 보호 요인(자살의 가능성을 낮추는 요인)을 식별하기 위해 행해지는, 자살로 인한 사망과 관련된 패턴 연구를 포함한다. 뒤르켐은 이러한 요인들을 각각 "악화 계수"(coefficient of aggravation)와 "보존 계수"(coefficient of preservation)로 불렸다.[54] 또한 역학은 요인을 추가해 위험의 양을 수량화하는 것을 도와줄 수 있다. 예를 들면 연구가들은 보통 사람들을 비교해서 알코올 남용이나 의존으로 진단받은 사람들이 자살로 죽는 비율이 일반인에 비해 거의 6배가 된다는 사실을 발견했다.[55] 연구가들은 위에서 언급한 방법론을 바탕으로 다음과 같이 위험 요인과 보호 요인을 분류했다. 이것들은 짐과 조안의 자살 생각에 들어 있는 요인일 수 있다.

정신건강 요인

자살과 연관된 두드러진 요인은 정신건강 문제의 여부다. 대규모로 실시된 전국적인 설문 조사에 따르면, 자살을 생각하는 사람 중 82%, 자살을 계획했던 사람 중 94.5%, 그리고 지난 1년 사이에 자살을 시도했던 사람 중 88.2%가 정신건강 장애를 가진 것으로 나타났다.[56] 주요 우울증(major depression)이 가장 보편적인 장애였다. 자살 위험과 특히 관련이 있는 "다섯 개의 가장 커다란" 정신건강 장애는 다음과 같은 것들이 있다. 경계성 인격 장애(일반인보다 자살률이 400배 높음), 거식증(자살 위험도 23배 증가), 주요 우울증 장애(20배 더 위험), 양극성 장애(15배 더 위험) 그리고 정신분열증(8.5배 더 위험).[57] 조이너는 자살로 죽은 모든 사람이 적어도 정신건강 문제들 가운데 몇 가지 증상을 경험했을 것으로 추정한다.[58] 우리가 정신건강 요인들에 대해서 아는 것은 중요하다. 다섯 명의 미국인 중 한 명꼴로 정신건강 문제가 있는데 이는 자살의 위험으로 이어질 수 있기 때문이다.[59] 예를 들면 50대에 실직한 건축업자인 존은 대학생 시절부터 우울증과 자살 생각에 시달렸다. 그는 아버지의 기대를 충족시키지 못한 것에 대해 평생 괴로워했다. 독자들이 출석하는 교회의 성도 다섯 명 중 한 명은 아마도 정신건강 장애로 인해 어느 정도의 자살 위험에 처할 수 있다.

하나 이상의 정신건강 문제를 가지고 있을 경우에 자살 시도의 위험성은 다섯 배로 증가한다.[60] 자살을 시도하는 이들 중 51%가 정신건강 문제와 약물 남용 문제를 겪는다.[61] 약물과 알코올의 사용은 특히 젊은이들에게 위험할 수 있으며 자살자의 거의 절반가량에서 알코올 의존증이 발견되지만, 그럼에도 알코올 의존증은 모든 연령층에서 발견되는 위험 요인이다.[62] 약물 사용은 신경 세포를 억제하고 판단에 장애를 일으킨다. 맥키온은 다음과 같이 말한다. "자살로 인한 사망과 자살 시도 모두에 있어서, 급성 알코올 사용은 자살 사례의 1/3 이상에서 모종의 역할을 한다. 이것은 임상적으로 매우 커다란 중요성을 가지는 연구 결과다."[63] 약물 남용은 관계의 문제와 사회적인 단절과 같은 다른 위험 요소들을 일으킬 수 있다.[64] 이밖에도 다른 정신건강 증후들도 위험을 초래할 수 있다. 예를 들면 불안이나 동요는 자살에 대한 단순한 생각에서 그러한 생각을 실행에 옮기도록 변화를 촉진할 수 있다.[65] 심지어 우울증을 제어할 수 있게 된 후에도 수면 문제는 자살의 위험성을 야기할 수 있다는 사실이 확인되었다.[66] "자살 생각"을 가진 사람들은 종종 악몽에 시달린다고 보고되고 있다.[67]

다른 생물학적 요인

정신건강에 문제가 있다는 것이 자살에 관한 모든 것을 설명해주지는 않는다. 정신건강에 문제가 있는 사람 중 자살로 죽는 이들은 단지 1-3%에 지나지 않기 때문이다. 조이너는 정신 질환은 자살보다도 훨씬 더 일반적인 현상이기 때문에 자살의 원인에 대해 충분히 설명하지 못한다고 지적한다.[68]

사람들이 어떻게 자기 목숨을 스스로 뺏을 수 있는지를 설명하기 위해서는 유전적 요소도 고려해야만 한다. 예를 들면 쌍둥이에 관한 연구는 일란성 쌍둥이가 이란성 쌍둥이보다 자살 및 자살 시도의 위험성이 훨씬 더 높다는 사실을 발견했다.[69] 아미쉬파를 대상으로 한 연구를 보면, 자살은 단지 일부 가족들에게서 일어났다.[70] 아거보(Agerbo), 노덴토프트(Nordentoft) 그리고 모텐센(Mortensen)은 부모의 정신 질환에 적응한 청소년을 포함하더라도 자살로 죽은 어머니를 둔 청소년들의 경우에는 자살할 위험이 다섯 배 더 높고 그리고 자살로 죽은 아버지를 둔 청소년의 경우에는 자살할 위험이 두 배 정도 더 높다는 사실을 발견했다.[71] 미국 의학연구소(Institute of Medicine)는 직계 가족 중 자살로 죽은 사람이 있는 경우 자살 위험이 여섯 배나 증가한다는 사실을 발표했다.[72] 그러나 이러한 통계는 상황에 맞게 해석해야만 한다. 조이너가 지적한 것처럼 일반적으로 자살에 대한 위험성은 만 명당 한 명꼴이며, 자살로 죽은 가족을 둔 경우 이 위험성은 만 명당 다섯 명 정도로 증가한다.[73] 자살에 대한 유전적인 요인은 어떤 경우에서든지 자살에 대한 필연적인 이유가 되지 않는다.[74] 유전적인 요인 이외에 뇌의 신경 전달

물질인 세로토닌의 낮은 수치가 충동 및 폭력과 갖는 연관성은 생물학적 요인이 자살에 미치는 또 다른 영향을 보여준다.[75]

환경

어려운 상황에 처한 사람들이 당연히 자살할 것이라는 생각은 근거 없는 이야기다. 사람들은 커다란 공포 속에서도 살아남으며 자살하지 않는다. 쿠쉬너는 메리웨더 루이스(Meriwether Lewis)와 에이브러햄 링컨을 비교했는데, 두 사람 모두 우울증으로 고통당했고 커다란 난관에 부닥쳤으나 스스로 목숨을 끊은 사람은 메리웨더 루이스였다.[76] 사실 자살은 어려운 일에 대한 정상적인 반응이 결코 아니다. 환경은 단지 삶의 이야기 중 일부일 뿐이다. 짐은 그의 아내가 자신의 불륜을 알게 되자 어려운 상황에 봉착했다. 그러나 그의 생각에 영향을 끼쳤던 것은 단지 그러한 상황뿐만이 아니었다. 상황은 하나님이 자신을 용서하시지 않을 것이라는 자신이 고수하는 신학의 맥락에서 일어났다. 질병통제센터(Centers for Disease Control) 보고서는 다음과 같이 언급한다. "자살은 절대로 단 하나의 요인이 사건의 결과로 발생하는 것이 아니라 많은 요인이 복잡하게 상호 작용하면서 일어난 결과로 발생하고, 보통 심리적인 문제가 포함된다."[77]

자살의 위험을 가져오는 환경 중 몇 가지 예를 들면 다음과 같다.

- 어린 시절의 성폭력—이것은 여성들에게서 좀 더 많이 발생한다.[78]

- 친밀한 파트너와의 갈등[79]
- 친밀한 파트너의 폭력—이와 관련해서는 여성이 피해자가 되는 경우가 많다.[80]
- 독신, 이혼, 사별 혹은 어린 시절에 겪은 부모의 상실 같은 많은 형태의 사회적 고립[81]
- 총기 소지—이것은 시골에 거주하는 백인의 경우일수록 높게 나타난다.[82]
- 낮은 사회경제적 계층[83]
- 노동자의 경제 위기(25-64살 사이)[84]
- 만성적 고통[85]
- 노숙자[86]
- 퇴역 군인[87]
- 이민[88]
- 성적 취향[89]

청소년의 경우에는 부모와의 (갈등) 문제가 자살 행동에 중요한 역할을 하는데, 특히 사춘기 시절에는 더욱 그렇다.[90] 밀러(Miller)와 그의 동료들은 다음과 같은 사실에 주목한다. "저학년 청소년들 사이에서 보다 더 일반적인 자살을 유발시키는 요인은 연애의 어려움이다. 반면에 고학년 청소년들 사이에서 보다 더 일반적인 자살을 유발시키는 요인은 부모-자녀 간의 갈등이다."[91] 고학년 청소년층의 자살 위험을 야기하는 다른 요인들로는 친구와의 갈등, 규율과 관계된 일 그리고 법적 문제 등이 있다.[92] 실제로 청소년들에게 스트레스를 주는 이런 일들은 정신건강 문제와 마찬가지로 높은 자살의 위험을 초래한다.[93]

그러나 비록 우리가 인구통계학적인 자료에 기초해서 일반적인 자살의 위험 요인을 지적하고 있지만, 우리는 모든 자살이 독특할 뿐 아니라 많은 요인을 포함한다는 사실을 반드시 인식해야만 한다. 스타 이론(Styron)은 다음과 같이 말했다. "우리가 자살에 대해 갖고 있는 고정관념 중에서 가장 잘못된 것은 자살을 저지른 이유가 하나 혹은 아마도 여러 개가 있을 것이라고 믿는 데 있다."[94] 뒤르켐은 다음과 같은 것을 추가한다. "자살의 각 피해자는 자신의 기질을 표현하는 개인의 성격이나 자신이 처한 특수한 상황으로 인해 그런 행동을 저질렀을 것이다. 따라서 우리는 사회적이며 일반적인 원인을 갖고 자살을 설명할 수 없다."[95]

예를 들면 샐리는 자살로 죽었다. 그녀는 살아 있을 동안 우울증과 자살 생각에 시달렸다. 그녀가 자살을 처음 생각한 것은 세 살 무렵이었다. 아버지는 그녀를 돌보지 않았을 뿐 아니라 심지어 그녀와 동생들을 성적으로나 육체적으로 학대했다. 샐리는 엄마에게 도움을 간청했지만, 그녀의 엄마는 자신의 딸을 보호해주지 않았으며, 때로는 샐리를 방안에 가두었다. 젊은 여성으로서 샐리는 성폭행과 가정 폭력을 경험했다. 그녀는 죽기 전에 가족과 거의 접촉을 하지 않은 채 혼자 살았다. 그녀는 보험 약관을 살펴봄으로써 자신의 죽음을 준비했고, 보험 약관에 기재된 기간이 다가올 때까지 기다렸다. 그녀는 자신의 몸에 칼을 대는 아픔에 익숙해졌다. 샐리는 자살을 야기하는 요인의 복잡성을 잘 보여주는 하나의 예다. 짐은 몇 가지 위험 요인을 경험했지만, 동시에 중요한 보호 요인을 가지고 있었다. 그는 자신과 용서의 신학을 나누었던 목사에게 자신의 마음을 쏟아내는 데 편안함을 느꼈다.

보호 요인

비록 어떤 사람이 여러 가지 자살 위험 요인이 있을 수 있지만, 보호 요인이 위험 요인을 막아주는 보호막 역할을 할 수 있다.[96] 이러한 요인들은 위험 요인의 반대를 의미하는 거울 이미지다.[97] 살고자 하는 갈망, 아픔과 고통에 대한 두려움 그리고 총기에는 접근조차 하지 않으려는 태도 등이 보호 요인이다. 성인들에게는 다음과 같은 것들이 보호 요인이 된다.

- 가족, 친구, 중요한 타인의 지지[98]
- 친밀한 파트너[99]
- 교회 출석[100]
- 기도, 하나님을 예배함, 묵상, 성경 읽기, 영적 지도자와의 교제 등과 같은 종교적인 대처[101]
- 자살에 대한 윤리적인 거부(자살은 수용할 수 없다는 믿음)[102]
- (문제에 대한 해답을 찾을 수 있는) 생존 및 대처 믿음, 가족에 대한 책임감, 자녀와 연관된 염려, 자살이나 죽음에 대한 두려움, 사회적 비난에 대한 두려움[103]을 포함한 살아야 되는 이유[104]
- 문제를 해결하고 관리하며 감정적 반응을 조절하는 것에 초점

을 맞추는 대처 전략[105]

- 18살 이하의 자녀(특히 여성일 경우 더욱 해당)[106]
- 자살을 생각하는 사람의 강점—나의 내담자 중 한 명은 매우 강한 인내심을 가진 사람이었다. 그는 희망을 상실했지만 문제를 해결하려고 노력했고 결국 문제를 해결했다. 자살을 생각했던 또 다른 내담자는 매우 호감이 가는 사람이었고 그를 지지해주는 친한 지인들이 많이 있었다.

청소년들 가운데 가족 간의 유대감(가족의 응집성) 및 부모의 지지, 자기 민족에 대한 정체성, 자존감 등은 사회적 지지 및 학교와의 연결고리가 될 뿐만 아니라 자살을 시도할 생각과 행동을 막아주는 보호막 역할을 한다는 사실이 밝혀지고 있다.[107]

결론

목회자, 기관 사역자 및 목회 상담가가 이러한 정보를 어떻게 활용할 수 있을까? 한 가지 방법은 자살하려는 생각, 시도 그리고 실제 사망이 생각보다도 더 많이 벌어지고 있다는 사실을 인식하는 것이다. 이 글을 읽는 독자가 출석하는 교회의 교인 역시 오늘 이 순간에도 자살의 유혹과 싸우고 있다. 두 번째 방법은 교회에서 누가 자살을 생각하고 있는지 혹은 할 것인지를 예측하기가 어렵다는 점을 인식하는 것이다. 중년의 백인 이혼남, 거기다가 실직 상태의 알코올 의존자 같이 자살할 위험성이 높은 사람을 식별하는 것이 가능하지만, 당신이 기대하지 않은 사람이 자살을 시도할 수도 있다. 자살에 대한 전반적인 관찰과 위험 요인 및 보호 요인은 일반적인 인구 통계에 기초하고 있고 각각의 자살은 여러 요인들 사이에서 일어나는 특별한 상호작용이며, 따라서 여러 면에서 독특하고 예측 불가능하다.[108] 우리가 갖고 있는 자살과 관련된 모든 정보에도 불구하고, 인간은 미래에 일어날 일을 꿰뚫어보는 천리안을 갖고 있지 않다. 우리는 자살이 발생한 후에야 비로소 거기에 위험 요인이 있었음을 뒤늦게 알아차린다. 하지만 자살을 예측하는 것은 현실성이 없다. 맥키온은 다음과 같이 말한다. "자살로 인한 죽음의 예측은 아마도 절대로 이루어지지 않을 목표다."[109]

그러나 예측과 예방은 다르다. 자살을 예측하는 것이 힘들지만, 그 것을 예방하도록 도울 수는 있다. 목양 사역자는 위험 요인을 수시로 파악하며, 특히 자살에 대한 취약성을 완화해주는 보호 요인을 형성할 수 있다. 한편으로 목회자는 종교 활동에 참여하도록 격려하고 자살의 위험성이 있는 이들이 살아야만 하는 이유를 강화하는 데 도움을 줄 수 있다. 즉 그는 그들이 봉사할 수 있는 장소를 제공하고, 지속적인 부부 관계와 강한 응집력이 있는 가족 그리고 하나님의 영원하신 사랑에서 발견되는 정체성과 자존감을 어떻게 형성해야 하는지를 가르쳐야 한다.

요약

미국에서 열 손가락 안에 드는 사망 원인 중 하나가 자살이다. 자살에 대한 생각이 나의 내담자였던 짐과 같은 사람들에게 예기치 않게 생길 수 있다. 비록 중년의 백인 남성이 가장 높은 자살 위험도를 보이지만, 모든 연령층의 사람이 자살로 사망한다. 높은 자살 위험성을 가진 사람은 자기를 스스로 해치는 데까지 치달을 수 있는 우울증과 같은 정신건강상의 문제를 갖고 있는 사람이다. 어빙 셀리코프(Irving Selikoff)는 다음과 같이 말한다. "자살 통계 그 자체가 고통의 눈물을 닦던 사람들이다."[110] 그러한 통계에 있는 슬픈 점은 그것이 죽은 실제 사람을 묘사한다는 것이다. 긍정적인 점은 자살이 종종 예방 가능하다는 사실이다.[111] 짐의 목사가 짐에게 개입했을 때 짐이 자살하지 않았던 것처럼 말이다.

우리가 자신을 해치고 싶어 하는 이들과 관련된 요인을 살펴봤을 때, 당신은 그리스도인이 어떻게 그렇게까지 행동할 수 있겠냐고 생각했을 수 있다. 예를 들면 잭은 기독교 학교에서 가르쳤고 출석하던 복음주의 교회에서 성가대를 지휘했다. 그런 그가 왜 자살로 죽었을까? 자살에 관한 그릇된 통념이 너무나 많다. "그리스도인은 자살을 하지 않는다"거나 "자살에 대해서 말하는 것이 결국 자살로 이어진다" 혹은 "누군가 정말 자살하고 싶어 한다면, 내가 할 수 있는 일이란 아무것도 없다" 등이다. 이러한 통념에 조금이라도 진실이 담겨 있는가? 우리는 다음 장에서 이러한 질문들에 대해 살펴볼 것이다.

토론을 위한 질문

1. 예수를 배반한 이후에 보였던 다음 두 사람의 차이는 무엇인가?(마 26:75) 왜 유다는 자신을 죽이고, 베드로는 그렇게 하지 않은 것일까?
2. 이번 장에서 논했던 자살과 관련한 많은 요인 중 당신을 가장 놀라게 한 요인은 무엇인가? 당신이 이미 알고 있었던 요인은 무엇인가?
3. 당신은 그러한 요인들이 그리스도인들의 경우에는 어떻게 적용될 수 있을 것이라고 생각하는가? 유사한 점과 상이한 점에 대해 이야기해보자.
4. 당신은 자살의 위험 요인과 보호 요인에 대한 지식을 자살 예방에 어떻게 적용할 수 있다고 생각하는가?

참고 자료

K. Hawton, ed., *Prevention and Treatment of Suicidal Behaviour: From Science to Practice* (Oxford: Oxford University Press, 2005).
K. R. Jamison, *Night Falls Fast: Understanding Suicide* (New York: Vintage, 1999).
T. Joiner, *Why People Die by Suicide* (Cambridge, MA: Harvard University Press, 2005).
국가 자살 예방 생명의 전화, (국내) 1588-9191, 고통에 처한 사람이 이용할 수 있는 무료 24시간 긴급 직통전화. 자신의 문제로 전화할 수도 있고, 또는 당신이 아끼고 염려하는 다른 누군가를 위해 대신 전화할 수도 있다.
국립정신건강연구소, 〈www.nimh.nih.gov/health/topics/suicide-prevention〉.

제2장

자살에 관한 그릇된 통념 깨부수기

그리스도인이라 할지라도
자살할 수 있고 실제로 자살한다.

로이드와 그웬 카아

내가 자살 예방에 대해 이야기할 때마다, 자살하는 사람은 진정한 그리스도인이 아니라거나 자신을 죽이는 사람은 이기적이며 대부분의 자살은 연휴 동안에 발생한다고 말하는 이들이 항상 있다. 자살에 대한 그릇된 통념이 넘쳐나고 그러한 그릇된 통념은 자살을 막으려는 노력을 방해할 수 있다. 이번 장에서 우리는 성경과 과학의 측면에서 자살에 대한 열 가지 그릇된 통념을 살펴볼 것이다.

그릇된 통념 1: 참된 그리스도인은 자살을 생각하지 않을 것이다

에밀리는 그리스도인이고 신학생이다. 어느 날 밤 그녀는 자살을 진지하게 생각했지만, 그녀의 친구가 다음 날 아침에 그녀에게 필요한 도움을 주었다. 목사인 조는 일 년 내내 자살을 꿈꾼다. 그는 평범한 어린 시절을 보냈지만 청년기 초기에 우울증을 겪었다. 성공회 사제이자 신학 박사인 캐스린 그린-맥크레이트(Kathryn Greene-McCreight)와 장로교 목사이자 박사인 제임스 T. 스타우트(James T. Stout)는 양극성 질병과 자살 생각에 시달렸다.[1] 신학자 겸 목사였으며 라브리 공동체(L'Abri Fellowship) 창립자인 프란시스 쉐퍼(Francis Schaeffer)도 자살의 유혹에 시달렸다. 그의 아들은 다음과 같은 글을 남겼다. "아버지는 자살을 진지하게 생각했다. 그분은 가끔 목매는 것에 대해 자세하게 말씀하셨다. 우리 형제는 절대로 누구에게도 말하면 안 되는 두 가지 사실이 있다는 것을 마음에 품고 어린 시절을 보냈다. 첫 번째는 아버지가 어머니에게 미친 듯이 화를 내는 것이고, 두 번째는 그분이 때때로 자살하겠다고 위협하는 것이다."[2]

당신은 앞서 언급한 이들처럼 헌신된 그리스도인들이 자살을 고려했다는 사실에 놀랐는가? 대부분의 그리스도인은 하나님께서 허락하신 의로움의 축복(시 5:12)이 그리스도인으로 하여금 자살을 생각하지 않도록 보호해준다고 생각한다. 더 나아가 우리는 과학적인 관점에서 종교가 자살에 대해서 어느 정도 보호망을 제공해준다는 사실을 알고 있다.[3] 종교를 갖는 것은 장수와 관련이 있다.[4] 종교를 가진 사람은 술이나 담배를 덜 하고, 우울증도 그리 심하게 겪지 않으며, 비종교적인 사람들보다 안전벨트를 더 잘 매고 치과 의사를 찾아가 건강을 더 잘 챙기는 편이다.[5] 그러나 "우리는 너무나 많은 축복을 받았기에 우울하지 않다"라는 어느 교회 앞에 세워진 광고 간판과는 반대로 그리스도인도 우울증에 걸리며 일부 그리스도인은 죽음을 갈망해 자살을 생각한다.

그리스도인도 우울증에 걸린다

19세기의 부흥사였던 찰스 스펄전(Charles Spurgeon)은 1866년 회중에게 다음과 같이 말했다. "저는 영적 우울증을 경험했습니다. 이것은 너무나 두려운 것이기에 여러분 중 그 누구도 제가 경험하는 것과 같은 극도의 비참함에 사로잡히지 않기를 바랍니다."[6] 마르틴 루터(Martin Luther)도 반복되는 우울증과 불안을 경험했다.[7] J. R. 와트(Watt)는 "절망이라는 요소가 영적인 삶의 필요한 부분이며 절망의 두려움이 일부 사람들의 생명을 앗아갈 수도 있음"을 인정했다.[8] 복음주의 운동을 선도했던 신학자이자 풀러 신학교 총장이었던 에드워드 존 카넬(Edward John Carnell)은 우울증과 불면증으로 괴로워했고 이를 치료하기 위해 약을 먹었다.[9] 시편 102편은 계속되는 우울증 증상에 시달렸던 한 사람을 묘사한다. 우리는 성경의 여러 곳에서 리브가(창 27:46), 라헬(창 30:1), 욥(욥 3:24) 그리고 예레미야(렘 20:18)의 낙망을 본다.

그리스도인도 죽음과 자살을 깊이 생각한다

구약은 하나님과 친밀한 관계였지만 죽기를 바랐던 사람들을 기록하고 있다. 예를 들면 욥(욥 3:20-22; 7:15-16), 모세(민 11:15), 엘리야(왕상 19:4) 그리고 요나(욘 4:8) 등이다. 당신은 에밀리, 조, 캐스린 그린-맥크레이트, 짐 스타우트 그리고 프란시스 쉐퍼 같은 그리스도인들이 자살을 깊이 생각하고 심지어 그들 중 일부가 자살로 생을 마감했다는 것에 놀랐는가?[10] 청교도인 인크리스 마더(Increase Mather)는 자살의 유혹을 받았으며 어느 설교에서 루터가 "자살"의 유혹을 받았던 점을 언급했다.[11] 17세기 시인이자 영국 성공회 성직자였으며, 성 바울 대성당의 수석 사제였던 존 던(John Donne)은 "나는 종종 그러한 병적 성향(자살)을 보였다"고 적은 바 있다.[12] 기독교 변증가였던 에드워드 J. 카넬은 "어느 금요일 저녁…나는 감정적으로 격앙되어 있었다.…심지어 자살이 매력이 있는 것으로 보였다"고 자신의 경험을 묘사했다.[13] 그는 1967년 약물 과다로 사망했는데, 검시관은 그의 죽음이 사고였는지 아니면 의지적인 행동이었는지 여부를 확실히 결정하지 못했다.[14] 마틴 루터 킹 주니어는 젊은 시절에 자살을 시도했다는 이야기가 전해져오고 있다.[15]

그리스도인들도 네 가지 이유로 자살할 여지가 있다. 첫째, 우리 모두는 구원받은 존재인 동시에 타락했던 존재이기도 하다.이것은 우리가 그리스도 안에서 새로운 피조물(고후 5:17)인 동시에 죄와 더불어 살아가는 것을 의미한다(요일 1:8).[16] 우리는 그리스도 안에서 성숙해져 가는 것, 즉 더욱더 하나님을 위해 살아가며 죄에 대해서는 더 많이 죽어가지만 여전히 우리 안에 있는 죄와 씨름한다(롬 7:21-23). 죄는 우리에게 세 가지 측면에서 영향을 끼친다. 우리는 죄 때문에 부서진 세상에 살면서 발생하는 결과로 인해 고통당하고, 죄를 지으며, 죄에 희생을 당하기도 한다. 마크 맥민(Mark McMinn)은 죄를 다음과 같이 세 유형으로 묘사한다. 죄성(깨어져 있는 인간의 보편적인 상태, 자살에 대한 유전적인 취약성으로 드러난다), 죄 혹은 죄악된 행동(예를 들면, 살인) 그리고 죄의 영향(부모의 학대로 인한 자살의 취약성).[17] 이러한 것들은 그리스도인은 죄에 의해 오염된 부서진 몸과 자아를 가지고 부서진 세상에서 살고 있고 일부는 자살을 생각하게 된다는 것을 의미한다.

　그리스도인이 자살로부터 자유롭지 않은 두 번째 이유는 하나님의 형상으로 창조된 사람을 파괴하는 사탄의 결정에 있다. 초기 교회는 악마가 그리스도인을 자살하도록 충동질한다고 믿었고, 이러한 견해는 성경과도 부합한다(벧전 5:8).[18] 그러나 다른 오래된 성경적 관점은 그리스도인은 악마에 저항한다는 것이다(엡 6:11). 청교도들은 자살은 악마가 하는 일일뿐더러 개인적인 결정이라고 믿었다.[19] 자살이 사탄이 충동질하는 영향의 결과라고 믿는 사람들은 구원받은 존재인 동시에 타락했던 존재이기도 하다. 앨버트 수(Albert Hsu)는 이렇게 말한다. "내가 극복해야만 했던 것은 아버지가 죽기를 원하셨다는 사실이었다. 하나님이 내 아버지가 [자살로] 죽기를 바라신 것도 아니고, 사탄이 충동질했던 것도 아니었다. 나는 어떤 영적인 힘이 아버지가 그런 결정을 내리도록 영향을 끼쳤는지 확실히 알 수 없다. 내가 확실히 아는 것은, 그 이유가 무엇이든지 간에, 아버지는 사는 것보다 죽는 것이 더 낫다고 결정했다는 것이다."[20]

　그리스도인이 자살로부터 자유롭지 못한 세 번째 이유는 신실한 그리스도인들이 고통을 실제로 경험한다는 데 있다. 하나님께서 의로운 자를 축복하시고 아울러 우리가 탁월한 삶을 살 때조차도 우리 삶에 고통을 허락하신다는 사실은 우리가 욥기를 읽거나 주위의 그리스도인들이 당하는 고통을 보면서 경험적으로 알 수 있는 것이다. 카아 부부는 다음과 같은 질문을 던진다.

왜 우리는 자살을 숨기고, 그런 충격적인 일을 감추며, 현실을 부정하고 아주 오랫동안 자신을 괴롭힐까? 우리가 자살한 가족을 둔 (유일한 혹은 매우 드문) 기독교 가정이라고 생각하기 때문이 아닐까?…우리가 믿음이 좋다면 믿음이 부족한 우리의 형제자매들이 가진 문제를 절대로 갖지 않을 거라는 잘못된 신학에 여전히 사로잡혀 있는 것은 아닐까? 선한 혹은 진정으로 성령 충만한 사람에게는 나쁜 일이 결코 정말로 생기지 않을 것이라고 속마음으로는 믿고 있는 게 아닐까?[21]

그리스도인들 역시 기독교적인 방식과 불완전한 방식으로 자신들의 고통을 헤쳐나간다. 카넬은 자신이 이전에 가르쳤던 학생에게 보낸 편지에서 자신의 고통에 대한 기독교적인 접근을 이렇게 묘사한다.

(불안이 고조되어 고통을 받거나, 머리가 쪼개질 것 같은 아픔을 느낄 때, 윌슨산 꼭대기에 올라가 있는 힘을 다해 비명을 지르고 싶을 때) 나는 아직도 정신과 의사를 정기적으로 방문해 종종 전기 충격 요법 치료를 받고 있어. 하나님과 그분의 뜻 안에서 정말로 편히 쉬고 싶어. 지금 내가 겪는 이러한 끔찍한 경험이 나를 좀 더 열정적이고 겸손한 선생으로 만드는 것 같아. 지금 나는 카넬이라는 사람의 복잡성을 통해 인간의 본성이 복잡하다는 것을 좀 더 알았기 때문이지.[22]

카넬과는 대조적으로 시인이자 찬송가 작가이며, 그리스도인이고 존 뉴턴의 친구였던 윌리엄 카우퍼(William Cowper)는 종종 낙담한 방식으로 고통과 싸웠다. 그는 최소한 세 가지 "정신병" 증세를 경험했고 수차례 자살을 시도했으며 이런 시도 이후에 자신은 하나님의 용서하심을 받지 못할 것이라고 생각했다.[23] 불완전한 방식으로 고통을 헤쳐 나가며 자살 충동을 느끼는 그리스도인들은 기독교의 믿음을 온전히 내면화하거나 이해하지 못하기 때문에 하나님의 사랑, 용서하심 혹은 희망을 붙잡지 못한다. 심리학은 그리스도인이 종교적인 믿음을 다른 정도로 내면화한다고 말한다.[24] 또한 심리학은 기독교에 대한 잘못된 믿음이 의학적 질병으로 인한 사망 위험성을 증가시킨다고 말한다.[25] 한 연구에 따르면, 하나님이 자신을 사랑하지 않거나, 버렸다고 생각하거나, 혹은 악마가 자신의 의학적 질병을 일으켰다고 생각하는 그리스도인은 질병으로 사망할 위험성이 19-28% 증가한다.[26] 잘못된 믿음을 가진 그리스도인은 그렇지 않은 경우보다 더 높은 위험에 처해 있다.

누군가가 잘못된 믿음을 가졌다고 해서 우리가 그 사람이 그리스도인이 아니라고 말할 수 있을까? 어떤 그리스도인도 하나님이 가르치신 진리의 모든 부분을 깨닫는 것은 아니라는 점을 생각해보자(고전 13:12). 우리는 모두 그리스도인으로서 성숙하지 못한 일을 경험하고 하나님의 진리를 이해하는 데까지 자라도록 좀 더 성숙해져야 한다(고전 3:1-2). 자살을 생각하는 그리스도인은 하나님의 진리의 일부를 이해하지 못하기 때문에 그리스도인답지 않다거나 혹은 아예 그리스도인이 아니라고 주장하는 것은, 우리 모두가 하나님을 불완전하게 알고 있기 때문에 우리 스스로 하찮은 그리스도인이거나 비그리스도인이라고 주장하는 것과 같다. 하나님에 관한 모든 진리를 이해하고 있느냐의 여부를 그리스도인으로서 그 사람의 자격을 판단하는 잣대로 반드시 사용할 필요는 없다.

그리스도인이 자살로부터 자유로울 수 없는 네 번째 이유는 우리의 영과 몸에 대한 관점에서 나온다. 성경적 인간학에 대한 기독교적 견해는 환원적 물리주의에서 극단적인 이원론에 이르기까지 매우 다양하다.[27] 나는 사람은 물질과 비물질, 곧 육체와 영혼으로 이루어졌다고 주장하는 이원론적인 관점을 받아들인다. 비록 죄의 영향을 받지만, 인간의 육체와 영혼은 선하다. 그리고 육체와 영혼은 어느 정도 다른 특성을 가졌지만, 통합된 살아 있는 전체로서 기능한다.[28] 우리의 몸과 영혼을 살펴보면, 우리는 영혼이 몸을 힘들게 하는 것이 아니라는 사실을 알게 된다. 몸은 암으로 병들 수 있지만, 영혼은 하나님의 긍휼하심으로 인해 건강할 수 있다. 비록 건강한 영이 치유를 촉진할 수 있지만, 건강한 영혼을 가진 그리스도인도 암으로 죽을 수 있다. 우리는 회심할 때 중생하지만(딛 3:5), 몸의 속량을 기다리는 동안에는 탄식한다(롬 8:23).

이러한 통합된 자아 전체는 지성, 의지, 감정, 기분, 사고, 영 그리고 관계성과 같은 능력을 가진 통일체로서 이해할 수 있다.[29] 기분은 우울증을 경험하는 것처럼 아플 수도 있지만, 영혼은 기독교적인 소망을 붙들고 있는 것처럼 건강할 수 있다. 베스는 어린아이였을 때 아버지에게 성폭력을 당했다. 아버지의 성폭력은 그녀의 자아 전체에 영향을 끼쳤다. 베스는 자신의 몸이 누군가와 어떤 식으로든 스치기만 해도 엄청난 불안감을 느낀다. 그리고 이 땅의 양육자인 부모에 의해 형성된 그녀의 감정은 하늘의 아버지인 하나님과 관계를 맺는 방식에 영향을 끼친다. 유사하게 하나님의 임재에 대한 이해는 베스가 그러한 기억들을 대면하고 자살 취약성과 자기 증오감을 치유하는 과정을 지속할 때 용기를 북돋을 수 있다. 비록 그리스도인이지만, 그녀는 자신에게 가해졌던 폭력을 여전히 경험하고 있다. 그녀의 자아 전체를 이루는 각 측면은 치유가 필요하다. 베스가 자살한다면, 그것은 전적으로 영적인 결정만은 아닐 것이다. 자살은 종종 의기소침한 이성, 낙담한 영혼, 희망 없는 영과 같이 영적인 결과를 가져오는 생물학적인 침체와도 관련이 있다. 인간을 구성하는 각각의 측면과 능력은 서로 다르지만, 하나의 통합된 자아 전체 안에서 여전히 서로 연결되어 있다. 코넬리우스 플랜팅가(Cornelius Plantinga)는 다음과 같이 말했다. "비극에서 죄는 확실히 영향을 끼치는 여러 힘 중 하나임에 틀림없다. 하지만 죄가 비극을 일으키는 유일한 힘을 의미하지는 않으며 가장 명백한 요인은 결코 아니다."[30]

요약하면 그리스도인들은 우울함을 느끼고, 죽음을 갈망하며, 자살을 계획한다. 그들은 타락했다가 구원받은 존재이기 때문이다. 그리스도인이 사탄에 저항해야 하지만, 사탄은 그리스도인을 파괴하기로 결심했다. 그리스도인은 기독교적인 방식, 그것도 파괴된 방식으로 고통을 받는다. 왜냐하면 일부 기독교 신앙이 이해되지 못하고 내면화되지 못했기 때문이다. 이것은 모든 그리스도인들에게 해당된다. 영혼과 몸은 연결되어 있지만 서로를 능가할 수 없는 구별된 측면을 가지고 있다.

그릇된 통념 2: 그리스도인에게 필요한 것은 오직 기도뿐이다
-더 열심히 기도만 하라

치유는 과정이다. 달라스 윌라드(Dallas Willard)는 프란시스 드 살레스 (Francis de Sales)를 인용하여 다음과 같이 말한다. "[프란시스는] '하나 님이 한순간에 우리를 변화시킬 수 있으시지만, 그런 갑작스러운 변 화가 우리에게 일어나는 것을 기대하지 말라'고 지혜롭게 권고했다."[31] 치유는 기도를 필요로 하지만, 기도가 때때로 치유하는 일의 전부는 아 니다. 슈타우파허(Stauffacher)는 다음과 같이 말했다. "[자살은] 임시변 통의 기도(quick-fix prayer)로 해결될 수 있는 게 아니다."[32] 나는 기도만 으로 모든 것을 해결할 수 있다고 믿기 때문에 마음이 산란해진 그리스 도인들을 많이 보았다. 기도만으로 모든 것을 충분히 해결하는 게 가능 하지 않은 이유는 두 가지다. (1) 우리의 고통을 없애는 일이 하나님의 목적이 아니기 때문이다. (2) 우리의 영혼은 기도를 통한 치유가 필요하 지만, 우리의 몸은 의학이나 심리학적 치료의 개입을 통한 치료도 필요 하기 때문에 의학이나 심리학적 치료는 물리적 시간이 절대적으로 필요하다. 먼저, 하나님과 고통에 대해 살펴보자.

기도는 우리의 고통을 제거하는 마술 지팡이가 아니다. 게이 허바 드(Gay Hubbard) 박사는 다음과 같이 논했다.

["하나님께서 고쳐주실 것이니까 더 이상 고통스러운 삶을 살지 않아도 될 거야"라는 생각과는] 다르게 하나님은 마법사 역할을 해달라는 요구

를 거부하실 뿐 아니라 무료로 나눠주는 가짜약이나 하늘에서 내려오는 강력한 아스피린을 제공하지도 않으신다. 우리가 짐을 하나님께 맡기기만 하면, 하나님이 즉시 우리의 기분을 좋게 만드실 것이라는 생각은 고통에 처한 사람들을 매우 비참하게도 그릇된 방향으로 인도할 것이다.…이런 "치료" 접근법은 고통을 하나님과 우리의 관계의 거리를 측정하는 척도로 만든다. 이러한 사고는 우리가 다음과 같은 간접적인 생각을 하게 한다. "내가 아프면, 나와 하나님의 관계는 소원한 거야. 내가 하나님께로 더 가까이 가면, 그분은 나의 상처를 없애주실 거야." 참된 위로의 하나님은 "효과가 뛰어난 진통제"로 하나님을 생각하는 개념과는 완전히 다른 정체를 가진 분이시다.[33]

그린-맥크레이트는 다음과 같이 부언한다. "고통은 부활에 의해 제거되는 것이 아니라 오히려 변화한다."[34]

우리가 고통에서 벗어날 수 있다는 보장은 없다. 스펜서(Spencer)는 야고보서 5:13-15이 "약속한" 치유에 대해 다음과 같이 말했다. "죄의 용서는 조금도 의심할 바 없이 분명히 이루어진다(약 5:15). 치유의 실현은 약간은 미지수로 남는다. '너는 사하심을 받으리라'(약 5:16). 여기서 야고보는 부정과거 수동 가정법을 사용한다.…가정법은 불확실성을 나타낸다."[35] 다른 말로 하자면, 야고보는 가정법을 사용하면서 치유는 가능하지만 완전히 보장받는 게 아니라는 사실을 우리에게 말한다.

확실한 보장은 없지만, 그리스도인은 계속 기도하고 하나님께 치유를 간구해야 한다(약 5:13). 하나님이 그 어떤 방법(치료, 약 혹은 기도)을 사용하시든지 간에, 그분이 궁극적인 치유자시기 때문이다(시 103:3). 그린-맥크레이트는 우울증에서 치유받은 자신의 경험을 다음과 같이 말한다. "나는 하나님이 모든 치료의 궁극적 원인이라고 생각한다. 약이나 치료가 그 원인의 일부일지라도 말이다."[36] 동시에 치유를 간구하는 그리스도인이 치유받지 못할 수 있음을 기억하는 게 중요하다. 그리스도인은 치유받지 못하더라도 걱정할 필요가 전혀 없다. 사도 바울은 육체에 가시를 지니고 살았다(고후 12:7-9).

치유될 것이라는 보장 이외에, 일부 그리스도인은 야고보서 5장을 읽으면서 자신들이 충분히 의로우면, 하나님이 치유를 위한 기도에 응답하실 것이고, 그분이 기도에 응답하지 않으시면, 자신들이 치유받을 만큼 충분히 의롭지 않다고 생각할지 모른다. 하지만 이런 생각에는 논리적 오류가 있다. 우리가 의인의 기도는 "능력 있고 효과가 있다"는 야고보서 5:16을 확실히 믿지만, 치료받지 못하는 것은 기도하는 사람이 의롭지 않다는 의미로 결론을 내리는 것은 논리적이지 않은 것이다. 예수님은 의로우셨고 하나님께 "이 잔을 내게서 지나가게 하옵소서"(마 26:39)라고 간구했지만, 하나님은 그렇게 하지 않으셨다. 또한 예수님은 "그러나 나의 원대로 마옵시고 아버지의 원대로 하옵소서"라고 말씀하셨다(눅 22:42). 하나님께 간구하라. 하지만 그 결과를 당신의 의로움이나 당신이 하나님께 영향을 끼치는 관계를 맺는 증거로는 사용하지 마라.

기도만이 치유를 가져오지 않을 수 있는 두 번째 이유는 그리스도인이 현대의 의술과 과학을 이용할 수 있기 때문이다. 야고보는 기름을 사용하라고 권유했고, 선한 사마리아인의 이야기에도 약이 등장하며(눅 10:34), 사도 바울 역시 기도만이 아니라 위장의 아픔을 덜기 위해 포도주를 사용할 것을 디모데에게 추천했다(딤전 5:23). 그리스도인은 기도 외에도 다양한 것을 활용할 수 있다.

정리하자면 우리는 치유해달라고 기도를 드리지만, 하나님이 고통을 반드시 제거해주시는 것은 아니기 때문에 치유가 확실히 일어난다고 보장할 수는 없다. 또한 치유의 과정에서 현대 의학과 과학을 활용하는 것이 우리에게 필요하다.

그릇된 통념 3: 자살을 시도하는 사람의 목적은 단지 주위의 관심을 얻으려는 것뿐이다

자살하는 일반적인 이유는 타인의 관심을 끌려는 것이라고 생각하는 사람들이 있지만, 사실 자신을 스스로 죽이려는 가장 보편적인 원인은 극심한 심리적인 고통에서 탈출하려는 데 있다. 다음의 유서는 이러한 고통을 잘 보여준다. "하나님! 이러한 일을 하려는 저를 용서해주세요. 더 이상 견딜 수 없습니다."[37] 이리스 볼튼의 20살 된 아들은 자살하기 직전에 어머니에게 다음과 같이 말했다. "어머니, 저는 죽고 싶지 않아요. 그런데 삶의 고통을 견딜 수 없어요."[38] 1950년대에, 스무 번에 걸친 전기 충격 치료와 다섯 번의 인슐린 충격 치료를 받았으며 그리고 전두엽 절제 수술을 앞 둔 47살의 여성은 다음과 같은 유서를 남기고 자살했다.

지난 6개월은 제 자신에게나 또한 저에게 너무나 잘해주었던 사랑하는
모든 이들 모두에게나 고문과 고뇌의 시간이었어요. 자살한다고 저를 탓
하지 않기를 바래요. 특히 지난 2개월은 (문자 그대로) 생지옥이었고, 이
제 그만, 제발 그만, 그동안 받았던 수술은 불행에서 저를 꺼내주지 못했
고, 수술은 계속되었죠. 그 누구도 이 고통을 모를 거예요. 그 누구도 말이
죠.[39]

자살하는 대부분의 사람이 단지 관심을 얻기 위해서 그런 행위
를 하지는 않는다는 사실을 지지해주는 증거는 남겨진 이들에게 용서
를 구하고, 자살한 자신의 몸을 발견할 사람을 염려한다는 점이다. 예
를 들면 "모든 사람이 저에게 너무나 잘해주었습니다. 최선을 다해 저
를 돌보아주셨습니다. 가족을 위해서 뭔가 증세가 달라지기를 정말이
지 간절히 원했습니다. 가족에게 상처를 주는 것은 가장 하기 싫은 일
이고, 그저 사라지고 싶은 제 마음의 한 부분이 죄책감과 싸우고 있
어요."[40] 또 다른 예로는 기독교 대학 교수이자 성가대 지휘자였던 한
사람의 경우를 들 수 있는데, 그는 자신이 살고 있는 아파트 문에 문을
열고 들어오지 말며, 경비원에게 전화하라고 경고하는 메모를 붙여놓
았다. 토마스 조이너(Thomas Joiner) 박사는 자살 이야기와 심장마비 이
야기를 비교하면서 자살하는 사람이 관심을 얻기 위해서 그렇게 한다
는 그릇된 통념을 불식한다.

중요한 점은 바로, 극심한 가슴 통증을 호소하는 경우에 사람들은 "그는 아픈 척하는 거예요!"라거나 "그녀는 관심을 얻기 위해서 그런 행동을 하는 거예요!"라는 반응을 거의 하지 않는다는 것이다. 실제로 대부분의 사람은 분명히 그런 반응을 너무 무자비하다고 생각할 것이다. 비록 가슴 통증을 호소하는 사람 중 적지 않은 사람이 사실 거짓말을 함에도 불구하고 말이다.…"이 사람이 심장병으로 죽어간다면, 그는 이전에도 통증을 호소했어야만 해. 그는 수년 동안 심장에 문제가 있었다는 얘기잖아"라고 말하는 것은 매우 어리석은 행동일 것이다.[41]

관심을 구한다는 그릇된 통념은 수정을 요하는 중요한 편견이다. 자살이나 자살 시도에 관한 이야기를 진지하게 받아들이지 않는 것은 당신이 패할 수 있는, 삶과 죽음을 건 도박이기 때문이다. 슈나이드만은 자살한다고 위협하는 사람 중 2-3%에 해당하는 이가 자살로 죽을 수 있다고 추산한다. 이미 발생한 사례들을 살펴보면, 자살로 죽는 사람 중 90% 정도가 자살에 대해 말한다. 따라서 슈나이드만은 이 문제를 매우 보수적이고 회고적인 관점에서 살펴보는 것이, 그리고 자살에 대한 어떤 언급이라도 심각하게 받아들이는 것이 가장 현명한 일이라고 충고한다.[42] 정리하면, 사람들은 관심을 얻기 위해 자살하는 것이 아니라 고통에서 탈출하기 위해 자살한다.

그릇된 통념 4: 자살하는 이들은 단지 이기적일 뿐이다

포스터(Foster)는 자살한 자기 딸에 대한 분노를 다음과 같이 표현했다. "그건 자기를 사랑했던 모든 사람을 완전히 배신하는 무모한 행동이었다."[43] 자살은 타인에 대한 이기적인 거절로 보이지만, 포스터의 딸이 자살했던 요인 중 하나는 우울증과 절망이었다.[44] 이와 유사하게 앨버트 수는 다음과 같이 말한다. "자살은 완전한 묵살과 같은 느낌을 준다. 곧 어떤 사람이 우리를 버리고 떠나간다는 것을 표현할 수 있는 가장 잔혹한 방법처럼 여겨진다."[45] 수는 자신의 아버지가 우울증에 빠졌다는 사실을 알고 있었다.[46] 그녀는 계속해서 다음과 같이 말한다. "나에게 도움이 되었던 것은 아버지가 나를 버리기 위해서 스스로 목숨을 끊은 것이 아니라는 사실을 깨달은 것이다. 그분은 나에게 고통을 주기 위해서가 아니라 자신의 고통을 끝내려고 그런 일을 벌인 것이다."[47] 한 젊은 화학자는 자살하기 전에 다음과 같은 글을 남겼다. "내가 친한 친구와 친척들과 함께 자살과 이기심에 대해 논한다면 나는 그것들에 대해 내가 대답할 수 없거나 심지어 어떠한 의견도 줄 수 없다. 그러나 내가 분명히 말할 수 있는 것은 그러한 점에 대해 심사숙고했고, 결국 살아 있는 것보다 죽을 때 친구나 친척들을 덜 아프게 할 것이라는 결정을 내렸다는 것이다."[48] 비록 뒤에 남겨진 이들이 자살을 이기적이라고 생각할지 몰라도, 자살한 이들은 "자신들의 죽음이 타인에게 축복이 될 것이라고 믿는다."[49]

그릇된 통념 5: 자살로 죽는 사람들은 분노하고 복수하려는 것이다

분노와 복수는 종종 자살하려는 동기로 작용한다. 쿠쉬너는 다음과 같은 자살 노트를 남긴 맥스 화이트(Max White)의 이야기를 전한다. "이런, 위선자 같은 친구들아, 입으로는 친구라고 하지만, 실제로는 나를 괴롭히기만 한 너희들! 너희들을 저주해. 너희들의 인생 전부가 파괴되어 늘 불행해지기를 간절히 소망해. 너희들을 향한 나의 저주는 말로 다 표현할 수조차 없어."[50] 복수가 자살의 동기가 될 때, 그것은 일반적인 자살의 경우보다 자살한 사람의 성격을 좀 더 잘 보여준다. 조이너는 다음과 같이 제안한다. "삶에서 분노의 문제를 가진 사람들이 자살할 계획을 세울 때, 그들은 죽음에서 분노를 표현한다. 이 말은 자살이 분노에 관한 것임을 의미하지 않는다. 그것은 단지 분노의 문제를 가진 이들은 자살로 인한 죽음을 포함하여 자신들이 할 수 있는 많은 것에서 분노를 표현할 수 있음을 의미한다.[51] 비록 일부 자살로 인한 죽음이 분노와 복수심 때문에 발생하지만 그렇지 않은 경우가 더 많다.[52]

하지만 일부 자살 시도는 중요한 메시지를 전하려는 노력일 수 있는데, 그 메시지가 때로 분노인 경우가 있다. 자살로 인한 죽음의 동기가 죽고자하는 의도이겠지만, 스텐겔(Stengel)은 모든 자살 시도가 "도움을 구하는 외침"이라고 생각한다. 이 외침은 자살 시도자의 가까운 이들에게 호소나 경보 장치로 기능한다. 그것은 자살 시도자를 향해 행동을 고조하도록 유도하기 때문이다.[53] 수잔 로즈 블라우너(Susan Rose Blauner)는 자신이 세 번이나 자살을 시도한 이유를 다음과 같이 밝혔다.

자살하고 싶은 생각이 일어날 때마다, 나는 다음과 같은 감정 중 하나 또는 그 이상의 감정에 사로잡힌다. 나는 극심한 고독을 느낀다. 격한 분노가 일어나 누군가를 패고 싶다. 분노가 여기저기서 치밀어 오르는데 건강하게 분출할 통로가 없다. 버림받을까 봐 두렵다(그래서 내가 먼저 나를 포기하는 게 좋겠다고 생각한다). 내가 바라는 것이 완전히 충족되지 못할까 봐 두렵다(그래서 그것들을 해소할 위기를 만든다). 나는 무거운 책임이나 경제적인 스트레스에 억눌려 있음을 느낀다. 나의 삶은 절대로 나아질 수 없다는 완벽한 절망감을 느낀다. 종종 사는 것이 고통스럽다.[54]

한 연구에서 리네한(Linehan)과 그의 동료들은 자살 시도는 다른 사람들을 더 편안하게 해주려는 바람에서 일어나지만, 죽을 의사가 없는 자해행위(예. 자기상해)는 분노를 표현하고, 자기 자신에게 벌을 주며, 정상적인 감정을 되찾거나 자신을 괴롭히기 위한 목적에서 발생한다는 사실을 발견했다.[55] 나는 자신에게 상처가 되는 어떤 말을 했던 여동생에게 화가 난 나머지 스스로 목숨을 끊으려고 했던 내담자와 이야기를 나눈 적이 있다. 그에게 좀 더 구체적인 질문을 했을 때, 그는 자신이 진짜로 원했던 것은 상처를 그만 끝내는 것이었다고 말했다. 다른 사람의 동기에 대해 함부로 추측하지 않는 게 가장 좋다. 자살은 보통 분노에 의해 유발되지 않지만, 자살 시도는 의사소통하려는 노력일 수도 있다.

그릇된 통념 6: 우울증에 걸린 사람은 그저 "기운을 차려야만 한다"

정신건강 문제는 자살의 일반적인 위험 요인이고, 그중에서도 우울증은 자살과 연관된 가장 보편적인 장애다.[56] 어느 날 내담자의 딸이 나에게 전화해 자신의 아버지가 왜 우울증에서 빠져나오지 못하는지를 물었다. 대부분의 사람은 우울증이 사람을 어느 정도로 쇠약하게 만드는지 모른다. 우울증을 경험했던 윌리엄 스타이론은 다음과 같이 말했다. "중증의 우울증이 가져오는 고통을 경험해보지 못한 사람들은 그것을 결코 상상조차 할 수 없다."[57] 대부분의 사람은 우울증을 이해하지 못한다. 그것을 설명하기를 매우 어렵기 때문이다. 스타이론은 다음과 같이 계속 말한다. "우울증은 표현할 수 없을 정도로 견디기 어려운 무서운 질병이다.[58] 다만 한 가지는 분명하다. 곧 우울증은 그 누구도 자신의 힘으로 치료하는 방법을 알지 못하는 질병이라는 것이다. 나의 내담자가 혼자서 우울증을 치료할 수 있었다면, 그는 그것을 치료했을 것이다. 스타이론은 다음과 같이 계속 자신의 의견을 피력한다.

우울증을 겪으면서 구원에 대한 믿음, 궁극적 회복에 대한 믿음은 온데간데없어졌다. 고통은 수그러들 줄 모르고, 이런 상태를 더 견딜 수 없게 하는 요인은 그 어떤 치료도 일 분, 한 시간, 하루, 한 달 내에 내 병을 호전시키지 못한다는 사실을 내 자신이 안다는 것이다. 내 병이 어느 정도 호전되었다면, 나는 그게 일시적인 현상이고, 곧이어 고통이 찾아올 것이라는 사실을 안다. 영혼이 괴멸당하는 것이 고통을 느끼는 것보다 훨씬 더

절망을 가져온다.[59]

우울증에 걸린 이들은 자기 혼자서는 우울증을 회복할 수 없다. 혼자서 회복할 수 있었다면, 그들은 그렇게 했을 것이다.

그릇된 통념 7: 자살하려는 사람은 누구에게도 말하지 않는다

엘리 로빈스(Eli Robins) 박사는 성 루이스 카운티 내의 성 루이스시에서 1년(1956-1957) 동안 발생했던 134건의 자살 사망을 연구했다. 그는 자살로 사망한 사람 중 69%(93명)가 자살할 것이라는 자신의 의도를 평균 3번 정도 이야기 했고, 가장 많은 경우는 12번까지 언급했다는 사실을 발견했다.[60] 그들 중 60%에 해당하는 사람들이 자살할 의도를 배우자에게, 절반 정도는 친척에게, 1/3의 사람은 친구에게, 1/5에 조금 못 미치는 사람들은 의사, 직장 동료, 목회자, 경찰관 및 집주인에게 말했다. 예를 들면 로빈스는 자신의 보험 증서를 며느리에게 유산으로 준 67살 홀아비의 사례를 소개했다. 그 홀아비는 이웃 사람들에게 "여러분은 거리에서 죽은 한 남자를 발견할 것"이라거나, 자기 친구들에게 (자신이) 여관에서 자살할 것이라고 말했다. 그의 친구와 이웃들은 그의 말을 믿지 않았는데, 바로 다음 날 그는 자살했다.[61] 로빈스의 연구에 기초하면, 자살자의 모든 이가 다 그런 것은 아니지만 많은 이가 우리가 그들을 위해서 무엇인가 할 수 있는 기회를 준다. 그들 중 많은 이가 죽기 전에 의사를 방문하고, 어떤 이들은 목회자에게 말한다.[62] 로빈스는 38살의 프레스 기사이자 용접공으로 일했던 남자의 사연을 들려준다. 그는 자살하기 4주 전에 출석하던 교회의 목사와 가족에게 자신이 곧 자살할 거라고 말했다. 그는 자살하던 날에 목사에게 전화를 걸었고, 목사와는 통화를 하지 못하고 총으로 자살했다.[63]

때로는 이러한 경고가 간접적으로 나타날 수 있다. 자살하려는 사람은 아마도 "어디론가 떠나버릴 거야"라거나 "당신은 더 이상 나에 대해 걱정할 필요가 없게 될거야"라는 말로 암시를 주고, 또는 "죽을 거야"라고 직접 말하기도 한다. 이러한 언급을 심각하게 받아들이는 게 중요하다. 내가 아는 사람 중 한 명은 총을 들고서 이웃의 안전이 걱정된다고 친구에게 말했지만, 그 누구도 그녀가 실제로 죽음을 계획했다는 사실을 알지 못했다. 내가 만나는 내담자 중 한 명은 어느 날 자신의 생명 보험을 차곡차곡 정리했었다고 말했다. 이런 예들은 자살을 간접적으로 경고하는 것이다.

또한 어떤 사람들은 죽겠다는 위협을 너무나 자주하기 때문에 그 말을 심각하게 받아들여야 할지 알기 어려울 때가 있다. 예를 들어 로빈스는 61살에 은퇴한 약사의 자살을 언급했다. 그는 "자살하고 말거야", "차라리 죽는 게 더 좋겠어", "내 머리를 날려버릴 거야", "다리에서 뛰어내릴 거야" 등등의 말을 너무나 자주 했기 때문에 그의 아내와 주치의는 그러한 위협에 더 이상 신경을 쓰지 않았다. 그의 아내와 주치의는 그가 자살하기 전에 앞서 언급했던 자살 위협의 빈도가 늘고 있음을 전혀 알아채지 못했다.[64] 잦은 위협의 횟수에도 불구하고 각각의 위협을 심각하게 받아들여야만 한다.

여러분이 누군가를 자살로 잃어버린 경험이 있다면, 어떤 이들은 자살하려는 의도를 말하지 않는다는 점을 기억하라. 로빈스는 매우 헌신적이었고 정기적으로 교회에 출석했던 63살 여성의 사례를 제시한다. 그녀가 출석하는 교회의 담임 목사는 그녀가 자살하기 사흘 전에 그녀를 방문했다. 비록 그녀가 우울증에 빠져 있고 끊임없는 고통에 시달리며, 자신이 언제까지 이를 견딜 수 있을지 모르겠다고 말했지만, 그녀는 한 번도 자살을 직접 언급한 적이 없었다. 그녀의 남편은 그녀가 죽은 이후 목사에게 그들이 다른 사람들의 자살에 대해 종종 이야기를 나누었지만, 그녀는 한 번도 자신이 자살을 생각한다는 사실을 언급한 적이 없었다고 말했다.[65] 어떤 의사소통은 너무 간결하고 모호해서 상대방의 의도를 뒤늦게야 알 수 있다. 로빈스는 출근하는 남편에게 "이것이 당신의 마지막 입맞춤이야"[66]라는 모호한 말을 한 62살 여성의 사례를 들려준다. 로빈스의 연구에서 대부분의 사람이 자살 의도를 말했던 반면에, 31%의 사람은 자살 의도를 말하지 않았다는 점을 기억하라. 우리는 자살 의도를 드러내는 사람들을 위해 무언가를 할 수 있다.

그릇된 통념 8: 자살에 대해 이야기하는 것은
그 사람에게 자살을 마무리짓는 아이디어를 줄 수 있다

자살하려는 누군가를 위해서 우리가 할 수 있는 가장 중요한 일 중 하나는 그 사람이 자살에 대해 생각하는지 여부를 직접 물어보는 것이다. 과학은 자살을 공개적으로 이야기하면 자살에 대한 생각을 상대방의 마음에 불어넣을 것이라는 생각이 그릇된 통념에 불과하다는 사실을 보여준다.[67] 일부 사람들이 자살을 직접 물어보지 못하게 하는 또 다른 두려움은 그 사람을 난처하게 만들까 하는 것이다. 로빈스는 자살을 시도했지만 아들에게 구조받은 58살 인쇄업자의 이야기를 들려준다. 인쇄업자의 아내는 자기 남편과 자살 시도에 대해 절대로 이야기를 나누지 않았다. 그녀는 "남편을 곤란한 상태에 빠뜨릴 것"이라고 생각했기 때문이다. 그 일이 있은 지 2년 후에 남편은 자살로 생을 마감했다.[68] 사실, 자살을 공개적으로 이야기하는 것이 우리가 할 수 있는 가장 좋은 돌봄의 행위일지도 모른다.

자살을 시도할 생각은 끔찍하고 당사자를 주위로부터 고립되게 만든다. 슈나이드만은 베아트리스의 경험을 이렇게 말한다.

15살 때…제 느낌을 친구들에게 설명하려고 애썼던 게 기억나요. 친구들은 제가 천 길 낭떠러지로 떨어지는 꿈을 꾸었고, 삶이 매우 무의미하게 느껴진다는 제 말을 불신하고 머리를 절레절레 흔들었어요. 아이들은 음침하고 섬뜩한 제 생각을 이해하지 못했어요. 제가 이 세상에서 외톨이라는 사실을 깨닫자마자 저는 제 느낌이나 생각을 친구들에게 더 이상 이야기하지 않았죠. 저는 미쳐가는 제 자신이 너무나 무서웠고, 그 누구도 이런 제 모습을 알아채길 원하지 않았죠. 그래서 저는 "정상적인" 친구들의 행동을 계속 모방했고 가는 곳마다 얼굴에 미소를 띠었어요.[69]

당신이 자살을 계획한다고 상상해보자. 당신은 자살을 단 한 번도 상상조차 하지 않았다. 당신이 갑자기 자살할 생각이 들었을 때, 당신의 부모는 어떻게 해야 한다고 가르쳐주지 않았다. 자살에 관한 생각은 두려움을 불러일으키고, 마음을 어지럽게 하며, 놀라게 하고, 당황스럽게 만든다. 많은 사람이 그런 생각을 꼭꼭 숨겨둔다. 사람들은 자살한 이들에게 정죄의 낙인을 찍는다. 자살은 금기된 행동이기 때문이다. 우리가 자살을 생각하는 이들에게 할 수 있는 최선의 방책은 그들에게 자살에 관한 이야기를 먼저 시작하는 것이다. 슈나이드만은 사람들이 자살을 생각하고 계획한 것에 대해 직접 물어보지 않을 때에 실망감을 느꼈던 한 여성에 대해 다음과 같이 묘사한다.

그녀가 (표면적으로는 토스터를 되돌려주는 척 하면서) 친구들을 방문해 눈물을 펑펑 흘리며 울었는데 그들이 아무런 반응을 보이지 않을 때, 그것은 다른 사람들과 그녀 간의 유대 관계가 끊어졌다는 것과 그녀는 아무런 희망도 없이 이 세상에서 혼자라는 사실을 의미한다. 그리고 심지어 그녀는 주유소 직원이 마술처럼 자신의 마음을 읽고 그녀에게 휘발유 한 통을 왜 구입하는지를 묻는 상상까지 한다.[70]

우리는 상대방이 자살을 생각하는지 아닌지 언제 솔직하게 물어 봐야 할까? 보통 일반적인 경계 신호가 나타난다. 예를 들면 우울증, 직장이나 학교에서의 성취도 악화, 상금으로 탄 것을 다른 사람에게 줌, 약물 사용과 같은 무모한 행동의 증가, 위생 관념의 저하, 수면 문제, 죽음에 대해 말하거나 또는 죽음에 사로잡혀 있는 것과 같은 모습 등 이다. 우리는 이 책의 후반부에서 누군가에게 자살을 생각하는 것에 대 해 어떻게 직접 물어볼 것인지 매우 자세하게 다룰 것이다. 많은 사람 이 생각하는 것과는 다르게 대화에서 시작하는 게 중요하다. 곧 상대방 이 자살을 생각하는지 물어보라.

그릇된 통념 9: 누군가가 자살하고 싶어 한다면, 우리가 할 수 있는 것은 아무것도 없다

당신은 제1장에서 금문교에서 뛰어내렸지만 기적적으로 살아난 케빈 하인즈를 기억하는가?[71] 그는 뛰어내리는 순간 자신이 죽고 싶지 않다 는 사실을 깨달았다. 자살을 생각하는 많은 사람이 양가감정을 갖고 있다. 한편으로는 죽고 싶으면서도, 다른 한편으로는 계속 살고 싶은 것이다. 슈나이드만은 다음과 같이 말한다. "나는 도움을 받을 것이라 는 환상을 품지 않고 100% 자살하려는 사람을 알지 못한다. 각각의 사 람이 자살할 '필요가 없다'면, 그들은 자살하지 않아서 행복할 것이다. 임상적 개입이라는 도덕적 명령이 우리에게 주어지는 이유가 바로 이런 양가감정 때문이다."[72] 우리는 자살하려는 이들에게 도움을 줄 수 있다. 자살하려는 이들은 일반적으로 다른 한편으로는 살고 싶다는 생각을 하기 때문이다. 맥키온이 다음과 같이 말한 것처럼 말이다. "자살은 결코 필연적인 일이 아니다."[73]

그릇된 통념 10: 대부분의 자살은 휴일 동안에 발생한다

대부분의 자살은 사람들이 함께 모이는 겨울 연휴 기간이 아니라 봄과 초여름에 발생한다.[74] 조이너와 그의 동료들은 다음과 같이 평가한다. "축하하는 시기(무언가 축하하기 위해 사람들이 함께 모이는 때)와 고난이나 어려운 일을 겪는 시기(함께 모여 서로를 위로해 주는 때)에는 자살률이 감소한다."[75] 자살 충동에 사로잡히는 사람들의 경우, 좋은 날씨와 자신의 어두운 내면이 극도로 대비되었을 때 견디지 못한다.[76] 또한 대부분의 자살은 낮에 그리고 한 주가 시작할 때 발생한다.[77] 그런가 하면 예외적으로 자살은 종종 기념일에 일어날 수도 있다. 로빈스는 자신의 아버지가 사망한 1주년을 맞이한 날에 자살한 47살의 한 남성의 경우를 묘사한다.[78] 그러나 대다수의 자살은 휴일이 아닐 때 일어난다.

요약

신앙이 깊은 그리스도인도 우울한 기분을 느낄 수 있고 자살을 생각할 수 있다. 그리고 우리가 가진 그릇된 통념은 목양 사역자들이 그러한 사람들에게 도움을 제공하는 것을 막을 수 있다. 그릇된 통념은 우리로 하여금 정말로 고통받는 누군가에 대해 가장 좋지 않은 추측, 즉 자살을 생각하거나 시도하는 사람은 그저 관심을 얻기 위한 것이라거나, 이기적이거나 혹은 너무 게으르다 보니 우울증에서 빠져나오지 못한다는 선입견을 갖게 한다. 이러한 통념들은 자살을 예방하기 위한 발걸음을 내딛지 못하도록 할 수 있다는 점에서 그것들이 가진 문제점을 살펴봐야만 한다.

그러나 그리스도인이 자살을 해야겠다는 한계점까지 이르러서 결국 죽고 만다면 무슨 일이 발생할까? 자살로 죽은 사람이 지옥에 갈까? 그리스도인은 자살의 죄악성이나 구원의 영원한 보증 교리에 대해 무엇을 믿어야 할까? 이러한 질문들은 다음 장에서 다룰 핵심 내용들이다.

토론을 위한 질문

1. 당신은 자살을 해야겠다는 한계점까지 도달한 그리스도인을 어떻게 설명할 것인가?

2. 기도가 어떻게 치유해줄 수 있는지 논하라.

3. 자살하려는 사람이 다른 사람에게 경고하는 경향이 있고, 반면에 종 종 그러한 경고를 놓쳐버리기 쉽다면, 우리는 자살을 예방하기 위해 무엇을 할 수 있는가?

4. 당신이 양가감정에 사로잡혔던 때를 설명하라. 마음의 한쪽은 이것 을 원하는데, 다른 쪽은 정반대의 것을 원한다. 자살하려는 사람을 상담할 때 양가감정이 어떻게 중요할까?

참고 자료

K. Greene-McCreight, *Darkness Is My Only Companion: A Christian Response to Mental Illness* (Grand Rapids: Brazos, 2006).

T. Joiner, *Myths About Suicide* (Cambridge, MA: Harvard University Press, 2010). 『자살에 대한 오해와 편견』(베이직북스 역간).

W. Styron, *Darkness Visible: A Memoir of Madness* (New York: Random House, 1990). 『보이는 어둠』(문학동네 역간).

제3장

자살과 기독교 신학

이 땅에 지옥이 있다면,
그것은 우울한 사람의 마음에 있을 것이다.

로버트 버튼(17세기 영국의 목사)

위기에 처해 자살을 꿈꾸는 사람 중 일부는 지옥에 갈까 두려워 자살을 차마 시도하지 못한다.[1] 그러나 자살하려는 사람들에게 자살하면 지옥에 갈 것이라고 말한다고 해서 그들의 행동을 막을 수는 없을지도 모른다. 현재 경험하는 지옥과도 같은 마음 상태가 그들이 두려워하는 그 어떤 외적인 지옥보다 더 끔찍하기 때문이다. 어느 화학자는 자살 일기에 다음과 같은 내용을 남겼다. "내가 당하는 것보다도 더 아픈 외적인 고문이 있다면, 제발 보여줘."[2] 신학적 문제가 아니라 당장에 겪고 있는 고통이 핵심 이슈인 것이다.[3]

게다가 자살로 죽는 사람들 중에는 천국으로 갈 것을 기대하는 이들도 있다. 자살로 생을 마감한 한 사람은 죽기 전 다음과 같이 말했다. "이 땅에서 사는 것 자체가 지옥이다. 차라리 죽어버리고 나면 천국과도 같을 것이다."[4] 아마도 천국은 죽은 이들과 다시 만나는 장소로 사람들이 고대하는 곳일지도 모른다. 확신이 없는 사람들에게는 미래가 도박을 정당화할 만큼 충분히 알려지지 않은 것일 수 있다.[5]

신학이 자살을 시도하려는 사람 중 몇 명이라도 막을 수 없다면, 자살 예방에 대해 신학이 하는 역할은 무엇일까? 그렇다. 신학이 자살과 아무런 관련이 없는 게 아니다. 어떤 사람에게는 신학적인 믿음이 오히려 해가 된다. 실천신학자로서 당신이 자살에 대한 본인의 신학을 성찰해보는 것은 다음과 같은 이유 때문에 매우 중요하다. (1) 당신의 신학이 당신의 행동에 영향을 끼친다. (2) 그리스도인은 매우 다양한 부류의 불투명한 믿음을 갖고 있다. (3) 자살에 대해 분명하게 성문화된 입장을 취하고 있는 교단이 거의 없다.

슈나이드만은 자살을 시도했다가 병원에 소속된 수녀에게 심하게 꾸지람을 당한 여성의 이야기를 들려주었다.[6] 그녀는 수녀의 신학에 시달려야만 했다. 자살을 다룰 때 우리는 각자의 신학적인 확신을 갖고 이 문제에 접근하기 마련이다. 자살은 "그리스도인이 자살하면 지옥에 갈까?"와 같은 신학적 질문을 야기하기 때문이다. 이 질문에 대한 답이 개인적으로는 뻔해 보일지라도, 그리스도인들은 자살에 대해 상이한 견해를 갖고 있고, 매우 미묘하고 복잡한 신학적인 입장을 취하고 있어서 서로 다른 답변을 제시한다. 이런 답변은 혼란을 초래할 수 있다. 예를 들면 여러 목회자를 면접한 결과, 우리 연구팀은 목회자들이 자살하려는 사람들에게 자살을 막으려는 목적으로 자살은 죄라고 말하는 한편, 자살로 사랑하는 사람을 잃어버린 이들을 위로하기 위해 하나님의 자비를 이야기해야 하는 모순된 상황에 대해 어려워하고 있음을 인지했다.[7] 클레몬스(Clemons)는 다음과 같은 글을 남겼다. "대부분의 종교적인 공동체가 현대 사회의 위기의 한가운데서 절박성을 가지고 신중한 주의를 기울이며 자살을 다루지 못하는 이유는 자살 문제가 가지는 복잡성과 그에 따른 혼동, 불확실함 그리고 낙담 때문이다. 이와 더불어 성경이 자살에 대해서 말하고 있는 것과 말하고 있지 않은 것이 무엇인지에 대한 이해의 부족 역시 자살을 다루지 못하는 사태에 영향을 끼친다.[8] 이번 장의 목적은 독자들이 자살에 관한 신학적인 이해를 분명히 하도록 돕는 데 있다. 다음에 나오는 내용은 자살에 관한 여러 가지 견해와 그것들을 뒷받침해주는 이유를 다룬다. 즉 자살은 죄가 아니라고 말하는 네 가지 견해, 자살이 죄라고 주장하는 네 가지 견해, 자살은 용서받을 수 있는 죄라는 네 가지 견해, 그리고 자살은 용서받지 못하는 죄라고 주장하는 네 가지 견해 등이다.

자살은 죄가 아니라는 견해

자살이 죄임을 믿지 않는 그리스도인은 다음에 나오는 하나 혹은 두 개의 논증에 근거한다.

일부 그리스도인은 자살은 자기만의 책임으로 돌릴 수 없다고 말하면서 자살은 죄가 아니라고 주장한다

일부 그리스도인은 자살하는 사람은 합리적인 결정을 내릴 수 없는 정신 이상이나 귀신들림의 피해자이기 때문에 자살은 죄가 아니라고 생각한다.[9] 예를 들어 루터는 다음과 같이 말했다. "나는 자살은 저주받아야 마땅하다는 의견에 동의하지 않는다. 자살한 이들은 자살하고 싶지 않지만 마귀의 힘에 억눌려서 스스로 목숨을 끊기 때문이다."[10] 다른 말로 하자면, 자살을 시도하거나 죽은 사람은 심한 책임감을 느낄 필요가 없고, 따라서 죄책감을 갖지 않아도 된다는 것이다. 이런 주장을 하는 그리스도인들에 따르면, 우울증이라는 상황에서 일어나는 자살은 감기에 걸린 것과 다를 바 없이 죄가 아니다. 이러한 입장에서 구원의 영원한 보증이라는 신학적 질문은 그다지 중요하지 않다. 자살은 죄가 아니기 때문이다.

일부 그리스도인은 성경의 침묵을 인용하면서 자살은 죄가 아니라고 주장한다

성경은 자살을 7번 언급하지만 그 어느 구절도 자살을 죄라고 말하지 않는다. 아비멜렉(삿 9:52-54), 삼손(삿 16:30), 사울(삼상 31:4), 사울의 무기 든 자(삼상 31:5), 아히도벨(삼하 17:23), 시므리(열상 16:18)의 예는 죽음의 유형이 불명예와 연관성이 없다는 것을 분명히 보여준다. 삼손은 믿음의 선진 중 한 사람으로 언급되었고(히 11:32), 삼손과 아히도벨은 모두 선조의 묘실에 안장되었다. 사울과 그의 아들들은 야베스-길르앗 사람들이 적합한 장소에 장사해주어 영예를 지킬 수 있었다. 사울과 요나단의 죽음에 대한 다윗의 비통은 사울이 어떻게 죽었는지에 대한 비난을 뛰어넘는다(삼하 1:19-27). 이에 더해 모든 그리스도인이 십계명의 여섯 번째 계명을 자살을 금하는 것으로 보는 것은 아니다.[11] 어느 그리스도인이 이 입장을 고수한다면, 첫 번째 주장과 마찬가지로 자살이 죄가 아니기 때문에 구원의 영원한 보증이라는 신학적 질문은 그다지 중요하지 않다.

일부 그리스도인은 초기 교회의 침묵을 인용하면서 자살은 죄가 아니라고 주장한다

페든은 다음과 같이 완곡하게 말한다. 역사적으로 "교회는 3세기 이전까지 자살에 대해 분명한 입장을 제시하지 않았다." (알렉산드리아의 클레멘스를 제외한) 속사도 교부들은 자살과 순교의 개념을 혼용해서 사용했기 때문이다. "히에로니무스(St. Jerome)와 영국의 교회사가 비드는 심지어 경건한 마음으로 예수님을 자살의 범주에 포함시키기까지 했다."[12] 예수님의 모범으로 인해, 이 시기에 죽음에 대한 열망이 유행병처럼 널리 퍼졌다.[13] 테르툴리아누스(Tertullian)는 197년에 이렇게 글을 썼다. "이 시기에 우리에게 문제될 것은 아무것도 없고, 그저 하루 빨리 이 세상에서 벗어나는 것만을 바랄 뿐이었다."[14] 그 당시 사람들은 모든 유형의 자발적 죽음이 구원을 확실히 가져다주는 통로라고 생각했다.[15] 이러한 자발적 죽음 중 일부는 자살의 형태를 띠었다. 드로지(Droge)와 테이버(Tabor)는 다음과 같은 글을 남겼다. "한 사람의 순교는 다른 사람의 자살을 불러일으켰고, 그 반대의 경우도 발생했다."[16]

예를 들면 4세기 초에 암브로시우스(St. Ambrose)는 성폭행을 피하기 위해 건물에서 뛰어내린 펠라기아(Pelagia)를 칭송했다.[17] 게르마니쿠스(Germanicus)는 "야수를 자기 품으로 끌어당겨 자신의 몸을 갈기갈기 찢도록 내버려두었고, 에데사에서 온 한 여성은 다음과 같이 혼잣말을 하면서 자기 아들을 거리 곳곳으로 질질 끌고 다녔다.…그녀는 '당신이 모든 그리스도인을 학살할 때, 나와 내 아들이 이 영광스런 순교에 너무 늦게 참여하지 않기 위해 지금 이런 행동을 하는 거야'라고 말했다.[18] 페튼은 한 무리의 그리스도인들이 속주 총독에게 자신들이 순교하게 해달라고 요구하는 장면을 묘사하는데, 총독은 이렇게 외친다. "당신 스스로 목을 매든지 익사하든지 해서 정무관들(Magistrates)의 근심을 덜어드려라."[19] 초기 교부들은 모든 자발적인 죽음을 하나로 분류했고 자살을 비난하지 않았다.

일부 그리스도인은 존 던을 인용하면서 자살은 죄가 아니라고 주장한다

성공회 사제이자 성 바울 대성당의 수석 사제인 존 던(1572-1631)이 자살에 대한 그리스도인의 대변자로 등장하는 것은 아마도 예상치 못한 일일 것이다. 앞서 살펴본 대로, 17세기 영국에서 자살은 중범으로 인식되었다.[20] 이런 상황에서 던은 다음과 같은 상황, 곧 "(1) 내가 온갖 시련을 겪고 있어서 하나님이 허용하신 영혼을 배반할 위험해 처했을 때", (2) 믿음이 약한 그리스도인의 신앙을 세워주는 행위로서 다른 방법으로는 하나님을 영화롭게 하지 못할 때, (3) (던이 보기에 삼손의 경우처럼) 하나님이 나에게 목숨을 희생하라고 말씀하셨을 때 자살이 정당화될 수 있다고 말한다. 그리고 (4) 몇몇 성경구절이 "이 땅의 것에 얽매이지 말고"[21] 선한 목자를 따르기 위해 자신의 생명을 포기하라고 그리스도인에게 말하고 있기 때문에 자살이 정당화될 수 있다. 여기서 던 자신이 자살 충동에 사로잡힌 적이 있음을 주목할 필요가 있다. 그는 자살에 관한 도덕 신학을 주제로 긴 논문을 썼지만, 그럼에도 끝내 자살을 선택하지는 않았다.[22]

자살은 죄라는 견해

자살이 죄라고 믿는 그리스도인들은 다음에 나오는 하나 혹은 두 개의
주장에 근거한다.

일부 그리스도인은 성경의 침묵이 자살을 인정하는 게 아니라고 말하면서 자살은 죄라고 주장한다

19세기의 인물인 윈슬로우(Winslow)는 자살은 분명히 "엄청난 죄"[23]
이기 때문에 굳이 성경에서 자살에 대해 언급할 필요조차 없다고 생
각했다. 본회퍼(Bonhoeffer)는 성경이 자살에 대해 침묵하는 것이 자살
을 인정하는 것은 아니라고 주장했다.[24] 성경은 인간의 모든 행동의 죄
성을 항상 언급하지는 않는다. 예를 들어 비록 성경은 삼손이 창녀를
방문한 것의 죄성에 대해 말하지 않지만(삿 16:1), 그는 간통죄를 저질
렀다. 수는 자살에 대한 성경의 이야기가 명확하게 끝나지 않는다고 해
서 성경이 자살을 인정하거나 무관심한 것을 암시하지는 않는다고 지
적한다.[25]

일부 그리스도인은 십계명 중 여섯 번째 계명을 말하면서 자살은 죄라고 주장한다

여섯 번째 계명은 "너는 살인하지 말라"(출 20:13; 신 5:17)고 말하고 창
세기 9:6은 "다른 사람의 피를 흘리면 그 사람의 피도 흘릴 것이니 이
는 하나님이 자기 형상대로 사람을 지으셨음이니라"고 말한다.[26] 4세기

의 신학자인 아우구스티누스(Augustine)의 견해는 다음과 같다. "십계명을 올바르게 해석한다면, '너는 살인하지 말라'는 계명은 자살을 금지하고 있고, 그리고 누구도 자발적으로 스스로 죽음에 이르는 고통을 가하지 말아야만 한다.…자기 손으로 목숨을 끊은 사람은 죽음 후에 더 나은 삶을 누리지 못한다. 따라서 자살은 악한 행위다."[27] 또한 그는 다음과 같이 주장한다. "여섯 번째 계명은 아홉 번째 계명과 열 번째 계명과는 다르게 '네 이웃'이라고 한정하지 않는다."[28]

아우구스티누스는 여섯 번째 계명 외에도 자살을 반대하는 네 개의 주장을 다음과 같이 펼쳤다. 예수님은 자살에 대해 한 번도 언급하지 않으셨다. 그리스도인은 비록 고통에 처하더라도 하나님을 믿고 신뢰하는 삶을 살아야 한다. 죽음은 회개의 가능성을 없앤다. 우리는 불확실한 죄, 곧 (펠라기아의 강간처럼 발생 여부를 확실히 알 수 없는) 일어나지 않을 수 있는 죄 대신에, 혹은 죄의 원인과 책임이 (펠라기아가 아니라 성폭행범에게 있는 경우처럼) 자기에게 있지 않은 죄 대신에 우리가 (아우구스티누스가 분명하게 죄라고 보았던) 자살이라는 죄를 절대 범하면 안 된다. 아우구스티누스에 따르면 사람이 스스로 목숨을 끊을 수 있는 유일한 경우는 오직 하나님이 명령하셨을 때만 가능하다. 아우구스티누스는 자발적인 순교를 그리스도인이 취할 수 있는 응답이라고 생각하면서 자살과 순교를 구별한다. 하지만 이 응답의 경우도 하나님이 촉발하신 것이고 "그분의 명령"이라고 확신하는 경우에만 가능하다. 삼손의 경우처럼 말이다.[29] 아우구스티누스는 삼손의 경우처럼 매우 예외적인 상황을 제외하면 자살은 그리스도인이 고려할 수 있는 선택 사항이 아니라고 믿었다.

자살과 순교를 구분하는 일은 오늘날에도 매우 유용하다.[30] 순교는 자신의 신앙을 증언하기 위해 다른 사람에 의해 혹은 특정한 상황에서 죽는 것이고, 자살은 그저 자기 스스로 죽는 것이다.[31] 본회퍼는 다음과 같이 이 차이를 유지한다. "타인을 위해 자기 목숨을 희생하려는 굳은 의지가 있는 사람은 자기 생명을 스스로 끊어서는 안 된다."[32] 체스터톤 (Chesterton)은 다음과 같이 말하면서 본회퍼에게 동의한다. "자살은 순교와는 서로 어울릴 수 없는 정반대의 사건이다."[33]

교회 공의회는 아우구스티누스를 따라서 꾸준히 교회의 자살 반대 입장을 견지해나갔다.[34] 아를 공의회(Council of Arles, 452)는 자살은 "귀신 들림에 의해 일어나는 행동"이라고 선언했고, 자살하는 사람을 마귀의 종이라고 비난했다.[35] 오를레앙 공의회(Council of Orleans, 533)는 일반적인 범죄자에 대한 장례식은 허락했지만, 범죄자가 자살한 경우에는 장례식을 허락하지 않았다.[36] 브라가 공의회(Council of Braga, 563)는 자살에 대한 비난의 폭을 더욱 확대했는데, 모든 자살자에 대해서 "성대한 의식"을 치르거나 교회 안의 묘지에다 매장하는 것을 금지했다.[37] 아퀴나스(Aquinas, 1225-1274)는 다음과 같은 이유로 자살을 비난했다.

자기 자신을 죽이는 것은 불법이다. 세 가지 이유가 있다. 첫째, 모든 것은 본성적으로 자신을 사랑한다.…둘째, 모든 부분은 그 자체가 전체에 속해 있다. 모든 사람은 공동체의 한 부분이다. 따라서 그는 공동체에 속해 있다.…셋째, 생명은 하나님이 인간에게 주신 선물이고, 생사화복을 주관하시는 하나님의 권능에 지배를 받는다. 따라서 누구든지 자기의 목숨을 버리는 사람은 하나님께 죄를 짓는 것이다. 이것은 마치 다른 사람의 종을 죽이는 사람이 그 노예를 소유한 주인에게 죄를 범하는 것과 마찬가지며, 자신에게 맡겨지지 않은 문제에 대해 권한을 벗어나 자기 스스로 판단하는 것 같다.[38]

일부 그리스도인은 생명의 존엄성을 말하면서 자살은 죄라고 주장한다

이런 주장을 하는 그리스도인은 생명은 신성한 것이고 침해할 수 없는 것임을 강조한다(신 32:39; 욥 1:21; 고전 6:19-20; 엡 5:29; 빌 1:20-26). 칼뱅(Calvin)은 다음과 같은 세 가지 요인으로 인해 자살을 죄라고 생각했다. 곧 하나님만이 생명을 취하실 수 있고, 자살은 자기 보존의 명령을 어긴 것이며, 우리는 마귀에게 사로잡히는 것에 저항할 수 있다. 칼뱅은 다음과 같이 말했다. "이 세상에 우리를 보내신 하나님께서 그것을 거두실 때까지 기다리자."[39]

체스터톤은 약간 다른 관점, 곧 자살은 생명을 거부하기 때문에 죄라는 관점을 취한다. 그는 다음과 같은 주장을 펼쳤다.

자살은 일종의 죄일 뿐만 아니라 아주 심각한 죄다. 자살은 궁극적이고 절대적인 악이고, 실존에 대해 진지하게 숙고하기를 거부하는 것이며, 생명을 소중히 여기겠다는 서약을 거부하는 것이다. 한 사람을 죽인 사람은 한 사람만 살해한 것이다. 자기 자신을 죽인 사람은 모든 사람을 살해한 것이다. 그는 자신과 관련이 있는 세상을 없앤다.…자살은 이 땅의 모든 것을 경멸하는 행위다.…그는 꽃 한 송이로 사는 것을 거부함으로써 모든 꽃을 훼손한다.[40]

체스터톤은 자살이 시의 중요한 소재가 되던 시기에 위의 글을 썼다.[41]

일부 그리스도인은 신앙의 연약함을 말하면서 자살은 죄라고 주장한다
본회퍼는 다음과 같이 말한다. "살아 계신 하나님께서 존재하시기 때문에 자살은 비난받아 마땅하다. 불신의 죄…불신은 선한 일 혹은 나쁜 일에 살아 계신 하나님을 고려하지 않는다. 자살이 바로 그런 죄다."[42] 그는 옥중 시절 초기에 종이조각에 다음과 같이 썼다. "자살, 죄책감 때문이 아니다. 나는 사실상 이미 죽었기 때문이다. 글의 종결, 그것이 전부다."[43] 자신의 절망에도 불구하고 본회퍼는 스스로 목숨을 끊지 않았다.

자살은 용서받을 수 있는 죄라는 견해

자살이 죄라고 믿는 그리스도인 중 많은 이들이 자살을 용서받을 수 있는 죄라고 생각한다.

로마 가톨릭의 최근 견해

역사적으로 로마 가톨릭은 자살이 용서나 사면 없이 그 행위자에게 지옥행을 선고함으로써 용서받을 수 없는 치명적인 죄라고 생각했다. 죄는 사망과 함께 발생하기 때문에 용서받을 수 없는 것으로 여겨진다.[44] 자살에 대한 로마 가톨릭의 최근 견해는 다음과 같다. 자살은 "자기를 사랑하는 것의 정반대되는 일이다. 그것은 이웃을 사랑하라는 규범을 어긴 것과 같다. 자살은 우리가 지속해서 의무를 다해야 하는 가족, 국가와 다른 사회 기관들과의 연대 관계를 불의하게 어기기 때문이다. 그것은 살아 계신 하나님을 사랑하는 것에 전적으로 상반된다."[45] 다른 한편으로, 로마 가톨릭교회는 최근 교리문답서에 다음과 같은 구절을 포함시켰다. "심각한 심리적 장애, 고뇌 혹은 고난, 고통 혹은 고문에 대한 깊은 두려움은 책임감을 감소시키고, 결국 자살을 야기한다. 그리고 우리는 자살한 사람을 위한 영원한 구원을 단념하지 말아야 한다. 하나님은 자살한 사람에게만 알려진 방법으로 회개의 기회를 주실 수 있다. 교회는 자기 생명을 스스로 취한 사람을 위해 기도한다."[46] 이러한 최근 로마 가톨릭의 입장은 자살이 용서받을 수 없는 죄냐 아니냐의 질문을 제기한다.

자살은 다른 죄와 다를 바가 없다

일부 그리스도인은 자살이란 죄가 여타 다른 죄와 다를 바가 없기 때문에 자살은 용서받을 수 있다고 생각한다. 요한계시록 22:15은 죄의 목록 중 하나로 살인을 언급한다. 성경적으로 용서받을 수 없는 유일한 죄는 성령을 거스르는 죄(마 12:31) 혹은 죽음에 이르는 죄다(요일 5:16). 이 견해는 모든 그리스도인이 똑같이 하나님의 은혜와 용서가 필요한 불쌍한 죄인이라는 것을 강조한다. 심지어 우리의 의로움도 더러운 옷(사 64:6)과 같고, 사소한 단 하나의 죄로도 지옥에 떨어진다. (살인을 포함해) 이런 목록에 있는 어느 하나의 죄가 그리스도인들로 하여금 하나님께 용서받는 것을 불가능하게 한다면, 모든 인간이 하나님께 용서받는 것을 단념할 것이다. 모든 그리스도인은 성령(롬 8:26-27)과 함께 사역하시는 예수님의 의와 은혜 그리고 그분의 중보 사역(롬 8:34; 히 7:24-25)에 주목한다.[47] 우리를 하나님의 사랑에서 끊을 수 있는 것은 아무것도 없다(롬 8:38-39). 신학자이자 윤리학자인 루이스 스미디스(Lewis Smedes)는 다음과 같이 말한다. "예수님은 자살한 신자를 반갑게 맞아주실까? 나는 그분이 부드럽게 사랑을 가득히 담아 그를 맞아주실 것이라고 믿는다. 나의 이런 주장에 대한 성경적 근거가 무엇이냐고? 로마서 8:32에 나오는 희망을 주는 약속, 즉 생명도 죽음도 예수 그리스도 안에서 하나님의 사랑으로부터 신자를 분리할 수 없다는 것이다.… 나는 예수님이 우리 '모두'의 죄뿐만 아니라 우리의 '모든' 죄를 구속해 주시기 위해 돌아가셨다고 믿는다."[48]

자살은 회개를 막을 수 없다

일부 그리스도인은 어떤 사람은 회개하지 못한다고 가정하는 것은 너무나 어처구니없는 일이기 때문에 자살은 용서받을 수 있는 것으로 간주해야 한다고 믿는다. 존 던은 다음과 같은 글을 썼다. "회개하는 사람이 당신 가까이에 없고 당신이 그의 기도를 들을 수 없기 때문에 그가 회개할 능력이 없다고 가정하는 것은 일종의 권리 침해다."[49] 예를 들면 자살로 생을 마감한 카아(Carr)의 며느리는 자살하기 전에 회개했다. 그녀는 자신의 유서에 다음과 같은 글을 남겼다. "저는 오직 예수님의 용서와 이해만을 간청할 뿐입니다.…저는 아프고, 마음이 괴롭고, 삶에 지쳤어요."[50]

우리는 모두 죄를 회개하지 못한 채로 죽는다

많은 사람이 하나님과 우리의 언약적 관계에 기초해서 회개할 수 없다는 의견에 반발한다.[51] 하나님과 맺은 언약은 죄인을 잘 아시는 하나님의 자녀에 대한 영원불변한 사랑을 나타내는 증거 중 하나다. 그러기에 하나님은 우리가 저지르는 모든 잘못에 대한 회개를 도식적이고 기계적으로 요구하지 않으신다. 본회퍼는 다음과 같은 글을 썼다. "자살한 이는 회개할 수 없고, 따라서 용서를 받을 수 없다는 기독교 교회 안에서 널리 통용되는 주장은 부적절하다. 갑작스런 죽음으로 인해 많은 그리스도인이 모든 죄를 회개하지 못하고 죽는다. 이 주장은 생의 마지막 순간을 지나치게 중시한다."[52] 스미디스는 다음과 같이 부연한다. "그러나 우리 모두는 영적으로 너무 어두워서 그것을 죄라고 인식하지도 못하는 죄를 범한다. 우리는 모두 지은 죄를 일일이 열거하지 못하며, 회개하지 못한 죄와 함께 죽는다."[53] 하나님은 분명히 죄를 심판하시지만, 역설적인 것은, 하나님은 자비로운 분이시고(출 34:6-7), 우리의 죄를 마땅히 처벌받을 것으로 취급하지 않으시며(시 103:10), 공의로 재

판하신다는 것이다(사 61:8). 그분은 죄인들의 친구이시기 때문이다(눅 7:34).[54]

구원의 영원한 보증이라는 신학적 문제

자살이 용서받을 수 있는 죄라는 입장과 관련해서 고전적인 칼뱅주의자는 자살로 죽은 그리스도인도 여전히 구원받을 수 있다고 주장할 것이다. 예를 들면 그린-맥크레이트는 다음과 같이 썼다.

> 정신 질환은 머리와 마음을 몹시도 괴롭히기 때문에 우리의 영혼에 심각한 피해를 끼칠 수 있지만 파괴할 수는 없다. 하나님이 손으로 붙들고 계시기 때문이다.…삼위일체 하나님과 그리스도인의 관계는 자살로 끝나지 않는다. 비록 자살이 동료들 간의 궁극적인 분리를 가져오지만, 그것은 자연적인 죽음과 크게 다르지 않다. 자연적인 죽음도 하나님이 우리의 영혼을 사랑하시는 것을 방해할 수 없고, 우리의 영혼이 하나님을 사랑하는 것을 막을 수 없다.[55]

자살은 용서받지 못하는 죄라는 견해

어떤 그리스도인은 자살이라는 참회하지 않는 죄는 지옥으로 떨어지는 천벌을 받을 것이라고 믿는다.[56] 다른 이들에게 자살은 하나님에 대한 믿음을 완전히 상실한 것을 나타내는 것이기에 성령을 모독한 용서받을 수 없는 죄다.[57] 아마도 웨슬리주의—아르미니우스주의 전통은 자살한 그리스도인은 참회하지 못하는 죄나 배교의 죄를 범한 것이라고, 혹은 처벌받을 수밖에 없는 죄를 저지른 것이라고 주장할 것이다.[58] 그런데 웨슬리가 "하나님의 은혜가 인간의 선택에 의해서 좌지우지될 수 있다는 것을 거의 믿지 않았다"는 사실은 흥미롭다.[59] 사도신경, 니케아 신조, 아타나시우스 신조가 구원의 영원한 보증이라는 주제에 대해 거의 언급을 하지 않았기 때문에, 성경 본문에 근거한 다양한 믿음이 확산된다(롬 8:29-30; 히 6:4-6).

고려해야 할 세 가지 중요한 신학적 관점

자살에 관한 신앙적 접근에는 죄와 지옥에 대한 믿음이 포함될 것이다. 자살의 신학을 발전시킬 때, 다음의 세 가지 신학적 관점도 고려해야만 한다.

자살의 영향

어떤 죄는 다른 죄보다 더 큰 영향을 끼친다.[60] 어떤 그리스도인은 비록 자살이 거짓말이나 탐욕보다도 더 지옥으로 가야만 하는 큰 죄가 아니더라도, 자살이 큰 영향을 끼치는 것만큼은 분명한 사실이라고 주장한다. 그들은 죄에 대해 생각할 때 크게 두 가지로 구분한다. (1) 수직적으로는 죄가 하나님과 우리의 관계에 어떤 영향을 끼치는가? 그리고 ⑵ 수평적으로는 죄가 타인과 우리 자신의 관계에 어떤 영향을 끼치는가? 예수님의 대속이 다른 죄와 동일하게 자살의 경우도 담당할 수 있지만, 자살은 굉장히 커다란 파괴적인 영향을 남기는 행위다. 자살은 한 사람을 파괴하며 다른 많은 사람에게 상실감, 충격, 죄책감과 분노를 남긴다.[61] 예를 들면 코넬리우스 플랜팅가는 다음과 같이 말한다. "모든 죄는 똑같이 잘못되었지만, 모든 죄가 동일한 정도로 나쁜 것은 아니다."[62] 그는 이웃은 우리가 자신의 집을 헐기보다는 탐내는 것을 선포할 것이라고 지적한다. 그는 "죄의 나쁨 혹은 경중은 그것이 입힌 피해의 정도와 종류에 달려 있다"고 결론 내린다.[63] 그리고 이러한 피해가 자살은 용서받을 수 없는 죄라는 견해를 지지한다고 주장한다.

생명의 선택

당신이 자살을 "죄" 혹은 그 밖의 다른 무엇으로 부르든지 간에 관계없이, 많은 사람이 자살을 인간 영혼의 깊은 곳에 있는 것의 침해, 곧 도덕적으로 반대할 만한 것이라고 느낀다.[64] 세속적인 유대인이었던 뒤르켐은 다음과 같은 글을 썼다. "보편적인 도덕성은 [자살을] 비난한다."[65] 나와 이야기를 나누었던 한 목회자는 다음과 같이 말했다. "우리는 하나의 목적을 갖고 지금 여기에 있습니다. 저는 자신의 최후를 선택하는 것이 자기의 목적을 성취한 것이라고 결코 생각하지 않습니다."[66] 그녀의 핵심은 자살이 적절한 선택이 아니라는 것이다. 심지어 다양성을 인정하는 것을 가치 있게 여기는 세속적인 정신의학전문가들도 자살을 예방하는 일을 할 것이다.[67] 예를 들어 조이너와 그의 동료들은 다음과 같이 주장한다. "우리는 자살로 죽은 이들이 정보에 근거한 합리적인 결정을 내렸다고 생각하지 않는다. 우리는 자살을 시도할 생각에 시달리는 이들과 그들을 사랑하는 사람들에게 매우 커다란 고통을 끼치는 것을 예방하는 일이 매우 가치 있다고 확신한다."[68] 여러분이 자살을 "죄" 혹은 "하나님 뜻의 위배" 또는 "불법" 혹은 "당신의 목적을 이루지 못한 것" 등 뭐라고 부르든지 간에 메시지는 똑같다. "자살하지 마시오." 일반적으로 사람들은 자살을 인정하지 않고 다른 사람들에게 자살하면 안 된다고 말한다.

도덕적이고 심리적 맥락에서의 자살

당신이 어떤 신학적인 입장을 고수하든지 간에, 자살은 대부분의 경우 정신건강에 심각한 문제가 있기에 발생한다. 이번 장은 주로 자살과 관련한 다양한 신학적 이해에 초점을 맞췄지만, 자살을 시도하는 이는 자살에 대해 도덕적 질문을 던지는 동시에 병을 앓고 있다는 역설을 주목하는 게 중요하다. 플랜팅가는 "죄는 우리에게 죄책감을 주지만, 병은 우리를 비참하게 만든다. 따라서 우리의 죄에 대해서는 은혜가 그리고 질병에 관해서는 자비와 치유가 필요하다"고 주장한다.[69] 자살은 윤리적이고 감정적인 측면을 포함한다. 루이스 스미디스는 이 점에 대해 다음과 같이 말한다. "그리스도인으로서 우리는 자살한 그리스도인이 천국에 가느냐 가지 못하느냐의 문제보다, 그런 사람들이 삶의 희망과 기쁨을 찾을 수 있도록 도움을 주는 방법의 문제를 더욱더 고려해야만 한다. 우리가 직면한 가장 시급한 문제는 자살에 관한 도덕성이 아니라 사람을 자살로까지 내모는 영적이고 정신적인 절망이다."[70] 자살은 도덕적이고 심리적인 문제이기 때문에, 신학이 항상 자살 억제책이 되는 것은 아니다. 내가 면담한 성공회 사제는 다음과 같이 말했다. "저는 [신학적 논의가] 자살에 대한 대화에 도움을 준다고 생각하지 않습니다.…제가 당장 중요하게 여기는 문제는 자살하려는 사람을 살리고자 애쓰는 것입니다. 그리고 저는 제 생각[신학]이 도움이 될 것이라고 생각한다면, 그들에게 그것을 넌지시 언급할 것입니다. 그러나 지금의 단계에서 저는 단지 그들이 신학적인 논의로 성급하게 뛰어넘지 않도록 애쓰고 있습니다."[71] 목회자가 자살과 연관된 도덕과 정신적인 절망이라는 역설을 얼마나 신중히 고려할지를 숙고하는 일은 매우 중요하다.

요약

자살 충동에 사로잡힌 사람은 자신의 내면에 숨어 있는 지옥이 영원한 지옥보다 훨씬 더 큰 두려움을 불러일으킬지 모른다. 목회자, 기관 사역자과 목회 상담가는 자살, 죄, 용서와 구원의 영원한 보증 등에 대한 여러 가지 신학적이고 역사적인 견해를 주의 깊게 살펴볼 필요가 있다. 이러한 견해들은 자살하려는 사람들의 행동에 영향을 끼치기 때문이다. 지금까지 다룬 모든 견해를 관통하는 유사점은 "생명을 선택한 것"이다.

그러나 사람들은 왜 스스로 목숨을 끊으려는 것일까? 자살에 대한 이론들은 자살을 예방하는 방법을 이끌어내고 자살에 관한 많은 정보를 체계화한다는 점에서 중요한 역할을 한다. 그러나 목회자, 기관 사역자와 목회 상담가는 영적인 관점과 치료를 제공할 필요가 있다. 이론만으로는 부족하다. 우리는 다음 장에서 다양한 이론을 살펴볼 것이다.

토론을 위한 질문

1. 자살, 죄 그리고 영원한 구원의 보증에 대한 당신의 믿음은 무엇인가?

2. 당신이 자살을 죄로 생각하지 않는다면 그리고 윤리적 교훈이 자살을 어느 정도 막을 수 있다고 가정한다면, 당신은 자살을 어떻게 예방할 수 있을까?

3. 당신이 자살을 죄로 생각한다면 그리고 자살하려는 사람은 자살 충동을 느끼는 위기에서 도움을 받는 대신에 오히려 윤리적 교훈을 들을까봐 두려워할지도 모른다고 가정한다면, 당신은 어떻게 자살을 예방할 수 있을까?

참고 자료

G. L. Carr, G. C. Carr, *Fierce Goodbye: Living in the Shadow of Suicide* (Scottdale, PA: Herald Press, 2004). Fierce Goodbye 프로그램 전체가 DVD에 담겨 있다. 웹사이트를 꼭 방문하라. 〈www.fiercegoodbye.com〉

J. T. Clemons, *What Does the Bible Say About Suicide?* (Minneapolis: Fortress, 1990).

A. J. Droge, J. D. Tabor, *A Noble Death: Suicide and Martyrdom Among Christians and Jews in Antiquity* (San Francisco: HarperCollins, 1992).

자살에 관한 일부 종교적인 견해들

모든 종교 혹은 교파가 교리를 결정하는 중앙 기구를 둔 것은 아니라는 사실에 유의하라.
- 하나님의 성회(2006)[72]
- 로마 가톨릭교회 교리서(2280-2283항)[73]
- 미국 복음주의 루터교회[74]
- 자살 예방에 관한 미국 성공회 감독 결의안[75]
- 미국 그리스 정교회 관구 대교구[76]
- "자살과 자살 예방에 관한 합의 성명서"[77] 이 성명서는 불교, 그리스도교, 힌두교, 유대인, 무슬림 신앙 공동체가 종교 간 대화를 통해 작성한 것이다.
- 예수교 장로회 국제연합총회[78]
- 미국 히브리 단체 연맹[79]
- 미국 연합 그리스도의 교회[80]
- 연합감리교회[81]
- 알래스카 앵커리지에 있는 모라비아 교회는 기도의 필요성과 자살한 사람들을 목회적으로 방문하겠다는 제의에 대한 성명을 발표했다.[82]

제4장

자살에 관한 이론

＊❈＊

어떤 이론도 행위가 모호하고 복잡한 동기를 가진 자살 문제를
완전히 해명하지는 못할 것이다.

앨프레드 앨레즈

오! 자기 손으로 취하는 죽음은 어디서 시작할까?
자기 파괴라는 개념이 언제, 어디서부터 누군가의 삶에 파고든 것일까?
그것이 누군가 자신의 영혼을 소유하기 전까지
어떻게 그를 마음대로 부릴 수 있을까?
나는 이 비통하고 불가사의한 시련에 대한 해답을 찾지 못했고
이것을 다룬 다른 연구자도 발견하지 못했다.

아이리스 볼튼

사람들이 자살하는 데
한 가지의 유일한 이유만 있는 것은 아니다.

마크 윌리엄스

목양 사역자는 자살에 관한 과거와 현재의 이론을 이해하면서 자신들의 돌봄 사역에 도움을 받을 수 있다. 이러한 이론들은 목회 돌봄에 대한 정보를 제공하는 동시에 목회자, 기관 사역자 그리고 목회 상담가가 반드시 제공해야만 하는 유일하고 실제적인 공헌, 곧 반드시 필요하지만 종종 그런 이론들에 결여된 영적 관점을 언급할 것이다.

왜 이론이 필요한가?

자살 이론은 사람들이 왜 스스로 죽는지에 대한 학문적 추론이다. 비록 이런 이론들은 과학적 발견에 의해서 지지를 받지만 과학에 의해 입증되지는 않는다. 그것들은 사변적이다. 그렇다면 우리는 왜 가설적인 개념들을 살펴봐야 할까? 커트 레윈(Kurt Lewin)은 다음과 같이 말한 바 있다.[1] "좋은 이론만큼 실제적인 것은 없다." 또한 로마의 의사였던 갈레노스(Galen)는 다음과 같은 글을 남겼다. "우리가 질병의 원인을 고려하기 전까지 치유를 말하거나 혹은 생각하는 것은 소용없는 일이다."[2]

우리는 이론의 도움을 받아서 복잡한 사항들을 체계적으로 잘 정리하고 예방 전략을 발전시킬 수 있다. 또한 자살 이론은 우리로 하여금 병의 원인과 그에 어울리는 치료 방법을 생각하도록 돕는다. 우리가 심장병이 콜레스테롤과 관련이 있다고 생각한다면, 우리는 콜레스테롤이 적은 음식을 먹을 것이다. 이론은 행동을 이끈다. 그렇다면 어떤 이론들이 자살을 설명하고 구조 예방 접근법을 설명하는 데 도움을 주는가?

역사적으로 살펴본 자살 이론

자살에 관한 이론들을 역사적으로 살펴보는 일은 중요하다. 그것들이 자살에 대한 사회의 태도를 바꾸는 주된 역할을 했기 때문이다.

리처드 버튼(1577-1640)

사람들은 고대 시대부터 우울증에 대해 알고 있었다. 예를 들면 크리소스토모스(Chrysostom)는 멜랑콜리아(melancholia)에 대해 다음과 같이 묘사한다. (멜랑콜리아는) "영혼을 괴롭히는 잔인한 고문이고, 설명할 수 없는 가장 비통한 슬픔이며, 독을 가진 해충이고, 몸과 영혼을 쇠약하게 하며, 영혼의 내면을 번민케 하고, 집요한 사형집행인이며, 완전한 암흑이고, 회오리바람이며, 폭풍우이자, 눈에 보이지 않는 열이며, 그 어떤 불보다도 더 뜨거운 열기이고, 끝나지 않는 전쟁이다. 멜랑콜리아는 그 어떤 것보다도 더 심하고 처절하게 괴롭힌다. 고문, 형벌, 신체적인 처벌은 멜랑콜리아에 비교되지도 않는다."[3] 하지만 우울증—또는 "멜랑콜리아" 혹은 "무기력함"(acedia)—에 대한 연구는 르네상스 동안에 활발하게 이루어졌다.[4]

옥스퍼드의 학자였던 리처드 버튼은 1621년에 발간한 자신의 『멜랑콜리아의 해부학』(Anatomy of Melancholy)에서 멜랑콜리아를 "인간의 가장 비참한 상태"로 묘사했다.[5] 그는 이 책에서 멜랑콜리아를 "이유 없는 두려움과 슬픔"이라는 특징을 보이는 "검은 성마름"이라고 정의했다.[6] 그는 멜랑콜리아를 초래하는 잠재적 원인을 다음과 같은 것으로 제시했다. 나쁜 천사 혹은 악마, 고령, 유전, 음식, 생리적인 배설 문제, 대기 오염, 과도한 운동, 너무 적은 수면 시간 혹은 과도한 수면 시간, 슬픔, 수치심과 불명예, 시기심과 원한, 분노, 불만족과 불행, 야망, 탐욕, 중독, 자기애, 학문과 연구에 대한 지나친 열심, 나쁜 보모, 나쁜 양육, 끔찍한 것을 목격함, 거친 말, 가난, 상실(예를 들면 친구의 죽음, 명성의 상실, 재산의 상실 등), 과로, 불행한 결혼과 불구.[7] 그는 심지어 칼뱅주의의 이중예정론을 우울증과 절망을 키우는 "파괴적인 무기"로 묘사하면서[8] 종말론적인 설교와 예정설이 초래하는 종교적 절망을 이 목록에 포함시킨다. 버튼은 자신이 생각할 수 있는 모든 것을 목록화한 것으로 보인다. 그의 목록이 가진 하나의 공통된 메시지는 멜랑콜리아를 일으키는 원인이 있고, 이 원인이 밝혀지면, 멜랑콜리아가 없어진다는 것이다.[9]

버튼은 치료 기관에 입원한 정신이상자를 보다 인도적인 방법으로 치료하는 데 기여했고, 멜랑콜리아가 종종 자살을 초래한다는 점을 인식하여 자살에 대한 법적 처벌을 경감시켰다.[10] 앞서 언급했듯이, 18세기가 되어서야 영국과 미국 식민지의 배심원들은 멜랑콜리아는 질병이기 때문에 범죄 의도의 증거가 아니라는 점을 인식했다.[11]

포브스 윈슬로우(1810-1874)

『멜랑콜리아의 해부학』에서 자극을 받은 정신의학자 포브스 윈슬로우는 『자살의 해부학』(Anatomy of Suicide)을 1840년에 출간했다. 그는 이 책에서 다음과 같이 말한다. "자살의 많은 사례를 면밀하게 살펴보면, 우리는 자살로 죽은 불행한 사람들이 이전의 어느 순간에 또는 자살하는 그 시점에 정신의 우울, 마음의 불안 그리고 그 밖의 다른 뇌장애 증후 등으로 고통 받았다는 사실을 발견할 수 있다."[12] 윈슬로우는 다음과 같이 주장한다. "마르쿠스 포르키우스 카토(Marcus Porcius Cato)는 자기 삶의 마지막을 장식하는 치명적인 행동으로 나아가기 직전에 보여준 일련의 행위들은 고통의 상황 아래에서 극심한 정신적 동요가 있었고, 자신의 능력이 박탈당한 절망을 느꼈으며, 수년간 품어왔던 자기의 야망과 희망이 한순간에 티끌로 사라져버렸다는 사실을 충분히 입증해준다. 그리고 그는 오랫동안 이어오는 폭정으로부터 탈출하기 위해 자신의 검을 뽑아 스스로 죽었다."[13] 윈슬로우는 자살이 가능한 모든 원인의 목록을 다음과 같이 작성했다. 후회, 실망으로 끝나버린 사랑, 시기, 상처받은 허영심, 거짓된 자만, 야망, 절망, 맹목적인 충동, 권태, 주식 투기, 결함 있는 교육, 사회주의, 괴테의 베르테르 모방, 처벌의 회피, 정치적 동요, 신경과민, 이름을 떨치고자 하는 욕망, 유전, 무신론의 영향, 자위행위.[14] 자살 예방에 대한 윈슬로우의 접근은 도덕적이고 신학적이다.

> 사람들에게 동료에 대한 의무는 물론 하나님께 대한 의무를 가르치라. 그의 생명은 자기의 것이 아니고 실망과 비참함은 아담의 범죄로 인한 벌이며, 아담의 죄로 인한 벌에서 도망갈 수 있는 길은 없음을 믿게 하라. 무엇보다도 하나님의 예비하심에 자신을 맡기도록 가르치라. 삶이 무거운 짐이 될 때, 계속되는 불운이라는 멍에 아래에서 마음이 주저앉을 때, 마음을 기쁘게 해줄 미래의 전망에 그 어떠한 한줄기 희망의 빛도 없을 때, 지식인은 "자살하라, 비참함과 고통의 세상에서 탈출하라"고 말하며, 도덕적 원리는 "살아라, 당신을 압도하는 고통을 체념하며 견디어내는 것은 당신이 해야 할 의무다"라고 가르친다. 당신이 보여준 도덕적인 영향이 주위 사람들의 인격에 비추게 하라.[15]

지금까지 언급한 자살에 관한 역사적인 접근을 사용하는 목회 상담가는 어쩌면 자살하려는 사람에게 다음과 같이 물어볼 것이다. "당신은 혹시 우울증을 경험하고 있나요?"

에밀 뒤르켐(1858-1917)

사회학자인 에밀 뒤르켐은 자살은 많은 경우 정신 이상과 연관성이 없다고 믿었다.[16] 그는 자살로 죽은 사람들은 서로 전혀 알지 못하는 사이이기 때문에 안정적인 자살률은 오직 그들을 통제하는 외적인 공통 원인에 기인한다고 주장했다.[17] 그는 자살에 대한 사람들의 내적인 성향은 사회의 영향에 크게 좌우된다고 믿었다.[18] 뒤르켐은 당시 급변하는 사회적 변혁의 시기 한가운데서 글을 썼다.[19] 18세기 중반 이래로 자살률이 그 전에 비해서 세배나 높아졌다.[20] 뒤르켐은 사회가 개인을 조절하거나 통합하지 못한 것이 자살에 대한 취약성을 낳았다고 진단한다.[21] 그에 따르면 자살로 죽은 사람은 사회에 충분히 적응, 통합되지 못했거나(개인주의적인 측면에 중점을 둔 이기적인 자살) 혹은 과도하게 통합되었다(개인이 집단의 의무에 몰입한 이타적인 자살)고 볼 수 있다.[22] 자살의 세 번째 유형은 사회가 사람들의 도덕성이 다르게 규정되는 결과를 초래하는 격변의 시기를 경험할 때 발생할 것이다. 사람들은 혼란을 겪어 자살하려는 경향을 보인다(무규범적 혹은 아노미적 자살[anomic suicide]).[23] 뒤르켐은 사회적인 힘이 자살에 영향을 끼치며, 사회를 변화시키는 데 초점을 맞추면 자살을 예방할 수 있다는 생각을 처음 소개한 것으로 인정받고 있다.[24] 이 접근을 취하는 목회 상담가는 자살하려는 이에게 다음과 같이 물어볼 것이다. "당신이 속해 있는 집단에 대해 이야기해줄 수 있나요?"

지그문트 프로이트(1856-1939)

지그문트 프로이트(Sigmund Freud)는 자살의 원인을 개인에게서 찾을 수 있다고 믿었다. 곧 개인은 우울증이나 멜랑콜리아를 겪어 자살한다.[25] 자살은 죽음에 대한 본능과 전치된 적개심으로 인해 발생한다.[26] 프로이트는 우울함에 빠진 상태에서 사랑하는 사람을 향한 적개심이 타인에게서 자기 자신에게로 옮겨진다고 믿었다.[27] 따라서 자살은 삶의 본능을 압도하여 자기 자신에게 향한 "살인 충동"으로 이어진다.[28] 프로이트의 이론에 근거하면, 정상적인 상태에 있는 사람은 누구나 자살의 충동을 느낄 수 있다.[29] 프로이트에 따르면 자살을 예방하려면 인간 심연에 있는 우울함과 적개심을 치료해야 한다. 이 접근을 따르는 목회 상담가는 자살하려는 사람에게 다음과 같이 말할 것이다. "제가 당신을 저주한다고 말했을 때, 당신은 어떤 생각이 떠오르나요?"

자살에 관한 최근 이론들

최근 이론들 가운데는 자신들의 주장을 경험적으로 조사해 제시한 연구들이 많다는 점이 주목할 만하다.

에드윈 슈나이드만(1918-2009)

에드윈 슈나이드만은 "자살학의 아버지"[30]라고 불린다. 자살에 대한 그의 이론은 심리학적인 필요에 기초한다. "거의 모든 경우에 자살은 고통, 어떤 종류의 심리적인 고통, 내가 심리통(psychache)이라고 명명한 것에 의해서 발생한다. 더 나아가 이러한 심리통은 좌절되고 왜곡된 심리적 욕구로부터 나온다."[31] 슈나이드만은 자살과 가장 많이 연관된 심리적 욕구로서 좌절된 사랑, 분열된 통제력, 공격받은 자기 이미

지, 중요한 관계의 단절 그리고 과다한 분노 등을 들고 있다.[32] 그는 심리통 이외에 자살하는 사람은 자신을 해롭게 하는 능력을 발전시켜나간다는 것을 인지했다. 즉 그는 비록 모든 자살은 과도한 심리적 고통으로 발생함에도 불구하고 심리적 고통을 받는 사람들 가운데 지극히 소수만이 실제로 자살한다는 것을 인정했다.[33] 또한 슈나이드만은 자살하는 사람의 마음에는 한편으로는 죽고 싶지만 다른 한편으로는 살기를 원하는 양가감정이 있음을 강조했으며, 자살하는 사람은 선택의 여지가 한 가지밖에 없는, 곧 자살만을 선택하는 제한된 문제 해결 능력을 갖는다고 주장했다.[34] 슈나이드만은 이들을 위한 주요 치료 방법이 현재 당면한 문제에 대한 해결 능력을 넓힘으로써 고통을 줄이는 것이라고 제안한다.[35] 이 접근을 사용하는 기관 사역자는 자살하려는 사람에게 다음과 같이 물을 것이다. "당신이 해결할 수 없는 문제가 무엇인가요?"

J. 마크 G. 윌리엄스(1952-)

마크 윌리엄스는 자살을 덫에 빠진 것과 같은 느낌에서 오는 고통의 외침이라고 보았다.[36] 그는 다음과 같은 예를 들었다. "1956년에 아그네스 아담이라는 12살짜리 소녀가 친구와 함께 승마하러 갔다가 옷을 더럽혔다. 그녀는 집으로 돌아오려고 출발했지만, 아버지가 자기의 더러워진 옷을 보고 어떤 행동을 할지 두려움에 사로잡혔다. 그녀는 연못으로 달려가 몸을 던져 자살했다.[37] 자살을 시도하는 사람은 문제 해결 능력이 없거나, 일부 사람들은 선택적 기억 때문에 막다른 골목에 몰려 있다고 느낀다. 그들은 긍정적인 사건보다 부정적인 사건을 더 빨리 기억하고, 자살을 시도하지 않는 사람에 비해 절반 정도의 해결 능력밖에 제시하지 못한다. 게다가 자살을 시도하는 사람의 문제 해결 방법은 그다지 효과적이지 않다.[38] 기억이나 문제 해결의 어려움은 "한 개인이 스스로 특정한 미래를 만들어가는 과정을 침해하고, 결국 절망이 자라며 아무런 방해 없이 발달하도록 허용한다."[39] 윌리엄스는 자살 개입은 반드시 문제 해결에 집중해야 한다고 제안했다.[40] 이러한 접근 방식을 가진 목회 상담가는 자살하려는 사람에게 다음과 같이 질문할 것이다. "당신의 문제에 대해 우리가 함께 풀어갈 수 있는 다른 해결 방법은 무엇이 있을까요?"

인지 행동주의적 접근들

다음에 나오는 인지 행동주의적 접근들은 자살하려는 사람에게 도움이 된다는 사실이 지속적으로 밝혀졌고, 이러한 접근법들은 서로 적절하게 조화를 이룬다.[41] 이 접근법들을 이어주는 하나의 공통점은 긍정적인 활동(행동)을 하도록 돕는 인지(사고)와 "자살적인 행동의 감소"에 관심의 초점을 둔다는 것이다.[42] 인지 행동주의 이론가들의 근간을 이루는 믿음 중 하나는 인지가 감정에 영향을 끼친다는 것이다. "나는 희망조차도 없는 결함이 있는 사람이야" 또는 "내 삶은 언제나 절망적이야"라는 부정적인 인지는 슬픔과 같은 감정으로 이어지고, 시간이 지남에 따라 우울한 기분으로 발전한다. 인지 행동주의적 자살 예방 접근은 만일 우리가 자살을 원하는 사람의 사고를 바꾸도록 도우면 그의 감정과 기분이 향상되고 그로 인해 자살의 위험성이 낮아질 것이라는 가정에 기초한다.

아론 T. 벡(1921-)

아론 T. 벡은 자살하고 싶은 사람은 들어오는 모든 정보를 두 개의 기본적인 생각, 곧 희망 없음("상황은 절대로 나아지지 않을 거야")과 참을 수 없음("나는 더 이상 참을 수 없어")이라는 생각을 가지고 체계화시킨다고 믿는다.[43] 한 연구는 희망 없음이 많은 경우에 훗날 자살이 실제로 일어날 전조가 된다는 것을 발견했다.[44] 이러한 생각과 더불어 자살을 생각하는 사람의 인지는 무기력한 핵심 신념(예를 들면 "나는 갇혔어"), 사랑받지 못한다는 핵심 신념(예를 들면 "아무도 나를 돌보아주지 않아"), 그리고 무가치하다는 핵심 신념(예를 들면, "나는 짐만 될 뿐이야") 등을 포함한다. 또한 벡은 자살하는 사람은 문제 해결의 어려움 때문에 그에 대한 해답으로 자살에 초점을 맞춘다는 것을 주목했다.[45] 그의 연구팀은 다음과 같은 점에 주목했다.

> 많은 환자가 자살 시도를 하기 바로 직전에 빠지는 인지적인 혼란 상태를 묘사한다. 그들은 "터널 시야"(tunnel vision)를 경험하는데 비교적 덜 해로운 선택을 하기 위해 자신들이 가진 문제에 대한 유일한 해답으로 자살에 집중한다. 그들은 자신들에게 해결책이 전혀 없다는 생각에 사로 잡혀 고통을 끝내기 위해서라면 무슨 일이라도 할 것이다. 그들은 자포자기 상태다.[46]

웬젤, 브라운, 벡은 일차적으로 미래의 자살 행동을 줄이고 위기 대처와 문제 해결을 위한 인지 기술을 높이는 데 초점을 맞춘 10회기 인지적 치료 개입의 개요를 만들었다.[47] 몇 가지 구체적인 개입을 소개하자면 다음과 같다.

1. 살아야 할 이유를 적도록 한다.[48]
2. 희망 상자를 만든다. 이것은 환자가 살아야 할 이유를 기억나게 해주고 위기의 순간에 자신의 삶을 회고할 수 있게끔 해주는 의미심장한 소장품들로 이루어진 기억 회상을 돕는 도구다.[49] 그것은 구두상자, 사진첩, 콜라주, 그림이나 웹페이지가 될 수 있다. 웬젤과 그의 동료들은 자살 충동을 느낀 한 사람을 언급했는데, 그녀는 자신의 인생에서 중요한 의미를 갖는 사람들로부터 옷을 받아서 퀼트를 만들었다.[50] 내가 만났던 내담자 중 한 명은 인생에서 할 일이 아무것도 없다는 생각이 들 때 자살을 생각하도록 이끌기 때문에, 해야 할 일이 가득 담긴 생각의 희망 상자를 만들었다.
3. 위기의 순간에 처할 때, 자신이 할 일이나 자신에게 하고 싶은 말을 쓴 작은 카드를 구비하라.[51]

이러한 치료가 자살 재시도율을 50%나 감소시켰다는 것이 입증되었다.[52] 이러한 접근을 사용하는 목회자는 자살을 원하는 사람에게 다음과 같이 질문할 것이다. "자살을 느낄 때에 당신 마음에 어떤 생각이 드나요?"

마샤 리네한(1943-)

맥키온은 대화적 행동치료(dialectical behavior therapy, DBT)라고 불리는 마샤 리네한(Marsha Linehan)의 치료가 모든 접근 중 가장 과학적으로 입증된 것으로 보았다.[53] 리네한은 자살하려는 사람은 살아가야 할 이유가 너무 적다고 생각했다.[54] 그녀는 가장 좋은 자살 개입은 "살아갈 가치가 있는 삶"이라고 믿었다.[55] 자살하는 사람으로 하여금 살 만한 가치가 있는 삶을 만들지 못하게 하는 것은 제한된 기술이다. "치료의 기본 전제는 죽기를 원하는 사람이 삶을 가치 있게 만드는 데 필요한 기술을 가지고 있지 못하다는 것이다.[56]" 다른 말로 하자면, 자살 행동은 개인의 부족한 기술과 그가 이미 갖고 있는 기술을 사용하지 못하게 하는 환경적인 요인에 의해 발달한다.[57]

DBT는 대인 관계 문제 해결, 고통 인내, 감정 조절 그리고 마음 챙김 등의 네 가지 기술을 가르치는 데 중점을 두고, 매주 개인 치료와 그룹 치료를 포함하는 집중적인 치료 방법이다. 이 치료는 매주 치료 전문가와의 팀 모임은 물론, 주중 어느 때나 치료 전문가에게 전화 코칭을 받을 수 있는 기회도 제공한다. DBT는 자살 시도를 반으로 줄일 뿐만 아니라 입원 환자의 감소와 같은 여러 가지 중요한 결과를 가져왔음이 밝혀졌다.[58] 자살하려는 청소년들에게 특히 적합하게 응용된 DBT 접근으로는 가족 치료, 가족 코칭 및 가족 기술 훈련 등이 있다.[59] 이 접근 방법을 사용하는 상담가는 자살하려는 사람에게 다음과 같이 질문할 것이다. "당신은 이러한 위기 상황을 뚫고 나가기 위해 어떤 기술을 사용할 수 있나요?"

토머스 조이너(1965-)

토머스 조이너(Thomas Joiner)는 자살 행동의 대인관계적·심리학적 이론을 발전시켰는데 이는 최근에 지배적인 이론으로 대두되고 있다. 이 이론에 따르면 누군가는 자살로 죽고자 하는 욕구와 그렇게 할 수 있는 능력이 모두 충족되지 않는 한 자살하지 않는다. 다음과 같은 두 개의 원초적인 "상위의" 욕구가 좌절되면, 자살로 죽고 싶은 욕구가 생긴다. 곧 그것들은 소속감에 대한 욕구와 다른 이들과 효과적인 관계를 맺고 그들에게 영향을 끼치고 싶은 욕구다.[60] 조이너는 소속감에 대한 좌절된 욕구를 "좌절된 소속감"(thwarted belongingness)으로, 그리고 효과적인 관계에 대한 좌절된 욕구를 "짐이 된 느낌"(perceived burdensomeness)이라고 불렀다. 조이너가 언급한 세 개의 개념, 곧 치명적인 자해를 이행하는 능력, 좌절된 소속감, 짐이 된 느낌 등은 자살을 시도하거나 자살로 생을 끝내기 위한 마지막 공통의 길로서 필요하다.[61] 조이너는 좌절된 소속감을 외로움이나 고립으로, 짐이 된 느낌을 목적의 상실로 설명했다. 그는 말레이시아 노인 부부의 자살 노트를 다음과 같이 인용했다. "만약 병으로 죽을 때를 기다렸다면, 우리는 다른 사람들에게 많은 불편을 초래했을 것이다."[62] 짐이 된 느낌은 "'사는 것보다 내가 죽는 것이 가족, 친구, 사회 등등에 더 좋을 것'이라는 중대한 정신적인 계산을 하도록 한다."[63] 이 이론은 여러 연구가들에게 적극적인 지지를

받고 있다.[64]

조이너는 좌절된 소속감과 짐이 된 느낌을 다루면서 자살을 향한 욕구를 치료 개입의 목표로 삼아야 한다고 제안한다. "심지어 자살할 능력이 있는 사람도 그렇게 하고자 하는 바람이 없다면 자살을 하지 않을 것이기 때문이다."[65] 또한 자살할 능력은 후천적으로 습득했건 아니면 선천적이건 간에 매우 지속적으로 유지되기 때문에 바꾸기 어렵다.[66] 따라서 핵심적인 치료 개입의 목표는 소속감을 양육하는 것이다. 조이너는 다음과 같이 말했다. "나의 견해는 소속에 대한 욕구가 너무나 강해서, 일단 그것이 충족된다면, 짐이라는 느낌과 치명적인 자해를 행동으로 옮기는 습득된 능력이 있을 때라도 자살을 예방할 수 있다는 것이다."[67] 이 접근을 사용하는 목회 상담가는 자살을 원하는 사람에게 다음과 같이 물어볼 것이다. "당신은 어떤 사람 혹은 어떤 그룹에 소속되어 있나요?"

시사점

이론은 사변적이지만, 뒤죽박죽 섞여 있는 세부적인 것들을 체계적으로 구성하려고 시도한다. 자살은 복잡한 문제이기 때문에 각각의 이론은 자살의 어느 한 부분에 초점을 맞춘다. 이론은 존 고드프리 삭스(John Godfrey Saxe)의 시에 나오는 코끼리를 만진 여섯 명의 시각 장애자와 같다.[68] 코끼리의 코를 만진 시각 장애자는 코끼리는 뱀 같다고 말했고, 다른 시각 장애자는 코끼리의 꼬리를 만지고는 코끼리는 줄 같다고 표현했다. 각각의 시각 장애자는 코끼리의 복잡성의 일부분을 이해했듯이, 각각의 자살 이론은 자살과 관련해 한 가지 중요한 측면을 파악하고 있다. 우리가 기대하듯이, 이러한 각각의 이론은 한데 모인다. 다양한 이론을 통합하는 하나의 시도가 생물학, 심리학 그리고 사회적 요인이라는 세 가지 복잡한 주안점을 통합하는 생물학적·심리학적·사회적 접근이다. 자살은 유전적으로 두려움을 모르는 생물학적 뿌리를 가지고 있을 뿐만 아니라 정신건강 문제와 제한된 문제 해결 기술의 측면에 있어 심리학적 기초를 가지고 있으며, 고립이라는 면에서 사회적 원인을 가지고 있다. 이들 이론은 서로 중복되며, 자살 예방을 위한 몇 가지 전략을 제안한다.

자살하려는 사람은 정신건강 전문가의 도움을 받아 치료해야만 하는 우울증과 같은 근본적인 정신건강 문제를 가지고 있을 수 있다.

- 그들은 양가감정을 느끼고 있을 수 있다. 그들 중 일부는 살기 원한다.
- 그들은 비효율적인 문제 해결 전략을 갖고 있을 수 있다.
- 그들은 고통을 어떻게 극복할지에 대한 생각이 필요하다.
- 그들은 희망과 함께 살아갈 가치와 삶의 이유를 형성하는 삶의 기술이 필요하다.
- 그들은 소속감이 필요하다.
- 그들은 누군가에게 도움을 주는 기회가 필요하다. 그 결과 그들

은 짐이 된 느낌을 받지 않을 것이다.

생물학적·심리학적·사회적·영적 접근

지금까지 살펴본 많은 이론과 자살 예방을 위해 제시된 전략들이 목회자나 기관 사역자 그리고 목회 상담가에게 도움이 될지라도, 매우 중요한 측면 하나가 빠졌는데, 바로 자살을 예방하기 위한 영적인 접근이다. 영적인 접근을 포함할 필요가 있는 중요한 이유는 자살하는 많은 사람이 성직자에게 도움을 구하기 때문이다. 거의 모든 분야의 정신건강 장애자를 대상으로 광범위하게 실시한 전국적인 설문 조사에서 응답자들의 약 25%가 성직자에게 도움을 구한 적이 있다고 응답했다.[69] 자살에 관한 생각, 계획 또는 시도들은 성직자에게 접촉해오는 중요한 요인들이었고, 치료를 받길 원했던 자살 의도를 가진 이들은 다른 전문가만큼이나 성직자에게도 연락하는 경향을 보인다. 엘리슨(Ellison), 발러(Vaaler), 플래넬리(Flannelly), 위버(Weaver)는 한 연구에서 응답자의 약 1/3 가량이 자해의 위험을 포함한 대부분의 정신건강 문제를 위해 성직자들을 "우선적으로 선호하는 조력자"로 생각했다는 것을 발견했다.[70] 그리고 사람들이 성직자에게 연락할 때, 그들은 성직자에게 영적인 것을 질문한다.[71] 자살을 예방하기 위해 영적인 접근에 초점을 맞추어야 할 두 번째 이유는 종교성이 자살에 대항해서 개인을 보호하는 요인으로 알려져 있기 때문이다.[72] 자살 충동을 느끼는 사람은 자살을 예방하기 위해 신을 믿는다.[73] 그리고 세 번째 이유는 심리학이 성경에는 들어 있지 않은 실험을 통해 입증된 결과를 주는 반면에, 신학은 과학을 통해 발견할 수 없는 진리를 주기 때문이다.[74] 목회자, 기관 사역자 그리고 목회 상담가는 자살을 예방하는 사역에서 영적 접근을 통합할 필요가 있다. 결국 이런 노력은 생물학적·심리학적·사회적·영적 접근을 필요로 한다. 나는 앞서 다룬 이론 이외에 다음과 같은 신학적인 이해를 추가하고자 한다.

삶

한 사람의 삶에 대한 신학적 견해는 자살 성향에 영향을 준다. 목회자, 기관 사역자 그리고 목회 상담가는 "좋은" 삶이 무엇인지를 다뤄야 한다. 어떻게 좋은 삶을 얻을 수 있으며, 좋은 삶을 상실했을 때 무엇을 해야 할까? 살아가고 유지할 만한 가치가 있는 삶이란 무엇일까? 예를 들면 목양 사역자가 삶의 신학을 발전시키려면, 인간에 대한 하나님의 사랑(요일 4:8), 죄를 용서하고 싶어 하시는 하나님의 바람(벧후 3:9), 그리고 우리와 영원한 관계를 맺고 싶어 하시는 하나님의 갈망(요 3:16)과 같은 삶에 관련한 신학적 개념들을 고찰해야만 한다. 목회자, 기관 사역자 그리고 목회 상담가는 사람들에게 의미 있는 목적과 소속감을 가지고 살아갈 가치가 있는 삶을 어떻게 만들어가야 하는지 가르칠 수 있어야 한다. 교회 청소년 모임은 살아야 할 이유를 가진 희망 상자를 만들 수 있다. 그리스도인으로서의 삶은 하나님께서 모든 그리스도인에게 신자들의 몸을 세우는 데 기여하라고 주신 재능과 같이(롬 12:3-10;

고전 12; 엡 4:1-13; 벧전 4:8-11) 살아야 할 이유들로 가득 차 있다. 그리스
도인이 매사에 짐과 같은 느낌을 받거나(고전 12:21-25) 또는 자신이 속
할 그룹이 없는 것(창 2:18; 히 10:25)은 성경의 가르침과는 정반대인 것
처럼 보인다. 본인은 무신론자이지만, 자신의 누나가 다니는 교회의 모
임에 참여했기 때문에 자신이 살아 있다고 믿는 한 내담자의 이야기는
내 마음을 강하게 울린 사례다.

죽음

목양 사역자는 죽음에 대한 신학적 질문을 다루어야만 한다. 예를 들어
만약 있다면, 고통은 언제 죽음에 의해서 삶으로부터의 탈출을 정당화
하는가? 우리는 자기가 죽을 시간을 결정하는 일에 도덕적으로 반대할
수 있을까? 자살, 의사의 도움을 받는 자살, 그리고 안락사의 차이는 무
엇인가? 순교와 자살의 차이는 무엇인가? 무엇을 위해서 그리고 누구
를 위해서 자기 생명의 위험을 무릅쓰거나 버리는 것일까? 죽는 순간
에 더 이상 존재하지 않는 요소는 무엇이며, 계속해서 존재하는 요소는
무엇인가? 그리스도인의 소망의 본질은 무엇인가? 교회는 자살 이후에
남겨진 사람을 어떻게 돌볼 것인가? 사회에서 어떤 사람이 무기를 소
지하고, 치명적인 상해를 일으키는 능력을 발전시킬 수 있을까? 교회
는 자살을 행동으로 옮기려는 이런 개인들에게 어떤 도움을 줄 수 있을
까? 목회 상담가는 두 세계 사이에서 살아가는 그리스도인의 역설, 곧
죽음이 유익이 되지만 육체 가운데 남아 있는 것이 보다 바람직할 수
있는 역설을 논해야 할 것이다(빌 1:21-24). 기관 사역자는 그리스도인

의 미래와 현재의 소망에 대해 논해야 한다(롬 8:18-30). 목회자는 어떻게 그리스도의 죽음이 사망을 물리쳤고 죽은 자들이 그리스도 안에서 부활하며(고전 15:3, 26) 또한 하나님이 의로운 재판관이신지에 대해 논해야 한다(고전 18:25; 시 7:11). 어떤 성직자는 자살을 생각하고 치명적인 상해를 일으키는 능력을 가진 사람이 자살하기 위해 사용하려던 수단을 제거했던 경험을 나에게 이야기했다.

자살

앞서 논했듯이, 목회자, 기관 사역자 그리고 목회 상담가는 자살의 신학을 전개할 필요가 있다. 목양 사역자들은 자살이 지옥으로 떨어지는 저주받은 죄인지에 대해 신학적으로 성찰할 필요가 있을 뿐만 아니라, 그리스도인들이 어떻게 자살을 생각하고 건강을 다시 회복하는지에 대해서도 생각할 필요가 있다. 게다가 목양 사역자들은 자신들의 신앙과 태도를 살펴보면서 자살을 예방하도록 도울 수 있다. 사람들이 자살을 생각하거나 시도하거나 또는 죽음에 이를 때에 목양 사역자들은 부정적인 인식에서 벗어나 자살의 문제에 직접 관여할 수 있다. 사도 바울이 빌립보 감옥의 교도관에게 행했던 것처럼(행 16:28) 말이다. 목양 사역자들은 성경에서 보여주듯이, 판단하지 않고 공개적으로 자살을 이야기하면서 신앙 공동체 내에서 자살에 대한 그릇된 통념을 다룰 수 있다. 그렇게 함으로써 자살하려는 사람이나 자살로 인해 사랑하는 이를 잃어버린 사람들이 각자에게 필요한 도움을 좀 더 편하게 얻을 수 있는 환경을 만들어줄 수 있다.

고통

주로 자살하는 사람을 대상으로 목회하는 15명의 개신교 성직자와 그들의 사역에 대해 우리 팀이 실시한 연구에서, 우리는 자살 충동을 느끼는 사람이 성직자에게 가장 자주 묻는 신학적인 질문은 고통과 관련된 것이었다는 사실을 알게 되었다. 즉 "왜 하나님은 나에게 기쁨을 주시지 않는 걸까요?"[75]라는 질문이었다. 목양 사역자들은 그리스도인이 왜 고통을 당하는지에 대해 다룰 필요가 있다. 어떻게 고통이 하나님의 능력과 사랑의 맥락에서 설명될 수 있을까? 고통은 그리스도인에 대한 심판인가? 그리스도인은 고통에 대해서 어떻게 반응해야 하는가? 고통은 명예롭지 못한 것인가? 고통은 견디거나 혹은 피해야 하는 것인가? 고통의 신학은 그리스도인들이 삶에서 부닥치는 실제적인 난관을 충분히 설명하고, 그들이 고통을 다루는 방법에 대한 생각을 제공할 수 있을 만큼 포괄적이어야 한다. 고통을 다루는 것에 대한 이해는 하나님은 항상 존재하신다는 것(시 23:4)과 우리는 그분이 고통을 없애버리시지 않으셔도 소망을 가질 수 있음을 아는 것(애 3:19-22), 우리처럼 하나님도 불의에 관심이 있으시다는 것을 깨닫는 것(눅 18:7-8), 그리고 그리스도인도 슬퍼할 수 있음을 인식하는 것을 포함한다.[76] 그리스도인들은 고통에서 구원받을 수 있다(창 50:20; 롬 8:28). 따라서 그들이 고통을 겪을 때 보여야 할 반응은 소망과 기다림과 자기 돌봄이다(고전 13:13; 시 33:20; 막 6:31).

공동체

소속감과 목적의식을 갖는 것 그리고 다른 사람에 대한 영향력은 자살로부터 사람들을 보호하는 데 도움을 주기 때문에 목양 사역자들은 그리스도인의 삶에서 공동체가 하는 역할에 대해 다루어야만 한다. 누가 공동체에 어떻게 기여할 수 있을 것인가? 누가 합법적으로 공동체에서 제외되며, 왜 그리고 언제 이런 일들이 일어날 수 있으며, 왜 그리고 언제 자신을 공동체에서 배제할 수 있을까? 목회자들은 자신들이 자살 예방 사역에 교회 공동체를 포함시킨다고 나의 연구팀에 말했다. 한 성직자는 다음과 같이 말했다. "이 사람을 돕는 것은 단지 나만의 일이 아니라 교회 전체의 사역입니다."[77] 교회 공동체의 삶은 배움으로 풍성하다. 사람들은 공동체 내에서 어떻게 용서(엡 4:32)와 감사(살전 5:18)를 통해 지속적인 관계를 형성하는지와 같은 삶의 기술을 배운다.[78] 문제 해결 능력은 조언을 구하고(잠 15:22), 문제의 모든 측면을 주의 깊게 듣는 것처럼 어떤 행동을 보면서 형성된다(잠 18:13, 17). 자살로 인해 마음에 상처를 받은 이들을 돌보는 것 역시 공동체 안에서 이루어지고, 그리스도인은 슬퍼하는 자와 함께 슬퍼한다(롬 12:15).

목회자, 기관 사역자 그리고 목회 상담가는 영적 접근들을 심리학 이론들과 통합할 필요가 있는데, 이런 이론들은 삶과 죽음 및 자살에 관한 신학을 포함하지 않는다. 일반 상담 이론들에는 고통에 관한 신학이나 하나님 중심으로 아픔을 다루는 처방이 존재하지 않는다. 또한 그것들은 삶의 복잡함이 어우러지는 세계뿐 아니라 소속감과 목적의식을 분명하게 심어주는 세계를 다루는 공동체 신학도 보유하고 있지 않다.

요약

이론은 예방을 실천하도록 도움을 주기 때문에 중요하다. 9개의 자살 이론은 목회자, 기관 사역자 그리고 목회 상담가에게 자살 예방에 대해 여러 가지 시사점을 준다. 인지-행동주의적 관점이 최근 이론적인 영역에서 큰 영향을 끼치고 있지만, 영적 이론과 전략 역시 필요하다. 사람들은 성직자자들에게 예방책을 구하고, 종교성은 자살로부터 사람들을 보호하며, 사람들이 자살을 정당한 것이라고 생각할 때 성경은 살 만한 가치가 있는 삶을 어떻게 만들 것인지, 자살에 대한 어떤 태도가 성경적인지, 고통 가운데서 어떻게 의미를 찾을 것인지, 그리고 어떻게 가치 있는 기여를 할 수 있는 공동체를 형성할 것인지에 대해 심리학적 이론들과는 다른 영향력을 끼치기 때문이다. 하지만 목회자, 기관 사역자 그리고 목회 상담가들이 실제적으로 자살을 생각하는 이들을 어떻게 도울 수 있을까? 자살의 위험을 평가하고 각각의 위험 단계에 개입하기 위해서는 어떤 단계를 밟아야 할까? 다음 장에서는 이러한 과정에 대해 다룰 것이다.

토론를 위한 질문

1. 이번 장에서 언급된 자살 이론이 당신에게 얼마나 실제적이었으며 도움이 되었는가?

2. 사람들을 자살로 이끄는 요인들에 대한 당신의 견해는 무엇인가?
3. 당신은 정신병과 자살 간의 연계성에 초점을 맞춘 최근의 연구동향에 동의하는가?
4. 조이너의 이론이 당신에게 직관력을 주거나 당신의 경험에 부합하는가? 소속감을 가지는 것이나 짐과 같은 느낌을 받지 않는 것이 인간의 기본 욕구인가?
5. 자살 예방 사역에 있어서 목회자, 기관 사역자 그리고 목회 상담가가 통합할 필요가 있는 다른 영적 접근이 무엇인가?

참고자료

M. G. Hubbard, *More Than an Aspirin: A Christian Perspective on Pain and Suffering* (Grand Rapids: Discovery House, 2009).

T. Joiner, K. Van Orden, T. Witte and D. Rudd, *The Interpersonal Theory of Suicide: Guidance for Working with Suicidal Clients* (Washington, DC: American Psychological Association, 2009).

C. S. Lewis, *The Problem of Pain* (New York: Macmillan, 1962). 『고통의 문제』(홍성사 역간).

A. L. Miller, J. H. Rathus and M. M. Linehan, *Dialectical Behavior Therapy with Suicidal Adolescents* (New York: Guilford, 2007).

A. Wenzel, G. K. Brown and A. T. Beck, *Cognitive Therapy for Suicidal Patients: Scientific and Clinical Applications* (Washington, DC: American Psychological Association, 2009).

제5장

자살의 위험에 처한 누군가를 돕기

————— ✕ —————

우리는 하나의 사회로서
자살에 대해 말하는 것을 좋아하지 않는다.

데이비드 사처 | 의학박사, 외과의사, 미국 공중위생국장

바울이 보여준 자살 예방 모델은 오늘날 우리가 따를 수 있는 것이다.
그는 자신이 투옥된 감옥을 지키는 간수가 처한 위기의 순간에 개입했다.
그는 스스로를 해하려 하는 간수의 행위를 저지했다.
그는 간수에게 살 이유를 제시했다.
우리도 같은 일을 할 수 있다.

앨버트 수

샘은 지난 6년 동안 자신의 비서와 비밀스럽게 맺은 혼외 관계를 얼마 전에 청산했음을 당신에게 털어놓은 42살의 기혼남이고 교회 집사라고 가정하자. 18년 동안 결혼 생활을 해오던 샘의 부인은 그 두 사람의 애정 관계를 알지 못했다. 그녀는 최근 들어 남편에게 의사를 만나보라고 전했는데, 왜냐하면 샘의 체중이 줄었고, 매일 새벽 4시에 잠에서 깼으며 집과 직장에서 자주 슬픈 표정을 지었기 때문이었다. 그는 친구들과 치는 골프 경기도 몇 번이나 빠졌는데 이것은 그에게 매우 드문 일이었다. 두 아이들과 함께 보내는 시간도 점점 줄어들었다. 그는 혼외 관계에 대해 죄책감을 크게 느끼고 있고, 하나님이 혼외 관계를 맺은 자신에게 벌을 내리실 것을 확신한다고 당신에게 털어놓는다. 그는 자신의 죄책감에 대해 너무나 깊이 생각한 나머지 직장 생활에 집중할 수 없다고 말했다.[1]

　당신은 샘이 자살할 것이라고 생각하는가? 나는 그렇게 생각한다. 그가 남자이기 때문이 아니라 그가 자살에 대한 경고 신호를 보여주고 있기 때문에 그리할 것이라고 생각한다. 어떤 사람이 자살 위기에 있는지의 여부를 측정하는 첫 번째 단계는 경고 신호를 살펴보는 것이다.

다음에 나오는 단계들은 자살의 위험을 인식하고 위험에 처한 사람을 정신건강 의료 서비스에 연결해주기 위해 구성된 기본 틀이다.

1 단계: 경고 신호 알아채기

경고 신호는 자살의 위험이 증가하고 있음을 분명하게 알려주는 암시다. 한 가지 또는 그 이상의 경고 신호를 보이는 사람들은 자살의 위험을 어느 정도 갖고 있고, 특히 최근에 가까운 이의 사망, 법적 문제, 경제적인 어려움, 실직과 같은 자살을 일으킬 만한 일을 경험한 이들은 자살할 위험이 더욱 높다.[2] 주목해야 할 일부 경고 신호는 다음과 같다.

- 죽음, 최후의 삶 또는 자살을 이야기하거나 메모한다.
- 자살하겠다고 위협한다.
- 특히 초조함을 동반한 우울증과 같은 정신건강 문제의 악화[3]
- 우울증 기간 후에 기분이 극적으로 좋아짐[4]
- 약을 모으는 등 자살할 수단에 접근함
- 약물 사용의 증가와 같은 분별없는 행동
- 샤워를 하지 않는 것과 같은 소홀한 위생 상태
- 사회적 위축
- 소중한 물건을 주는 것과 같은 죽음을 미리 준비하는 행동

당신은 샘에게서 어떤 경고 신호들을 볼 수 있는가?[5]

당신은 이 시점에서 선한 사마리아인이 와서 샘을 도와줄 것이라고 희망할지도 모른다. 당신이 행동을 취할 필요가 있는 이유는 당신 외에 아무도 샘의 경고 신호를 알아채지 못하기 때문이다. 많은 청소년은 자신의 자살에 관한 생각을 부모에게 이야기하지 않고 친구에게 이야기한다.[6] 성인들은 친구와 가족에게 이야기한다.[7] 앞 장에서 살펴보았듯이, 많은 사람이 성직자에게 이야기한다. 모든 형태의 정신건강 장애를 겪는 이들을 대상으로 실시한 설문 조사 표본 중 대략 25%의 사람이 성직자들에게 도움을 요청했고, 이들 중 56%는 오로지 성직자에게만 도움을 요청했다. 그들이 성직자를 만난 중요한 이유 중 일부는 자살하고 싶은 생각, 계획 또는 시도 때문이었다. 자살하려는 이들 중 도움의 손길을 찾는 사람들은 친구와 가족을 찾는 것만큼 성직자를 찾는다.[8] 그들을 실제로 도울 것인지의 여부는 당신의 의지에 달려 있다. 당신이 그들을 돕지 않고 회피하는 것은 자살하려는 사람에게 부정적인 영향을 끼칠 수 있다. 폴 시맨(Paul Seaman)은 자신이 정기적으로 참석하는 주중 성경 공부 모임에서 자신이 자살을 진지하게 고민하고 있고, 그리고 모임에서 자신을 위해 중보기도 해주면 감사하겠다고 이야기한 것이 얼마나 어색한 일이었는지를 자세히 말한다. 그 모임의 누구도 그에게 관심을 보이지 않았다.[9]

2단계: 자살 생각 평가하기

샘을 돕기 위한 다음 단계는 그가 자살할 생각을 경험하는지를 알아내는 것이다. 그리고 그것을 알아내는 유일한 방법은 그에게 직접 묻는 것이다. 당신이 망설인다면, 그것은 당신이 샘에게 그런 질문을 하면 그동안 자살에 대해 생각하지 않았던 샘이 실제로 그런 생각을 할 것 같은 두려움 때문이다. 그러나 그러한 일은 거의 일어나지 않는다. 한 연구에서 2,342명의 고등학생이 이틀에 걸쳐서 선별 조사에 참여했다. 그 조사 내용의 절반은 자살 성향에 대한 것이었다. 자살에 관한 질문을 받은 학생들은 이틀 뒤 설문 조사를 마쳤을 때 자살에 대한 생각이나 우울증 또는 정신적인 고통을 더 받았다고 보고하지 않았다.[10] 다른 연구에서는 대학생들에게 자살에 대한 경고 신호나 심장 마비에 대한 경고 신호에 관해 읽을 것을 요구했다. 자살에 대한 경고 신호를 읽은 학생들은 우울증, 불안, 절망이나 자살 생각이 증가했는지의 여부를 보고하지 않았다.[11] 자살을 생각하지 않는 사람은 누군가 그에게 자살에 대해 물어보았다고 해서 자살을 실제로 생각하지 않는다. 오히려 자살을 생각하는 대부분의 사람이 자살에 대해 이야기할 때 안도감을 느낀다. 자살에 대한 생각은 매우 큰 고통을 불러일으킨다. 그러한 생각이 두렵고 예기치 않았으며 당황스럽기 때문이다. 샘이 자살에 관한 생각을 어떻게 밝혀야 할지 모른다고 가정해보자. 그리고 당신이 그에게 자살에 관한 대화를 시작했을 때 그가 느끼는 안도감에 대해 생각해보자.

우리가 가질 수 있는 두 번째 망설임은 샘이 아마도 거짓말을 할지도 모른다는 생각이다. 이것도 물론 맞지 않다. 사람들은 대개의 경우 자신의 경험을 사실 그대로 말할 수 있다.[12] 물론 어떤 사람은 당신을 신뢰하는 데 시간이 좀 더 필요할 것이다.[13] 신뢰 관계를 형성하기 위해서는 상대방의 관심이 무엇인지 주의를 기울여 듣고, 지킬 수 없는 약속을 하는 것을 피하는 게 실제적으로 도움이 된다. 예를 들어 클레오는 당신이 그녀를 병원에 데려가지 않을 것이라고 확신하지 못할 수 있다. 당신은 그녀를 절대로 병원에 데려가지 않을 것이라고 확실하게 약속을 하거나 보장해줄 수 없다. 자살 생각은 심적 변화가 크기 때문이다.[14] 그렇지만 당신은 마음속으로 클레오가 가장 염려하는 것을 지켜줄 것을 약속할 수는 있다. 클레오가 당신에게 이야기하기 전에 먼저 비밀을 지켜달라는 약속을 당신에게 요구한다면, 당신은 어떻게 하겠는가? 그러한 약속은 피하라. 그러나 당신이 그와 같은 것을 약속한다면, 약속을 지키는 의무보다 더 큰 의무는 바로 그의 생명을 지키는 것이라는 점을 기억하라. 좀 더 직접적으로 말하자면, 화가 난 클레오가 죽은 클레오보다 낫다.

때때로 어떤 이들은 자신이 자살을 생각하고 있다는 사실을 명시적으로 밝히는 것을 꺼린다. 그들은 경고 신호를 보이지만 당신에게 솔직하게 털어놓고 싶어 하지는 않는다.[15] 중증의 정신병 환자이거나 약물에 중독되어 있는 사람들도 있다. 이런 사람들은 정신건강 센터나 병원의 응급 센터에서 진단을 받아야만 한다.

사람들이 자살에 대한 질문을 던지는 것을 망설이는 세 번째 이유는 자살에 대해 어떻게 물어봐야 좋을지 모른다는 것이다.[16] 직접적이고 정확한 질문을 사용하는 것이 중요하다. 단도직입적으로 "자살에 대해 생각하고 있나요?" 또는 "자살할 건가요?"라고 물어보아라. "좀 더 오래 살고 싶지 않나요?"와 같은 모호한 질문은 피하라. "자살에 대해 생각하고 있지 않죠, 그렇죠?"라는 질문은 "물론 아니죠!"라는 답을 억지로 구하는 질문이기에 피하는 것이 좋다. 잠시 다음의 질문을 크게 소리를 내어 물어보아라. "자살에 대해 생각하고 있나요?" 자살을 생각하는 사람을 돕는 데 가장 어려운 부분 중 하나는 이와 같은 질문을 직접적으로, 구체적으로 그리고 단호하게 던지는 것에 익숙해지는 것이다.

3단계: 자살 생각의 연속선 중 어느 선상에 있는지 조사하기

샘이 "네, 저는 자살에 대해 생각하고 있어요"라고 말한다면, 다음 단계는 그가 자살 생각의 연속선 중 어느 선상에 있는가를 찾아내는 것이다 (참조. 도표 1). 우리는 자살을 생각하는 사람을 자살 생각의 낮은 단계에서 좀 더 많이 생각하는 보통 단계 아니면 아주 심각한 높은 단계로 구별하는 연속선을 활용하여 살펴볼 수 있다. 연속선의 맨 오른쪽에 있는 사람은 자살에 대한 생각을 이겨낼 수 없고 그러한 생각에 따라 행동할 수 있는 믿음과 결합된 자살을 아주 진지하게 생각하는 자살 위기에 처해 있다. 샘이 자살을 아주 많이 생각하는 쪽으로 가까이 움직일수록 상황은 더 심각해진다. 그가 연속선 왼쪽 끝에 있는, 자살할 생각이 낮은 쪽의 선상에 있다면, 상황이 심각하지만 그래도 좀 덜하다. 그에게 어떤 도움을 줄 수 있는지 결정을 해야 하기 때문에 당신은 샘이 연속선상의 어느 지점에 있는지 알 필요가 있다. 당신은 샘이 이 연속선상의 어느 지점에 서 있다고 추측하는가?

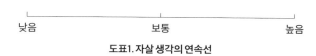

낮음   보통   높음
도표1. 자살 생각의 연속선

아마도 당신은 상황이 얼마나 심각한지를 결정해주는 검사법이 있길 바랄 것이다. 아쉽게도 그런 검사법은 존재하지 않고, 항상 정확하게 자살을 예측할 수 있는 검사법은 있을 수 없다.[17] 검진 도구들은 성인과 청소년의 정신건강 문제와 자살 성향을 감지할 수 있다.[18] 그러나 이러한 도구를 사용하려면 특별한 훈련과 추가 면담이 필요하다.[19] 우리가 할 수 있는 것은 자살의 위험을 인식하고 위험에 처한 사람을 정신건강센터에 연결해주는 것이다.

샘이 자살의 연속선상에서 얼마나 멀리 움직이고 있는지 평가하는 것을 돕기 위해 연속선과 함께 몇 가지 지표를 고려할 필요가 있다. 이러한 지표들은 사고, 의도, 계획, 수단과 긴박성이다. 긴박성은 자살이 얼마나 임박했는지를 가리킨다. 샘이 어느 표시에 가까이 있는지, 그리고 지나치고 있는지를 추측하기 위해 다음의 질문을 사용하라.

- 사고: 당신은 자살할 생각이 있나요? 당신은 하루 또는 한 주에 자살에 대한 생각을 몇 번 하나요? 당신은 얼마나 많은 시간을 자살에 대해 생각하면서 보내나요?[20] 그러한 생각은 얼마나 강한가요? 당신은 자살하라고 부추기는 소리가 들리나요? 당신은 그러한 목소리에 저항하기 위해서 무엇을 하나요? 언제부터 그런 생각을 하기 시작했나요? 그때 무슨 일이 일어났나요? 당신이 지금까지 자살에 대해 생각한 것 중 가장 최악의 생각은 무엇인가요?[21]

- 죽으려는 의도: 당신은 그런 생각을 이행하려고 하나요? 0에서 10까지의 척도로 측정하자면, 당신은 어느 정도로 그런 생각을 행동으로 옮기려고 생각하나요?[22]

- 계획: 당신은 어떻게 자살을 할지에 대해 생각해본 적이 있나요? 죽음을 어떻게 준비했나요?[23] 계획을 실천하는 데 있어서 두려움이 없나요?[24]

- 수단: 당신은 자살 계획을 행동으로 옮길 수단을 갖고 있나요? (이러한 수단이 치명적인지를 결정할 필요가 있다. 즉 사용할 수단이 사망으로 이어질 확률이 높은가?)[25]

- 긴박성: 당신은 언제 계획을 실천에 옮기려고 생각하나요?

예를 들면 이 연속선에서 오른쪽까지 그리 많이 가지는 않은 잭과의 면담은 다음과 같다.

목회자 때때로 우울감에 빠진 사람은 자살을 생각합니다. 잭, 자살을 생각하고 있나요?

잭 아니요. 때때로 저는 내일 아침에 일어나지 않았으면 좋겠다고 생각한 적은 있어요.

목회자 지난주에 며칠이나 그러한 생각들을 했나요?

잭 한 번 정도요.

목회자 어떤 생각이 마음에 떠오르나요?

잭 룸메이트와 함께 살지 않았으면 좋겠어요.

목회자 룸메이트와 함께 사는 것이 왜 그렇게 힘든가요?

잭 모든 갈등이요. 너무나 심해요.

목회자 그런 생각을 한 지 얼마나 오래 되었나요?

잭 한 달 정도요.

목회자 한 달 전에 그런 생각이 시작되었을 때 당신에게 무슨 일이 있었나요?

잭 저는 여자 친구와 데이트를 시작했어요. 저는 룸메이트가 질투한다고 생각했죠. 우리는 서로 잘 지내지 못했고, 사람들과 갈등을 빚는 것이 제게 있는 어떤 행동 패턴 같아요.

목회자 전에도 자살에 대한 생각을 한 적이 있었나요? 예를 들면 더 어렸을 때요?

잭 제가 14살 때 부모님이 이혼을 하셨어요. 저는 자살에 대해 생각을 했죠. 어머니는 제가 도움을 받게 하셨고, 일 년 동안 상담을 받았어요.

목회자 상담이 도움이 되었군요. 무엇이 도움이 되었나요?

잭 제가 혼자가 아니라는 것을 알았어요.

목회자 지금은 자살에 대한 생각이 들면 어떻게 하나요?

잭 주로 그런 생각을 무시하려고 하거나 침대에 가서 낮잠을 자요.

당신은 잭이 연속선상에서 맨 왼쪽에 위치하고 있음을 주목하라. 그는 자살에 대한 생각을 수동적으로 일정 부분 가지지만, 적극적으로 자살을 생각하는 사람은 아니다.

다음은 잭보다 연속선상의 오른쪽에 가까운 질과의 면담이다.

기관 사역자 때때로 우울한 사람은 자살에 대해 생각합니다. 질, 자살에 대해서 생각하고 있나요?

질 네. 맞아요.

기관 사역자 어떤 생각이 들어요?

질 죽었으면 더 좋겠다는 생각이 들어요.

기관 사역자 죽기를 원하나요?

질 네. 발코니에서 뛰어내리는 생각을 해보았어요.

기관 사역자 발코니가 있나요?

질 네. 8층에 살고 있거든요.

기관 사역자 살아가면서 어느 순간에 뛰어내리는 생각을 실행으로 옮기려고 한 적이 있나요?

질 잘 모르겠어요. 하지만 그러한 생각을 점점 더 하게 돼요.

기관 사역자 오늘이나 며칠 후에 그런 생각을 실행에 옮길 거라고 생각하나요?

질 아니요. 그렇지만 확실하지 않아요. 때로는 그러한 생각이 너무 강하게 들기 때문에요. 정말 모르겠어요.

기관 사역자 지금은 확실하지 않군요. 지난주에는 몇 번이나 그런 생각이 떠올랐나요?

질 아마 한 번이나 두 번쯤이요.

기관 사역자 그런 생각이 들었을 때 무엇을 했나요?

질 글쎄요. 뛰어내리지는 않았어요.

기관 사역자 그런 생각에 저항을 했나요?

질 저는 겁쟁이라고 생각해요.

기관 사역자 자신을 겁쟁이라고 생각해서 뛰어내리지 않았군요. 다른 이유가 있나요?

질 다른 이유는 생각할 수 없어요.

기관 사역자 이유에 대해서 계속 생각해봅시다. 그전에 한번 물어볼 게요. 언제부터 그런 생각을 했나요?

질 그런 생각들은 횡령 혐의 때문에 고소를 당한 다음부터였어요. 실직했거든요. 아마 저는 지금 파산 신청을 해야 할지도 몰라요.

기관 사역자 최근에 정말 많은 일을 겪었군요. 이 모든 일이 언제 일어났지요?

질 약 한 달 전에요.

기관 사역자 앞서 당신은 발코니에서 뛰어내리지 않았고, 그 이유가 당신이 겁쟁이라고 생각하기 때문이라고 했죠.

질 다른 이유는 생각할 수 없어요.

기관 사역자 음, 저는 당신이 법적인 기소와 파산 가능성을 죽어야 겠다는 이유로 삼은 것은 아닌가 하는 생각이 드네요. 하지만 저는 과연 희망이 전혀 없는 것인지 잘 모르겠 습니다.

질 그렇게 느껴져요.

기관 사역자 오늘 여기 오게 된 이유에 대해 말해주세요.

질 친구가 힘든 일을 겪었을 때 친구가 살아갈 수 있도록 도와준 적이 있거든요. 그 기억을 떠올렸어요.

기관 사역자 어떻게 그 기억이 당신이 희망을 갖고 이곳을 방문하 게 했는지 좀 더 이야기를 해주시겠어요?

질은 자살 연속선상에서 거의 오른쪽 맨 끝에 있다는 점을 주목하 라. 그녀는 자살에 대한 생각, 계획 및 수단까지 갖고 있다. 그리고 그녀 는 양가감정도 느끼고 있다. 그녀는 자살 생각이 언제든지 강렬하게 될 수 있기 때문에 위험성이 상당히 높지만, 지금 당장 자살하고 싶은 생 각을 행동으로 옮기려고 하지는 않는다.

4단계: 위험 수준 설정하기 — 낮음, 보통 또는 높음

다음 단계는 지금까지 모았던 정보의 경중을 따져본 후에 위험의 수준을 평가하는 것이다. 당신은 평가에 따라서 각각 다르게 개입할 것이다. 위험은 낮거나 보통 또는 높을 수 있다. 세 가지 수준의 위험의 예는 다음과 같다.

낮은 수준

린다가 당신에게 전화해서 남편이 방금 자기를 떠났다고 말했다. 그녀는 매우 흥분한 상태로 운다. 당신과 이야기를 나눈 뒤, 그녀는 마음이 약간 진정된 다음 당신에게 자신이 너무 화가 나서 그저 남편에게 보여주기 위해 자살해버릴까 생각했다고 말한다. 그녀는 이러한 생각을 행동에 옮기지 않을 것이고 더군다나 자신에게 어떻게 해를 입히는지조차 알지 못하지만, 상처와 화가 너무 치밀어 올라 무슨 일을 저지를지 자신도 모르겠다고 말한다.

보통 수준

버니스는 당신에게 비밀로 해줄 것을 부탁하면서, 6개월 전에 데이트 성폭력을 당한 후 우울증을 겪고 있다고 말한다. 그녀는 여전히 수치심이 너무 커 친구나 가족 중 누구에게도 그 일에 대해 말하지 않았고, 하나님조차 그녀를 용서하실지 모르겠다고 말했다. 그녀는 우울해보였고, 당신이 질문하자 그녀는 지난주부터 그녀의 주치의가 항우울제를 처방하기 시작했다고 말했다. 그녀는 12살 때 부모가 이혼을 했고 자신의 다리를 자르려고 몇 번이나 시도했지만 그것이 자신에게 도움이 되지 않는다고 생각했기 때문에 멈추었다. 그녀는 때로 자살에 대한 생각이 여러 번 들어 당황스럽지만, 자살할 계획은 없다고 말한다.

높은 수준

데이비드가 당신에게 전화를 해서 일 년 전에 유방암으로 아내가 세상을 떠난 뒤로 살아가는 것이 힘들다고 말한다. 그는 하나님께서 왜 그녀를 고쳐주시지 않았는지 의문이 든다. 그가 계속 말을 하고 있을 때, 그는 매우 우울하고 미래에 대한 아무런 희망도 없는 것처럼 보였다. 그는 계속해서 "저는 자넷이 없는 삶이란 상상할 수 없어요"라고 말했다. 당신이 질문을 이어나갈 때, 그는 당신에게 자기 옆에 총이 놓여 있고, 살 이유를 자신에게 제시하지 않는다면, 전화를 끊고 자살할 것이라고 말했다.

위험 수준을 평가하는 것은 여러 정황과 정보에 근거한 예감에 기초하는 것이다.[26] 나는 린다가 죽을 의도가 없이 한 번 정도 자살하고 싶다고 말을 했기 때문에 낮은 위험 수준에 있다고 추정했다. 버니스의 경우는 언젠가 자살을 할 수 있다는 생각을 하고 있기 때문에 중간 위험의 수준에 있다고 추정했다. 데이비드는 높은 위험의 수준이다. 그는 자살하려는 생각, 죽을 의도, 긴급한 계획 그리고 총을 지니고 있었다. 위험 수준을 측정하는 것이 어렵다면, 그들이 정신건강 전문가들이나 병원의 응급실에서 즉시 진단받을 수 있도록 조치를 취하라. 또는 중앙 자살 예방 센터(국내 02-2203-0053)나 911에 전화하라. 자문은 자살 예방에 매우 중요하다.

5단계: 각 위험 수준에 따라 행동 취하기

위의 각 사례는 각각의 사람이 자살 연속선상의 매우 다른 지점에 있음을 보여준다. 다음 단계는 이러한 각각의 위험 수준에 따라 조취를 취하는 것이다. 안타깝게도, 자살 위험을 해결하는 초자연적인 인간의 개입은 없다.[27] 당신이 자살을 예방하기 위해 취할 수 있는 구체적인 조치들이 있는데, 이런 조치들은 위험해질수록 더 상세해지는 것들이다. 다음에 나오는 사항들은 목회적 돌봄을 위한 몇 가지 조언이다. 목회적 돌봄은 정신건강 상담과는 다르고 이 둘의 가장 큰 차이는 목양 사역자가 감당할 수 없는 부분은 정신건강 기관에 위탁을 요청할 수 있다는 점이다.[28] 자살의 위험이 있다고 느낄 때마다, 정신건강 전문가들의 자문을 구하고 필요하면 위탁하는 것이 최선의 길이다.

당신이 치료에 개입할 때, 수술이 아닌 응급 처치에 집중하라. 당신이 공원에 있는데 심장마비가 발생했다면, 당신은 주변에 있는 사람들이 당신에게 심장 수술을 해주길 바라지 않을 것이다. 당신은 그들이 당신에게 심폐소생술을 해주길 원할 것이다. 당신이 자살을 생각하는 사람을 위해 할 일은 자살 위기를 일으키는 문제를 해결하는 것이 아니라 그를 안전하게 지키는 것이다. 예를 들어 어떤 사람이 어렸을 때 성폭행을 당했던 것 때문에 자살 위험에 처해 있다면, 당신이 할 일은 그녀의 성폭행 기억을 치유하는 게 아니라 그녀를 안전하게 지키는 것이다.

위험성 없음

위험이 전혀 없는 사람은 자살할 생각이 없고 과거에 자살할 생각조차 해본 적이 없는 사람이다. 이 경우 개입의 핵심은 그에게 일상적인 목회적 돌봄을 계속해주는 것이다.

위험성 낮음

낮은 자살 위험성을 가진 사람은 다음과 같다.

- 계속해서 죽기를 바라는 사람이지만 잭의 경우처럼 자살할 의도는 없으며 자살할 생각과 자살을 시도한 이력도 없는 사람이다.[29]
- 잠깐 동안 자살 충동을 느끼지만 린다의 경우처럼 자살할 의도와 계획이 없고, 자살할 생각이나 행동을 해본 적이 없는 사람이다.

낮은 자살의 위험성을 지닌 사람을 위한 몇 가지 제안으로는 자문, 정신건강 전문가에게 위탁, 안전 계획을 세우는 것 등이 있다.

   1. **자문** 당신이 어떤 중요한 것을 놓치지 않았는지를 확인하고, 위

험을 진단하고 치료의 도움을 받으며 자신을 응원하려면, 정신건강 전문가, 병원 응급실, 긴급 상황 센터와 상담하는 것이 최선의 행동이다. 당신이 얼마나 많은 경험을 했는지와 관계없이, 자살을 생각하는 사람과 치료 상담을 한 경험이 있는 전문가들의 조언을 구하는 것이 최선이다.

2. **정신건강 치료를 위한 위탁** 제1장에서 살펴보았듯이, 자살하려는 생각은 종종 정신건강에 문제가 있는 상황에서 일어날 수 있는데, 이 경우에는 전문가들의 치료가 필요하기 때문에 정신건강 전문가에게 위탁해야 한다.[30] 위탁을 한다는 것이 아주 단순한 일인 것처럼 들릴 수 있지만, 실상은 어려운 일이다. 우리 연구팀과 면담했던 한 목회자는 자신이 직면했던 가장 힘들었던 점은 정신건강 지원 센터에 대해 아는 게 너무 없는 것이라고 말했다.[31] 목회자들은 위기가 닥치기 전에 그런 센터의 목록을 미리 알고 있었으면 좋겠다고 말한다. 그들은 자신들이 살고 있는 지역의 신뢰할 만한 사람과 이야기를 나누면서 그런 센터를 알게 된다. 위탁과 관련된 두 번째 어려움은 치료자와 내담자 간의 관계이며, 이 관계는 치료에서 긍정적인 결과를 낳는 열쇠 중 하나다.[32] 만약 치료자-내담자 관계가 긍정적이고 신뢰할 만하지 못하다면, 린다 같은 사람은 아마도 좀 더 좋은 관계를 형성할 수 있는 다른 치료사를 찾는 도움을 필요로 할 것이다.

당신이 린다를 다른 치료사에게 위탁한 후에는 그녀가 새로운 치료사를 정기적으로 만나고 있는지를 확인해야 한다.[33] 그리고 당신은 린다의 치료 과정에 지속적으로 관여해야 한다. 당신은 자신을 여러 분야의 전문가로 이루어진 팀의 일원으로 생각하라. 당신은 치료의 중요한 몫을 담당하고 있다. 슈타우파허는 다음과 같이 적고 있다.

> 우리 목회자는 한 사람의 몸과 정신과 영혼을 돌보는 것에 관심을 쏟는 폭넓은 치료팀의 일원으로서 우리의 역할을 인식할 필요가 있다. 우리는 팀의 중요한 일원으로서 우리가 하는 일을 의사, 치료사, 사회복지사가 하는 일과 다른 것으로 인식하는 것이 적절하다. 우리는 세속적인 곳에서 성스러운 것을 대변하고 약속이 있는 말씀과 성례를 전한다.[34]

팀의 일원이 되는 것은 우리 자신이 정신건강 전문가들과 이야기하는 것을 원한다는 것을 의미한다. 우리는 치료사와 대화할 수 있지만, 치료사들은 우리에게 내담자에 대해 말할 수 없다. 비밀 유지 규칙 때문이다. 린다가 치료사에게 자신의 치료에 관해 우리와 이야기할 수 있도록 허가를 한다면 예외다. 그녀와 치료사가 비밀로 감추고 싶은 속내 이야기를 공유할지 말지에 대해 주의 깊게 결정할 것이다. 비밀 보장이 치료에 있어서 가장 중요한 사항 중 하나지만, 협력도 중요한 것이다. 비밀을 공유하는 게 치료에 도움을 준다면, 린다는 제한적 혹은 무제한적인 공유를 허용할 것이다. 예를 들어 린다는 위급한 상황이나 자신이 치료 시기에 참여하는 사실 또는 치료의 영적인 측면만을 공유하는 것으로 제한할 수 있다. 또한 치료사들은 18세 이하의 미성년자를 대신해 의학적 결정을 내릴 수 있는 부모나 후견인과 정보를 공유할 수 있고, 치료사들은 내담자가 자살할 위험이 매우 높을 때 보통 주법

아래에서 비밀 유지 규칙을 따르지 않는 것이 허용된다.

3. 안전 계획 안전 계획이나 위기 반응 계획은 린다가 자살 위기를 겪을 때 실행하기 위해 준비한 간략하고 일목요연한 목록이며, 긴급 시에 안정을 취할 수 있는 행동과 연락처 등을 수록하고 있다.[35] 그것은 마치 구명조끼와 같다. 목적은 사람으로 하여금 자살할 생각이라는 홍수의 한가운데서 물에 계속 떠 있게 하고, 살아 있도록 하는 것이다. 자살 성향은 언제라도 급변할 수 있다. 낮은 위험도가 빠른 속도로 보통이나 높은 수준으로 바뀔 수 있다. 린다가 상담실을 떠날 때는 자살할 생각이 없었다가도, 그녀가 두 시간쯤 후에 전남편에게 전화하고 자살을 시도할지도 모른다. 안전 계획은 그녀에게 자살을 생각하는 것 외에 할 수 있는 다른 무언가를 주고, 자살하고 싶다고 느낄 때 무엇을 해야 하는지 알려준다. 기본적인 내용은 다음과 같다.

1. 고통에 대처하는 방법
   - 사회적 지지를 늘리기(유익한 조력자와 연락처 목록 작성하기)
   - 고통을 다루기(기도, 산책하기, 애완견과 놀기, 음악 감상)
2. 응급 전화(국내 1577-0199)[36]

안전 계획의 목적은 자살로 이어지는 사건들의 연결고리를 끊어버리는 데 있다. 안전 계획의 메시지 중 하나는 린다가 자살을 생각하게끔 하는 전투에서 승리할 수 있다는 것이다. 블라우너(Blauner)는 다음과 같이 말한다. "지난 18년에 걸쳐서 '죽고 싶다'고 생각하는 순간을 수천 번이나 경험했는데, 이것은 자살에 대한 생각을 그만큼 많이 했다는 것을 의미한다."[37]

위기 상황에 있지 않을 때 이러한 계획서를 작성하여 그것을 쉽게 접근할 수 있는 장소에 붙여두는 것이 중요하다. 제인은 다중 인격을 가졌고, 그중 안전 계획을 숨기고 싶어 하는 자아가 있었다. 그래서 그녀는 안전 계획의 복사본을 봉투에 담아 봉인한 후 이웃에게 맡겨두었다.

린다의 안전 계획은 다음과 같다.

전 남편이 내게 전화를 했고,
그와 통화를 한 이후에 절망을 느낄 때.
• 엄마나 친구 벨린다에게 전화한다.
• 기도한다.
• 희망 상자를 꺼내본다.
• 체육관에 간다.
• 목회자에게 전화한다.
• 치료사에게 전화한다.
• 1577-0199로 전화한다.

린다의 안전 계획 안에 살 이유를 기억나게 하는 희망 상자가 포함되어 있음을 주목하라.[38] 그것은 린다에게 살아야 할 이유를 떠올려주는 휴대폰 안의 메모나 기념품을 넣어두는 신발 상자가 될 수 있다. 자살을 생각하는 사람은 다음과 같은 것을 생각나게 하는 물건을 집어넣음으로써 매우 사적인 희망 상자를 만들 수 있다.

- 과거에 누군가 자신을 도와주었던 때
- 그들이 좋아했던 희망을 주는 어떤 것
- 과거에 자살 시도를 방지하도록 도왔던 인용구
- 자기 자신을 자랑스럽게 여겼던 때
- 희망을 나타내는 사물이나 사람의 사진

린다의 안전 계획은 전국 자살 방지 생명의 전화 번호(국내 1577-0199)도 포함하고 있다. 린다가 도움이 필요할 때 당신이나 다른 사람을 못 만날 수 있기 때문에 위기 시에 전화할 수 있는 번호를 갖고 있는 것은 매우 중요하다. 다른 사람과 이야기하는 것은 자살의 소용돌이에서 빠져나오는 데 도움이 될 수 있다. 전국 자살 방지 생명의 전화는 24시간, 7일 동안 운영되며, 미국 전역에 걸쳐 120개 이상의 위기 센터에는 담당 직원들이 대기하고 있다. 전화를 걸면 자동적으로 발신인과 가장 가까운 곳에 위치한 위기 센터로 연결되고 이 전화는 해당 지역에 대해 잘 알고 있다. 잠깐 시간을 내어 웹 사이트(suicidepreventionlifeline.org)를 방문해보라. 참전군인, 청각·언어장애자, 스페인어 사용자를 위한 많은 정보를 살펴보기 바란다. 생명의 전화 이외에 영국 성공회 사제가 처음 시작한 사마리아인들(samaritanshope.org)이라는 자살 방지 지역 센터의 전화번호도 안전 계획에 포함시킬 수 있다.[39] 또는 응급 서비스나 지역사회의 모바일 위기 팀의 전화번호도 포함시킬 수 있을 것이다. 최근에 발표된 연구들은 이러한 위기 전화들이 효과가 있음을 뒷받침해준다.[40] 센터들은 자살을 생각하는 사람의 전화뿐만 아니라 그들을 돌보는 사람들의 전화도 받는다는 것을 기억하라.

안전 계획은 린다가 결코 자살하지 않는다는 안전 서약서가 아니라는 사실에 주목하라. 구두 서약이든 문서 서약이든 그러한 서약은 "지금부터 그리고 다음에 우리가 만날 때까지 자살을 하지 않겠다고 약속을 하겠어요?"라는 질문에 그렇게 하겠다고 답을 한다. 불행하게도 이러한 것이 효과가 있다는 것은 아직까지 입증되지 않았다.[41] 예를 들면 미네소타 행정 감시관 사무실은 입원 환자 치료 시설에서 발생했던 자살 사건을 조사했는데 거의 모든 경우에 피해를 주지 않겠다는 서약서가 있었다는 점을 발견했다.[42] 한 연구에 의하면 자살을 하지 않겠다는 서약서를 갖고 있는 환자들도 자해 행동을 할 가능성이 상당히 높았다.[43] 일부 자살을 생각하는 사람들은 이러한 서약이 도움이 되지 않는다고 말한다. 서약서는 린다로 하여금 자살할 생각에 대해 자유롭게 이야기하도록 격려하거나 그녀에게 무엇을 해야 할지에 대해 말하지 않고, 그저 하지 말아야 할 것만을 말할 뿐이다.[44] 내가 경험한 바에 의하면 자살을 생각하는 사람은 자신들이 확실히 지킬 수 있다고 생각하는 것 이외의 것에 대해서는 약속하기를 꺼려한다.[45] 그러나 서약서에 사인하기를 거절하는 것이 반드시 자살할 위험성이 높다는 것을 의미하지는 않는다. 다시 린다에게 돌아가보자.

목회자 자살에 대한 생각이 강하게 든다면, 저와 함께 안전 계획을 지키도록 기꺼이 노력할 건가요?

린다 물론이에요. 하지만 약속할 수는 없어요.

목회자 좋아요.

위험성 중간 정도

중간 정도의 자살 위험도에 있는 사람의 경우는 다음과 같다.

- 현재 자살에 대한 생각은 없지만 과거에 자살 행동을 했던 사람[46]
- 과거에 자살할 생각이나 자살할 행동을 보여왔는지와는 무관하게, 베아트리스의 경우처럼 자살 의도는 없지만 거의 매일 자살에 대해 생각하는 사람
- 자살할 의도는 있지만 구체적인 계획이나 긴박감이 없이 거의 매일 자살을 생각하는 사람

자살 연속선의 각 지점을 기억하라. 중간 위험도에 있는 사람을 치료하기 위해서 당신이 위험도가 낮은 내담자에게 제공하는 (자문, 정신 건강 치료를 위탁 및 안전 계획의 개발과 같은) 기본적인 처치 외에 제공하는 보다 긴밀한 점검을 위해 더 자주 내담자를 방문하는 것과 같은 추가적인 개입이 필요하다. 자살 위험도는 언제든지 바뀔 수 있다는 점을 기억하라.[47] 현재 중간 위험에 있는 사람도 한 시간 안에 위험도가 높아질 수 있다. 목회자들은 다른 치료 전문가들보다 그러한 위험도의 변화를

주시할 수 있는 위치에 있다. 슈타우파허와 클라크(Clark)는 다음과 같이 조언한다. "교인을 방문하는 것은 목회적 도구이며 기술이다. 그 기회를 선용하라."[48] 목회자는 다른 치료 전문가들보다 사람들과 더 가까운 관계를 맺을 수 있다.[49] 환자의 집에서 그들을 만나거나 저녁을 함께 먹으며 영적인 진리를 이야기하는 치료 전문가는 거의 없다. 성직자 혼자서 심방을 갈 필요가 없음을 기억하라. 교회의 평신도들도 얼마든지 참여할 수 있다. 이번 장의 후반부에서 이러한 방문의 중요성을 다룰 것이다.

보통 정도의 자살 위험을 가진 사람이 자살 연속선에서 오른쪽으로 옮겨간다면 그는 자살 계획을 세우기 시작할 것이다. 만약 이런 일이 발생한다면, 당신은 정신건강 외래 병원이나 병원 응급부서가 진단하도록 즉시 그를 위탁해야 한다. 진단 이후에, 당신은 그의 자살 수단을 제한하는 데 도움을 달라는 요청을 받을 수 있다. 여기서 수단의 제한이란 자살 도구를 이용할 수 있는 가능성을 줄이는 것과 자살하기 위해 사용하려는 방법이나 수단을 치우는 것을 포함한다. 자살을 생각하는 사람이 자살할 수 있는 도구에 노출되지 않도록 하는 것이 최선이다.[50] 예를 들어 어떻게 환자가 다음과 같은 수단에 접근하는 것을 제한하도록 도울 수 있는지 생각하는 시간을 갖는 것이다.

- 아스피린
- 항우울제
- 면도날

- 총
- 허리띠
- 발코니
- 다리

여기 몇 가지 방법이 있다. 나의 내담자 중 한 명은 발코니 문 앞에 큰 책장을 놓아두었다. 그 결과 그녀가 큰 책장을 옮기기 위해 책을 빼는 사이에 안전 계획을 사용할 시간을 가질 수 있었다. 우리는 그녀를 아래층에 있는 방으로 옮기는 것도 고려했다. 약을 처방하는 사람들은 일주일이나 심지어 하루 단위로 약을 처방하거나, 다른 약에 비해 더욱 치명적일 수 있는 약은 처방하지 않는다. (사용하지 않고 남은 약은 쓰레기통에서 다시 회수할 수 없게끔 화장실 변기에 버려라.) 경찰이 총기를 안전하게 맡아줄 수도 있고, 아예 총을 다른 사람에게 줘버릴 수도 있다. 자살 수단을 제한하는 것과 관련하여 우리는 자살을 생각하는 이들이 현재 염두에 두고 있는 수단이 아니라 다른 것으로 대체하는 것은 아닐까 염려하기도 한다. 흥미롭게도 사람들은 양가감정 때문에 이렇게 수단을 바꾸지 않는다.[51] 자살하는 데 사용할 수 있는 도구를 갖고 있지 않다는 사실로 인해, 양가감정을 가진 사람은 죽어야겠다는 결심에 대해 충분한 시간을 갖고 다시 한번 생각한다. 우리는 영국에서 이와 관련한 가장 좋은 실례를 찾아볼 수 있다. 영국은 1950년대 말에 독성의 석탄 연료를 사용하는 것에서 천연가스를 사용하는 것으로 정책을 전환하기 시작했다. 그 결과 석탄 가스를 사용한 자살이 점점 줄어들었을 뿐만 아니라 전체 자살율도 1/3 가량 감소되었다.[52] 샌프란시스코에 있는 금문교에서 뛰어내리려다가 저지당한 515명의 사람을 연구한 보고서가 있다. 보고서에 따르면, 단지 4.9% 혹은 25명만이 끝내 자살로 목숨을 끊었다. 7명은 금문교에서 뛰어내렸고, 1명은 베이브리지(Bay Bridge)에서 뛰어내려 죽었다. 90%가 자살이나 다른 폭력적인 수단을 사용해 죽지 않았다.[53] 다른 연구에 의하면, 지난 22년 동안 총기 소유가 10% 감소한 것은 총기로 인한 자살율의 감소는 물론 전체적인 자살율의 대폭적인 감소와 관련이 있다.[54]

자살을 시도할 수 있는 수단을 제한하는 것이 효과적이지만 항상 자살을 막을 수 있는 것은 아니다. 자살을 생각하는 사람에게 죽겠다는 결심은 그대로 남아 있기 때문이다. 그러나 지구상에 존재하는 모든 도구를 제한할 수 없고 여전히 다른 수단으로 대체할 수 있다고 하더라도, 할 수 있는 한 자살 수단을 제한하는 것은 타당한 일이다.

위험성 높음

자살 위험도가 높은 사람은

- 죽을 의도와 계획을 가지고 거의 매일 자살하려는 생각을 하며 쉽게 이용할 수 있는 자살 수단을 갖고 있는 경우도 있고 그렇지 않은 경우도 있다.[55]
- 자살하라고 말하는 환청을 듣는다.
- 구체적인 자살 계획을 실천할 수 있는 급박한 의도와 수단을 가

지고 있다.

일주일에 한두 번 발코니에서 뛰어내리는 것을 생각하는 질은 자살 위험도가 높다. 그녀는 자살 연속선에서 거의 위험성이 가장 높은 지점에 있으며 양가감정을 무시하고 언제든지 죽음을 선택할 수 있다. 총을 자기 바로 옆에 놓고 전화를 건 데이비드도 가장 높은 위험 지점, 즉 긴박한 위험에 처해 있다. 자살이 임박해 있는 셈이다.

우리는 질을 위해 외래 환자 진료실이나 응급실의 정신건강 전문가로부터 즉각적으로 진단을 받아내는 데 초점을 맞추어야 한다. 무엇을 해야 할지 모를 경우 응급 센터에 연락해서 자문을 구하라. 교통편을 지혜롭게 결정해야 하는데, 믿을 만한 친구가 질을 응급실로 운전해 데려갈 수 있는지 또는 구급차나 경찰이 그녀를 병원으로 데려가 줄 것인지를 고려해야 한다. 그녀를 혼자 있게 내버려두지 말아야 한다.

데이비드의 경우, 우리는 그가 계속해서 살아 있도록 하는 데 중점을 두었다. 그가 전화를 끊지 못하게 만들라. 데이비드와 계속해서 통화를 하는 동안, 다른 전화로 911에 전화를 걸어 상황을 설명하고 경찰이 그의 집에 가도록 요청하라. 데이비드에게 당신이 그를 위해 어떤 조치를 취했는지 이야기해주거나 혹은 당신이 그의 생명을 염려한다고 말할 수도 있다.

데이비드가 전화 통화를 계속하도록 하고 질을 혼자 내버려두지 않아야 하는 이유는 자살 계획이 일반적으로 오랜 시간에 걸쳐서 발전되는 반면에,[56] 자살의 결정은 충동적으로 일어날 수 있기 때문이다.

17개국에서 실시한 연구에 의하면, 자살을 생각하는 대부분의 사람 (60%)은 자살에 대한 단순한 생각에서 자살 계획과 시도로 전환하는 데 1년이 걸렸다.[57] 그러나 실제 자살을 결행하기 위한 최종적인 결정은 한순간에 이루어지는 경우가 많았다.[58]

1. **응급실** 안타깝게도 질이 응급실에 도착했을 때 환자가 너무 많아 오랫동안 기다려야 할지도 모른다.[59] 그녀가 의사를 만났을 때, 의학적인 진단이 먼저 이루어지고, 이어서 자살 위험 정도에 대한 평가가 내려지며, 그 후 질이 지역 사회에서 안전할 것인지 아니면 입원할 필요가 있는지에 대한 결정이 이루어진다.[60] 질을 입원시키기 위해서는 일반적으로 다음과 같은 세 가지 기준 중 하나를 충족해야 한다. (1) 그녀는 자신을 해칠 위험성이 높다. (2) 그녀는 다른 사람을 해할 위험성이 높다. (3) 정신건강 문제로 인해 그녀는 자신을 돌볼 수가 없다.[61] 이 중에서 적어도 하나의 기준이 충족되지 않는다면 질을 입원시킬 가능성은 거의 없다. 사실 의사를 기다리는 동안 질에게 살려는 의지가 생길 수 있고, 그 결과 의사가 진단을 내릴 때 자살의 위험도가 높지 않을 수 있다.

데이비드가 계속해서 높은 자살의 위험성을 보인다면, 입원은 종종 가장 안전한 조치로 보인다. 입원은 자살 수단에 대한 접근성을 낮추고 관찰을 확대하며 데이비드에게 약물 투입을 시작하도록 하기 때문이다.[62] 입원은 도움을 줄 수 있으나 자살을 확실하게 막지는 못한다.[63] 미국에서 발생하는 자살로 인한 사망의 3-10%는 입원 기간 동안 일어난다.[64]

2. 입원 나는 사람들이 입원과 관련해서 가지는 우려들 때문에 자살의 위험도가 높은 사람을 입원하지 못하게 해서는 안 된다고 생각한다. 다음과 같은 몇 가지 우려가 있다. 첫 번째 우려는 응급실과 병원이 연결이 안 되어 있다면, 병원으로 이송하는 시간이 오래 걸릴 것이라는 것이다. 일반적으로 환자들은 병원에서 평균 7시간을 기다린다.[65] 다른 우려는 데이비드가 "정신적으로 문제가 있는 다른 환자"에게 노출되어서는 안 된다는 것이다. 하지만 정신건강 문제는 전염되지 않는다는 점을 기억하라. 세 번째 우려는 병원에서 치유를 받을 수 없을지도 모른다는 것이다. 이것은 어느 정도 사실이다. 미국 정신의학협회(American Psychiatric Association)는 다음과 같이 경고한다. "입원 그 자체가 치료는 아니다."[66] 입원을 치료가 아닌 안정을 취하는 시간으로 생각하라. 네 번째 우려는 입원한 사람의 자녀, 애완동물 또는 주차장에 있는 차량 문제를 어떻게 처리할까 하는 것이다. 우리는 자살을 생각하는 사람과 이러한 우려들에 대해 분명하게 대화를 나눠야 한다. 그린-맥크레이트는 자녀에게 부모의 입원을 알리는 것에 대해 다음과 같이 조언한다.

아이들은 심지어 이와 같은 끔찍한 순간에도 대화가 필요하다. 하지만 그것은 반드시 사려 깊은 대화여야만 한다. 자살하고 싶은 생각이나 행동에 대해서는 언급하지 말아야 한다. 그냥 간단하게 말하면 된다. "엄마가 아프셔. 엄마가 매우 슬프시대. 그래서 엄마는 병원에 갈 필요가 있단다. 엄마는 곧 나아서 집으로 돌아오실 거야. 의사 선생님이 엄마를 잘 돌보아주실 거야."…아이를 보호하기 위해 반쪽짜리 진실만을 말하지 마라. 있는 그대로의 사실을 조용히 침착하게 말하라. 아픈 사람에게 병원은 적절한 장소라는 것을 강조하라.[67]

내가 자주 듣는 마지막 우려는 사람들이 "영원히 병원에 갇혀 있고" 싶어 하지는 않는다는 것이다. 각 주마다 정신 보건법이 서로 다르기 때문에, 당신은 현재 거주하는 주의 법을 알아야 한다. 데이비드와 같은 사람은 최소한의 규제 선택권을 제공받을 것이다(데이비드가 위치한 자살 연속선상의 지점에 따라서 다른 선택권을 제공받는다. 데이비드는 자신이 원하면 병원을 떠날 수 있는 자발적인 개방 병동에 입원할 수 있다). 가장 제한적인 선택권은 강제적인 폐쇄 병동에 입원하는 것이다. (주에 따라 다르지만) 여기서는 환자가 퇴원권을 약 72시간동안 행사할 수 없다. 자살 위기가 며칠 내에 완화될 것이라고 여겨지기 때문이다. 데이비드는 재평가를 받은 이후에 상황에 따라 72시간보다 더 오랫동안 강제 입원될 수 있다. 주법은 재평가를 요구함으로써 데이비드의 인권을 보호한다.

6단계: 목회적 돌봄을 제공하기

목회자, 기관 사역자 그리고 목회 상담가는 위험에 처한 사람들을 식별하고 다른 전문가들에게 연결해주는 문지기들이다. 또한 그들은 모든 차원의 위험에 처한 자살을 생각하는 사람들에게 영적인 돌봄을 제공한다. 일반적으로 다른 정신건강 전문가들이 이 부분을 제공할 수 없기 때문이다.[68] 슈타우파허는 다음과 같이 말한다. "우리는 성직자로서 사람들을 돕기 위해 제공할 수 있는 독특한 기술과 도구를 가졌고, 그러한 것들은 의사나 다른 돌봄 제공자들이 제공하는 것과는 다르다."[69] 목회자, 기관 사역자 그리고 목회 상담가가 안전을 다룰 때, 그들은 내담자에게 필요한 목회적 돌봄을 제공한다.

기도

내 친구는 용기를 내어 누군가에게 자신이 자살을 생각한다고 말했고, 그녀의 친구는 그녀를 위해서 기도하겠다고 말했다. 분명히 기도를 해야 하지만, 우선 안전을 다뤄야 한다. 이것은 기도가 중요하지 않다는 게 아니다. 우리는 하나님께서 기도를 들으시고 치유하신다는 것을 믿기 때문에 기도한다(약 5:14). 그린-맥크레이트는 다음과 같이 적고 있다.

> 정신병으로 고통받는 친구를 돕는 가장 중요한 방법은 그들을 위해 기도하는 것이다. 나 자신을 위해 기도하는 데 너무나 많은 어려움이 있기 때문에 사람들이 나를 위해 기도한다는 확신은 내 마음에 위안이 되었다. 이 힘든 기간 동안에 진정한 친구는 나를 위해 기도하고 있는 이들이다. 매일매일 누군가를 위해 기도하는 것은 매우 어려운 일인데, 특히 상대방이 거의 나아지지 않는 것을 볼 때, 똑같은 말을 반복해서 말하는 낡은 CD 플레이어와 같은 느낌이 들 때는 더욱 힘든 일이다.…그렇다고 하

더라도, 기도를 해준다는 것은 나에게 매우 중요하다. 완전히 치유되려면 시간이 걸리겠지만, 많은 사람이 나를 위해 하나님의 문을 두드리는 것은 질병을 견딜 수 있도록 나를 강하게 하고 더 빨리 치유가 이뤄지게 한다.[70]

소속감

다른 형태의 목회적 돌봄은 소속감을 제공한다. 하나님 나라의 백성이 된다는 것은 먼저 하나님께, 또한 신앙 공동체에 속한다는 의미다 (롬 14:8; 요 8:35; 롬 7:4; 롬 12:5; 갈 6:10). "남자가 혼자 있는 것이 좋지 못하다"(창 2:18)라고 말씀하셨을 때, 하나님은 인류에게 가장 필요한 소속감에 대해 말씀하신 것이다.[71] 소속의 필요는 매우 기본적인 것이기 때문에 사회적 고립은 심각한 자살 위험 요인이고, "소속감은 자살을 예방하는 데 가장 큰 영향력을 행사하는 요소 중 하나다."[72] 자살하는 사람은 몹시 외롭고, 다른 사람들로부터 고립되어 있다.[73] 조이너는 자기 아버지의 예를 들었다. "나는 죽음을 향한 아버지의 갈망이 직장, 결혼 생활, 교회에서 관계를 상실하는 상황 가운데 발전되었다고 생각한다."[74] 목회자, 기관 사역자 그리고 목회 상담가는 독특한 방식으로 사람의 외로움을 다룰 수 있다.[75] 도티(Doty)와 스펜서-토마스(Spencer-Thomas)는 다른 사람과의 깊은 관계가 점점 줄어드는 오늘날과 같은 시대에 "신앙 공동체는 타인과의 연결, 즉 자살을 막는 완충 장치를 만드는 소속감을 제공한다"고 지적한다.[76] 데이비드는 아마도 교회의 일원이었을지도 모르지만 정작 자신은 교회에 속해 있다는 사실을 알지 못했을 수 있다. 우리는 데이비드로 하여금 자신이 교회에 속해 있다는 것을 알도록 돕기 위해 무엇을 할 수 있을까?

너무 단순해 보이지만, 편지를 보내는 것만으로도 변화를 일으킬 수 있다. 제롬 모토(Jerome Motto)는 정신병으로 입원해서 치료를 받고 퇴원한 3,006명의 환자를 연구했다. 그는 세 그룹으로, 곧 퇴원 후 치료를 받은 사람, 전화나 편지를 받지 않고 치료를 거부한 사람, 그리고 정해진 스케줄에 단순히 안부를 묻는 편지나 전화를 받았으나 치료를 거부한 사람으로 나누어 살펴보았다. 전화나 편지는 환자가 어떻게 지내는지에 관심을 보였고, 편지에는 환자의 진료를 담당한 의사의 서명을 첨부했다. 편지에는 다음과 같은 글이 담겨 있었다. "친애하는 X 씨에게. 당신이 저희 병원에 입원했던 시간이 꽤 지났습니다. 우리는 당신이 건강하게 잘 지내기를 소망합니다. 당신이 우리에게 근황을 알려주고 싶으시다면, 주저하지 마시고 소식을 전해주세요. 우리는 당신의 소식이 너무 궁금합니다."[77] 반송 주소가 찍혀 있는 봉투를 동봉했을 때 환자들이 답장을 보내온다면, 그들은 병원 관계자로부터 그에 대한 답장을 받을 것이다. 전화나 편지를 받은 그룹은 퇴원 후 첫 2년 동안 세 그룹 중 가장 낮은 자살률을 보여주었다.

그레고리 카터(Gregory Carter)와 그의 동료들은 개인적인 접촉 없이 모토의 연구를 반복했다.[78] 그들은 음독자살을 시도했던 722명의 사람을 추적해 조사했다. 퇴원 후 12개월 동안 반송 주소가 인쇄된 8개의 엽서를 받은 사람 중 독약을 먹고 자살을 시도한 사람의 수는 반으로 줄어들었다. 기욤 바이바(Guillaume Vaiva)와 그의 동료들은 응급실에서 퇴원한 지 한 달 동안 자살을 시도했던 이에게 전화를 걸어주는 것이 자살의 재시도율을 거의 반으로 줄였다는 사실을 발견했다.[79] 전화는 공감과 안심을 불러일으키고, 치료에 잘 따르도록 격려하며, 필요할 때 잠시 동안의 위기 개입을 제공한다.

편지나 전화의 영향력을 고려해볼 때, 직접 방문하는 것도 동일하게 효과적인 것이라는 점을 충분히 미루어 짐작할 수 있다. 목회자들은 우리에게 만일 자살을 생각하는 사람이 허락을 해준다면, 그들은 그를 평신도 사역자들이나 집사들에게 연결해줄 것이라고 말하면서 자살하는 사람을 위한 사역은 교회 전체의 사역이라고 덧붙였다.[80] 이러한 소속감은 자살하는 사람들에게 그들이 하나님께 속해 있음을 생각나게 할 수 있다.

해결해야 할 과제는 자살하는 사람이 우리와 만나는 데 동의하도록 만드는 일이다. 우리가 할 일은 적어도 계속해서 이러한 만남을 제시하는 것이다. 물론 궁극적인 책임은 자살하는 사람에게 있음을 기억할 필요가 있다. 수잔 로즈 블라우너는 다음과 같이 말했다. "자살을 생각하는 사람을 '고칠' 수 있는 유일한 사람은 오직 자살을 생각하는 사람이다."[81]

의미

모든 사람은 소속감 이외에 의미도 필요로 한다. 레인저(Langer)와 로딘(Rodin)은 실내용 화초를 돌보는 책임을 부여받은 양로원 거주자들이 일방적으로 통제된 돌봄만 받는 그룹보다 더 행복하고, 더 활동적이며,

더 오래 살았다고 말한다.[82] 자살하려는 사람은 심지어 양로원 거주자들보다 더욱 절실하게 의미를 필요로 한다. 한 연구에서, 자살 충동에 사로잡힌 어느 참전 용사는 다음과 같이 말했다. "하나님은 나에게 해야 할 무엇인가를 주셨다. 하지만 나는 그것이 무엇인지 모르고, 내가 무엇을 해야 할지, 그리고 무엇을 하길 원하는지 혼란스럽다. 그러나 무엇인가가 있다. 하나님은 내가 해야 할 무엇인가를 갖고 계신다. 그리고 나는 그것을 찾아낼 것이다."[83] 조이너가 제시한 인간에게 필요한 두 번째 상위 개념은 "다른 사람에게 쓸모가 있다고 느끼거나 영향을 끼치는 것이고" 아니면 다른 사람에게 짐이 된 것처럼 느끼기를 원하지 않는 것이다.[84] 모든 그리스도인은 하나님과 신앙 공동체를 섬기기 위한 영적인 은사를 갖고 있다(롬 12:3-10; 고전 12장; 엡 4:1-13; 벧전 4:8-11). 자기 자신을 짐처럼 여기는 그리스도인은 성경적인 가르침과 섬길 수 있는 기회가 필요하다(고전 12:21-25). 카플란(Kaplan)과 슈워츠(Schwartz)는 하나님 자신이 "스스로 죽기를 원하는 엘리야나 모세와 같은 성경인물들의 삶에 개입하셨다"고 지적한다.[85] 하나님은 그들이 다시 신실하게 자신의 뜻을 섬길 수 있도록 도우신다. 맥키온은 스스로를 가족에게 짐이라고 여기는 사람들을 위해 다음과 같은 것을 제안했다. "가장 중요한 치유 과제는 환자들이 자신들의 병 때문에 가족에게 짐을 지웠지만, 사랑하는 사람들이 경험하는 짐을 죽는 것과 비교하면 환자들의 병 때문에 주어진 짐은 아무것도 아니라는 것을 환자가 깨닫도록 돕는 것이다."[86]

소망

소망은 인간의 가슴 안에서 영원히 솟아나지만 자살하려는 사람에게서는 그렇지 않다. 자살하려는 이들은 무너져내린 희망을 안고 고통스럽게 살아간다. 그들은 절망의 고통에서 위안을 찾기 원하는 만큼 죽기를 바라지 않는다. 이러한 상황은 매우 견디기 어렵다. 그렇다면 소망은 무엇인가? "나는 언젠가 페라리를 소유할 것이다"라는 것처럼 소망은 일종의 바람일수 있다. 그러나 성경이 말하는 소망은 그 이상이다. 수는 다음과 같이 기술한다.

> 대부분의 사람은 "나는 모든 일이 더 나아지기를 소망한다" 또는 "나는 그가 이것을 하지 않았으면 하고 바란다"처럼 소망을 동사로 사용한다. 소망이 동사일 때, 그것은 보통 우리가 바라는 희망 사항일 뿐이다. 우리의 감정을 고조시켜 무엇인가를 현실화하기 위해 감정 혹은 정신적인 힘을 충분히 북돋우려고 애쓴다. 그러한 소망은 그저 유한성이라는 한계를 가진 인간 활동이다. 하지만 성경은 소망을 명사로 사용한다.…그리스도인의 관점에서 소망이라는 단어는 소원이나 꿈 이상의 것을 의미한다. 그것은 실제로 만질 수 있는 어떤 사물과 같다. "우리가 이 소망을 가지고 있는 것은 영혼의 닻 같아서 튼튼하고 견고하여 휘장 안에 들어가나니"(히 6:19). 우리의 소망은 명사인데, 무쇠로 된 닻처럼 단단하다.[87]

성경에서 소망은 믿음과 사랑만큼 중요하다(고전 13:13). 소망은 우리가 현존하시고(시 34:18; 롬 8:24-27), 사랑이 충만하시며(요1 4:8), 통치하시고(시 31:15), 우리를 고통에서 구원하시는(창 50:20; 롬5:3-5) 하나님을 신실하게 믿는 믿음에 근거한 훨씬 더 긍정적인 미래에 대한 확신이다.[88] 하나님은 우리가 처한 역경에서 숨어 계신 것처럼 보이지만(사 45:15), 우리는 하나님을 구하고(히 11:6) 기다린다(시 130:5). 그분은 고통이 없는 새 하늘과 새 땅을 창조하실 것이다(계 21:4).

신앙 공동체 안에 있는 우리는 때때로 소망할 수 없는 사람을 대신해서 하나님에 대한 소망을 부여잡을 필요가 있다. 우리는 톨킨(Tolkien)이 3부작으로 쓴 『반지의 제왕』(*The Lord of the Rings*)에서 샘과 프로도가 로마의 속담인 **"생명이 있는 곳에 희망이 있다"**(*Dum vita est spes est*)를 반복하면서 서로 소망을 붙잡는 것을 본다. 그린-맥크레이트는 다음과 같이 말한다. "때때로 당신은 문자 그대로 혼자 해낼 수가 없어 당신 주위에 있는 사람들의 믿음을 빌려올 필요가 있다."[89] 우리는 어떤 것도 다시는 더 나아질 거라고 믿지 못하고 자살하려는 사람을 위해 신앙 공동체 안에서 소망을 부여잡는 사람으로 서 있을 필요가 있다. 소망을 붙잡는 것은 역설적이다. 우리는 소망을 붙잡는 것과 동시에 삶에 존재하는 고통을 인식하기 때문이다.

슬픔

목회자들은 자살하려는 그리스도인들이 "왜 하나님은 저에게 기쁨을 주시지 않는 거죠?"라고 질문하면서 고통에 관한 신학적 질문과 씨름한다고 우리 연구팀에게 말했다.[90] 그린-맥크라이트는 다음과 같이 말한다. "항상 기뻐하는 것처럼 보이는 그리스도인들은…우울증이나 다른 정신적 질병을 앓는 그리스도인을 잔인하게 희화화한 것이다." 그들은 종종 우울증에 대해 죄책감을 느낀다. 그들은 우울증을 감사의 부족, 절망감, 하나님에 대한 배반으로 이해하기 때문이다.[91] 목회자, 기관 사역자 그리고 목회 상담가는 그리스도인이 당하는 고통이 지닌 풍성하고 복잡한 관점, 즉 기쁨과 고통은 모두 그리스도인이 정상적으로 경험하는 것이고(벧전 4:12; 고후 1:8), 승리하는 그리스도인으로서 산다는 것은 고통이 전혀 존재하지 않는 삶을 누리는 것이 아니라(빌 2:27-28) 고통을 잘 다루는 것을 의미한다는 관점을 가르칠 필요가 있다. 시편의 거의 절반을 차지하는 탄원시에서 하나님은 우리가 자신의 고통을 하나님께 쏟아낼 수 있는 표현들을 주셨다.[92] 하나님 자신이 고통을 매우 잘 아시고(사 53:3), 우리의 고통을 염려하시며(시 56:8), 우리와 함께 고통을 헤쳐나가신다(시 23:4). 본유적인 것은 아니지만 고통에도 유익이 있다.

자기애

자기 증오는 자신이 가치가 없는 존재라고 느끼며 우울증을 앓고 있는, 자살하려는 많은 사람이 가진 핵심 독약과도 같은 신념이다.[93] 일부 그리스도인들은 자기 증오(적어도 자기 경시)를 기독교의 미덕으로 여기지만, 그렇지 않다. 대위임령에 따르면, 그리스도인은 이웃을 사랑하는 것만큼 자기 자신도 사랑해야 한다(마 22:37-39). 벡과 드마리스트(Demarest)는 아래와 같이 상술한다.

예수님이 가르치신 자기 부인은 우리 자신을 미워하라는 가르침일까? (마 16:21-28과 이와 유사한 말씀인 막 8:31-38과 눅 9:21-27을 보라.) 그분은 문자적으로 제자들이 자신들의 삶을 미워하라고 요구하신 것인가?(눅 14:25-27) 우리가 우리 자신을 혐오하고 경멸할 때 하나님이 영광 받으실까? 이 각각의 질문에 대한 대답은 절대적으로 "아니다"이다. 복음서에 나오는 3개의 자기 부인에 대한 구절은 예수님이 자기 제자들에게 장차 예루살렘에서 다가올 자신의 죽음에 대해 경고하시는 문맥 안에서 등장한다. 예수님은 제자들에게 자신들을 부인하고 십자가를 질 준비를 하라고 (자신들의 삶을 위한 개별 계획을 포기하고 십자가를 짊어진 예수님의 제자가 되라고) 강력히 충고하셨다.[94]

목양 사역자들은 적절한 자기애에 대한 풍부한 관점을 가르칠 필요가 있다.

사랑 안에서의 진리

자살하려는 사람에게 개입할 때에 우리는 "걱정하지 마세요. 좋아질 겁니다. 하나님이 모든 것을 주관하고 계십니다"와 같은 상투적인 말을 쉽게 할 수 있다. 이런 상투적인 말은 진부한 말들이지만, 어떤 의미에서는 사실이다. 하나님은 통치하시고, 자살 성향은 왕성해지기도 하고 침체되기도 한다. 그러나 상투적인 말은 자살하려는 사람의 진정한 고통을 인식하지 못한다. 욥은 상투적인 말을 잔뜩 하던 친구들에게 "너희가 남의 말을 꾸짖을 생각을 하나 실망한 자의 말은 바람에 날

아가느니라"(욥 6:26)라고 대답했다. 목회자, 기관 사역자 그리고 목회 상담가는 교인에게 극히 단순한 해결책이나 판단을 주기보다는 기독교적인 훈련으로 친절하게 초대하면서 진실을 이야기할 필요가 있다. 타운센드(Townsend)는 상투적인 말을 "종종 '마법'과 같은 일을 행할 수 없는 낙심한 사람들을 소외시키"곤 하는 "안이한 답변"이라고 표현한다.[95] 목양 사역자들은 카드로 만든 집처럼 쉽게 허물어질 수 있는 단순화된 믿음을 피해야만 한다.

요약

샘, 잭, 질, 데이비드, 린다 그리고 베아드리스 모두는 목회적 돌봄이 필요하다. 그들은 다양한 자살 위험 수준을 인식하고 다른 전문가들과 자신들을 연결해주는 문지기가 될 목회자, 기관 사역자 그리고 목회 상담가가 필요하다. 또한 그들은 기도와 같은 매우 중요한 영적 개입, 소속감과 의미 있는 일을 위한 기회, 그리고 마지막으로 희망, 고통과 적절한 자기애에 대한 가르침이 필요하다.

그러나 목양 사역자는 이미 자살을 시도한 누군가를 위해 무엇을 해야 할까? 목회자, 기관 사역자 그리고 목회 상담가는 자살 시도가 얼마나 심각한지를 어떻게 평가할 수 있을까? 미래에 또 다른 자살 시도를 방지하도록 어떻게 도울 수 있을까? 우리는 다음 장에서 이러한 질문들을 다룰 것이다.

토론을 위한 질문

1. 당신은 자살하려는 사람을 식별하고 그들에게 도움을 주는 문지기가 되어야 할 필요성에 대해 얼마나 확신하는가? 당신은 어떻게 이 역할에 대한 당신의 확신의 정도를 증대할 수 있을까?
2. 당신은 자살하려는 사람과 이야기해본 적이 있는가? 무슨 일이 일어났는가?
3. 당신은 희망 상자 안에 무엇을 넣겠는가?
4. 당신은 자살을 방지하기 위해 어떤 방법을 사용할 것인가? 안전 계획이나 자살 금지 서약서 혹은 둘 다를 사용할 것인가?

참고자료

P. G. Quinnett, *Counseling Suicidal People: A Therapy of Hope*, 3rd ed. (Spokane, WA: QPR Institute, 2009).

문지기 훈련
- ASIST (Applied Suicide Intervention Skills Training), ⟨www.livingworks.net⟩.
- Connect Suicide Prevention Project, ⟨www.theconnectprogram.org⟩.
- QPR (Question, Persuade and Refer), ⟨www.qprinstitute.com⟩.

제6장

자살을 시도한 생존자 돕기

집 근처 병원 중환자실에서 처음 깨어났을 때
먼저 "자살이 실패했구나"라는 생각이 떠올랐다.
자살조차도 제대로 못하네.

자살 시도에서 살아난 사람, 에드윈 슈나이드만의 보고

앨버트 앨버레즈(Albert Alvarez)는 자살을 시도했다. 죽지 않았을 때, 그는 실망했고, 속았다고 느꼈으며, 수치스러웠다.[1] "자살 시도가 매우 감정적인 사건이라는 것"은 부인할 수 없다.[2] 목회자, 기관 사역자 그리고 목회 상담가 등 관련된 모든 사람은 자살 시도 생존자에게 상당한 영향을 받는다. 다음에 나오는 7단계는 우리가 자살을 시도했던 사람들과 함께할 때 큰 도움을 줄 수 있다.

1단계: 우리의 감정 다루기

자살을 시도한 생존자를 돕기 위해 우리가 밟아야 할 첫 단계 중 하나는 그의 자살 시도에 관한 우리 자신의 감정을 인식하는 것이다. 자신의 감정을 인식하지 않거나 그것을 처리하지 않고 내버려둔다면, 그러한 감정들은 도움이 되지 않는 방식으로 나타날 수 있다. 예를 들어 아이리스가 두 번째 자살을 시도했을 때, 그녀가 출석하는 교회의 목사는 그녀에게 화가 나서 결코 문안을 가지 않았다. 밥이 자살을 시도했을 때 (자살을 시도했던 어머니를 둔) 그의 목회 상담가는 매우 불안해하고, 심지어 위기가 지나간 후에도 밥에게 매일 전화했다. 우리의 감정을 인식하고 다루려는 노력은 우리로 하여금 자살 생존자를 더 잘 도울 수 있도록 만들어준다. 우리가 경험할 수 있는 4가지의 감정 유형은 다음과 같다.

죄책감

목양 사역자는 자신이 인간이라는 것, 다른 사람의 선택을 제어할 수 없다는 것, 통찰력이 없다는 것에 죄책감을 느낄 수 있다. 자살을 시도한 사람이 자기의 고통을 나누기를 원했든지 혹은 그렇지 않았든지 간에, 아니면 우리가 그의 선택에 영향을 끼쳤든지 혹은 끼치지 않았든지 간에 우리는 이 모든 경우에 자살 시도자가 보낸 경고 신호를 알아채지 못했던 것에 책임감을 지나치게 느낄 수 있다.

혹자는 우리가 자살을 시도한 사람과 같은 상황에 처하면 누구라도 자살하고야 말 것이라는 믿음으로 위안을 삼을지도 모른다. 그는 그렇게 함으로써 자살 시도가 "내가 주의를 기울였어야 하는 상황에서" 발생했다는 죄책감에서 벗어나고자 한다. 그런데 이러한 생각은 그릇된 통념에 불과하다. 많은 사람이 자살을 시도하지 않고도 끔찍한 외상으로 고통을 겪기 때문이다. 여러 요인이 복잡하게 작용해 자살하려는 결정에 영향을 끼친다.[3] 그저 환경이나 우리의 행동의 문제가 아니다.

불안과 염려

우리는 누군가가 자살을 시도한 이후에 불안을 느낄 것이다. 우리는 다음 번에는 그렇게 "운"이 좋지 않을지도 모른다고 끊임없이 걱정할 수 있다. 우리는 불안하고 제대로 잠도 잘 수 없다.

눌림과 부담감

목양 사역자는 힘에 부치는 조력자 역할을 짊어지는데, 이로 인해 때때로 눌림과 부담감을 느낄 수 있다. 우리 팀과 면담한 한 목회자는 이러한 감정을 다음과 같이 잘 표현했다. "심한 고통에 처했을 때…당신은 어떻게 마음을 가다듬죠? 그리고 특히 고통에 잘 대처하지 못한다고 느낄 때는 어떻게 하시나요?"[4] 우리가 면담한 목회자들은 신앙을 훈련하는 것, 서로 협력하는 관계를 맺는 것, 여가 활동을 즐기는 것, 경계를 설정하는 것, 성찰하는 시간을 갖는 것 그리고 상담자를 정기적으로 만나는 것과 같은 자기 돌봄 전략들이 모두 유용한 접근이라고 말했다. 앞서 언급한 자기 돌봄 전략이 인간의 고통에 깊이 관여하는 사역과 적절한 균형을 이루지 못한다면 우리는 다른 전문적인 돌봄 제공자와의 협력 수준을 높이거나 스스로가 좀 더 강해질 필요가 있다.

화와 분노

면담에서 한 성직자는 자살하는 사람에 대한 감정적인 반응으로 "화, 좌절감, 두려움, 슬픔이나 눌림" 등을 언급했다.[5] 자살 시도는 우리가 쏟아부을 수 있는 모든 도움을 상대방이 개인적으로 거절한 것으로 여겨지고 이는 우리로 하여금 분노하게 만든다. 또한 우리가 도저히 이해할 수 없는 선택을 한 사람, 예를 들어 집에서 자녀들과 함께 자살을 시도한 사람에게 우리는 분노를 느낄 수도 있다. 우리는 우리가 평소에 신뢰하던 사람으로부터 우리의 감정을 해소하는 데 필요한 도움을 받을 수 있다.

2단계: 자살을 시도한 사람의 감정에 반응하기

자살 시도 생존자는 혼동되고 뒤섞인 감정의 홍수에 빠진다. 우리는 세 가지 유형을 다루어보고자 한다.

혼합 감정

자살 시도에서 생존한 사람은 안도감과 패배감을 동시에 경험한다. 양가감정은 자살하려는 사람들에게서 나타나는 공통적인 인지적 상태다.[6] 자살하는 사람의 마음 한편에는 죽고 싶어 하는 마음이 자리잡고 있고, 다른 한편에는 살기 원하는 마음이 자리잡고 있다. 예를 들어 수잔 로즈 블라우너는 다음과 같은 글을 썼다. "나는 약을 과다 복용할 때마다 결국은 전화를 걸어 도움을 요청한다. 감정이 바뀌었기 때문이다. 두려움을 느끼기 시작하고, 자살하려는 생각이 지나가면, 나는 더 이상 죽고 싶지 않다."[7]

　　따라서 자살하는 사람의 마음의 일부, 즉 살기를 원하는 부분은 안도감을 느낄 것이며, 죽기를 원했던 부분은 패배감을 맛볼 것이다.[8] 목양 사역자가 자살하려는 사람이 느끼는 이러한 혼란스러운 감정의 뒤섞임을 들을 수 있는 능력을 갖는 게 무엇보다 중요하다. 모든 사람이 자신의 직업에 대해서 "사랑-증오"와 같이 상반된 감정을 때때로 경험하는 것을 깨닫는 것은 도움이 된다. 상반된 감정을 경험하는 것이 바로 인간이다. 이것을 이해하면 우리는 자살 시도에서 생존한 사람의 양가감정을 들을 수 있다.

죄책감

일부 그리스도인은 자살을 생각하고 시도하는 것이 하나님께는 용납될 수 없고 용서받을 수 없는 일이라고 믿는다. 18세기 시인이며 찬송가 작곡가인 윌리엄 카우퍼(William Cowper)는 자살 시도 이후에 자기는 하나님의 용서를 받지 못한다고 믿었다.[9] "카우퍼는 표현하거나 상상할 수조차 없을 정도로 자신을 경멸했다. 그는 거리를 다닐 때마다 모든 사람이 분노와 증오 서린 눈빛으로 자신을 쏘아본다고 생각했다. 그는 하나님에게 너무 큰 죄를 범해서 자신의 죄는 결코 용서받지 못할 것이라고 느꼈고, 그의 마음은 온통 격앙된 절망의 고통으로 가득 찼다."[10] 카우퍼를 목양했던 마틴 마단(Martin Madan)은 그의 옆에 앉아서 예수님의 용서를 반복해서 이야기했다. 마단의 목회로 인해 "고통받는 사람의 마음 안에 희망의 빛이 동터 오르고 그 안의 상처받은 영혼은 어려움을 덜었다. 결코 완전히 치유되지는 않는다고 하더라도 말이다."[11] 윌리엄 카우퍼는 하나님의 용서에 대해 들을 필요가 있었다(시

103:10-12).

하나님의 용서는 먼저 우리 자신이 남을 판단하지 않을 때 드러난다. 그리스도인은 다른 사람을 판단해서는 안 된다(마 7:1). 하나님은 약하고 죄 많은 도구를 통해서 일하신다는 것을 기억하자. 클레몬스(Clemons)는 다음과 같이 말했다. "하나님은 위대한 구원 사역을 이루시고 심오한 신학적 진리를 나타내시기 위한 수단으로 자살 미수자[요나]를 사용하셨다."[12]

약함

많은 사람이 삶의 문제를 자신들의 힘으로 처리할 수 있어야 한다고 믿는다.[13] 그 결과 자살을 시도했던 사람의 감정은 자기혐오로 가득할 수 있다. "어떻게 그 지경까지 이르렀을까?" 개구리가 욕조 물이 서서히 뜨거워지는 것을 감지하지 못하는 것처럼 자살 생각으로 빠져드는 과정은 매우 서서히 일어나서 감지하기 어렵다.

자살 시도 생존자는 자신의 "약함"과 고통을 다루지 못하는 "무능력"이 노출되어 자신이 무방비 상태에 처해 있다고 느낄 수 있다. 남자들에게 이것은 특히 견디기 어려울 수 있다. 카네토(Canetto)는 남자가 여자보다 자살 시에 총기를 사용하는 빈도가 더 높은 이유는 그렇게 하지 않으면 약하고 남자답지 못하게 보일 수 있기 때문이라고 주장했다.[14] 이러한 태도의 대안은 다른 사람에게 도움을 구하는 것은 인간적인 모습이지 결코 약한 것은 아니라는 관점을 취하는 것이다(창 2:18; 전 4:8-12; 잠 15:22; 23:31-32).

이러한 감정은 돌봄 제공자나 생존자 모두에게 혼란을 초래할 수 있다. 그런 감정을 느끼는 것이 일반적인 일임을 아는 것은 우리가 그에게 "그런 감정을 갖지 마!"라고 말하고 싶은 유혹을 피하도록 도울 수 있다. 자살을 시도하는 사람의 감정을 타당한 것으로 받아들인 다음, 관점을 바꾸도록 친절하게 초대하는 것이 중요하다. 다음의 두 접근 사이에는 큰 차이가 있다. (1) 실패했다고 느끼지 말라고 캐롤에게 말한다. 아니면 (2) 실패를 느끼는 베티의 감정을 들어주고, 실패를 타당한 감정으로 받아들이며, 희망을 갖도록 그녀를 친절하게 초대한다. 여기에 두 가지 반응 유형에 대한 실례가 있다.

① "그렇게 생각하는 것을 멈추세요" 유형

캐롤 나는 실패했어요. 자살조차도 못하네요.

목양 사역자 실패했다는 것이 무슨 뜻인가요? 마치 정신 나간 사람처럼 말하네요. 아무도 당신이 죽기를 원하지 않아요. 어떻게 그런 말을 할 수 있죠?

캐롤 모르겠어요. 그냥 그렇게 느껴져요. 왜 그런지는 모르겠어요.

목양 사역자 자, 그만하죠. 모든 사람은 당신이 살아난 것에 안심하고 있어요. 그러니 당신도 안심해야 해요.

캐롤 (납득하지 못한 어조로) 알았어요.

② 새로운 관점으로의 초대 유형

> **베티** 저는 실패했어요. 자살조차도 못하네요.
>
> **목회 상담가** 자살에서 살아난 것이 실패처럼 느껴지나요?
>
> **베티** 네. 저는 고통에서 벗어나기 위해 정말로 죽고 싶었어요. 이 제 그 고통을 계속해서 마주해야 해요.
>
> **목회 상담가** 고통이 없어지지 않았군요.
>
> **베티** 맞아요.
>
> **목회 상담가** 자살을 시도했던 일부 사람은 실패감과 함께 안도감을 느끼기도 하죠. 안도감을 느끼나요?
>
> **베티** 조금요. 안도감을 조금 느끼지만, 많이는 아니에요.
>
> **목회 상담가** 많이 느껴지지는 않는군요. 어떤 면에서는 희망을 찾기 를 원하지 않나요?
>
> **베티** 아마도요.
>
> **목회 상담가** 우리가 당신에게 고통을 일으키는 문제의 일부라도 해 결한다면 좀 도움이 될까요?

또한 우리는 자살 생존자에게 교활한 행동을 했다고 또는 제멋대로 관심을 끌려는 행동을 했다고 말하고 싶은 유혹을 받을 수 있다. 자살을 시도하거나 자살로 사망하는 대다수의 사람은 벗어나고 싶은 극심한 정 신적인 아픔으로부터 고통 받고 있다. 그들은 이기적인 마음으로 자살 하려는 게 아니라 자신들이 없다면 다른 사람은 더 잘 살 것이고, 자신들의 죽음이 "다른 사람들에게는 축복"일 것이라고 확신하기 때문에 자살하려는 것이다.[15] 어렵지만 이러한 관점을 듣는 것이 중요하다.

> **목사** 당신이 자살을 시도했을 때, 아이들이 옆방에 있었죠. 무슨 일이 있었던 건가요?
>
> **매리** 그냥 단지 나쁜 엄마라는 생각이 들면서, 아이들이 내가 없으면 더 좋을 수도 있겠다고 느꼈어요.
>
> **목사** 당신은 아이들을 위해 죽어야겠다고 생각했나요? 여전히 그렇게 느끼나요?
>
> **매리** 네. 어느 정도는요. 제 아이들은 좋은 아이들이고 건강한 엄마를 가질 만하죠.
>
> **목사** 당신의 자녀들은 좋은 아이들이죠. 하지만 저는 자살이 해결책이라는 것에는 동의하지 않아요. 자살로 엄마를 잃어버린 아이에 관한 책을 읽어보시겠어요?
>
> **매리** 글쎄요. 읽고 싶은지는 확실치 않아요. 하지만 그런 책이 있나요?

또한 우리는 자살 시도 후 이면에 있는 자살 메시지를 탐지하기 위해 생존자의 말 한마디 한마디를 세심하게 살피거나 분석하려는 유혹에 빠질 수 있다. 물론 세심하게 살피는 일도 멈추어서는 안 된다. 자살 생존자는 지금 더 큰 자살 위험에 처해 있고 따라서 긴장을 늦추지 않는 것이 중요하다. 그러나 우리는 자살을 시도했던 사람은 자신이 부정적인 추측과 기대라는 어항 안에서 살고 있는 것처럼 느끼고 있음을 인식할 필요가 있다. 집에서 자녀와 함께 자살을 시도한 부모는 공인된 사회복지사가 담당하는 것이 바람직하다.

> **청소년 담당 목사** 기도 시간 동안 무언의 요청을 했지? 나한테 말하고 싶은 것이 있니?
>
> **맥스** 아니요. 말할 수 없어요.
>
> **청소년 담당 목사** 자살하고 싶은 충동이 들었어?
>
> **맥스** 왜 다들 제가 다시 자살을 시도할 거라고 생각하는 거죠? 그건 작년의 일이라고요.
>
> **청소년 담당 목사** 어항 안에 사는 것처럼 느껴지니? 모든 사람이 네가 제대로 행동하는지 확인하는 것처럼 생각되니?
>
> **맥스** 제가 자살할지 엄마가 전전긍긍하기 때문에 재채기조차 할 수 없다고요.
>
> **청소년 담당 목사** 너를 걱정하는 사람들이 많구나.

이 시나리오에서 맥스와 청소년 담당 목사는 여러 가지 상황을 좀 더 자세히 살펴 볼 수 있었다.

3단계: 자살 시도인지 아닌지 결정하기

감정을 처리한 후에는 내담자의 행위가 실제로 자살 시도였는지의 여부를 결정해야 한다. 어떤 자살 행동은 죽으려는 시도가 아닐 수 있다. 정의하자면, 자살 시도는 치명적이지는 않지만 죽으려 했던 증거가 있는 자해를 포함한다.[16] 어떤 자살 행동을 자살 시도로 간주하게 하는 것은 신체에 난 상처가 아니라 죽으려는 의도다. 신체적 상해의 가능성, 상해 그 자체 혹은 (부상이 사망까지 이르게 할 가능성을 말하는) 행동의 의학적 치사성이 자살 시도인지 아닌지 여부를 결정하지 않는다. 자살 행동에 대한 몇몇 사례로는 다음과 같은 것이 있다. 처음 두 사례가 자살 시도다.

자살 시도: 치명적이지 않은 상해와 죽으려는 분명한 의도를 가진 심각한 수준의 의료적 치사성

래리는 몇 달 동안 취업을 할 수 없자 매우 우울해졌다. 아내와 아이들이 친척을 방문하고 있을 때, 그는 총을 구입했고, 유서를 주방 식탁에 놓았으며, 911에 전화하라는 메모까지 문에 남겨 두었다. 그 메모는 방문객들에게 집으로 들어오지 말라는 경고였다. 이웃이 총소리를 들었고 집 앞에 와서 911에 전화를 걸었다. 래리는 살았지만, 실망과 안도를 동시에 느꼈다.

자살 시도: 치명적이지 않은 상해와 죽으려는 분명한 의도를 가진 낮은 의학적 치사성

루이스가 남자 친구에게 임신을 했다고 말했을 때, 남자 친구는 그녀와 헤어졌다. 그녀는 친구인 데니스에게 너무 염려가 되고 불안해서 부모님께 이야기할 수 없다고 말하고서는 충동적으로 데니스 어머니가 처방받은 항불안제 다섯 알을 삼켰다. 데니스는 911에 전화를 했다. 루이스는 죽고 싶다고 말했지만 죽지 않은 것에 대해 안심했다.

불명료한 자살과 관계된 행동: 상해가 없으며 죽으려는 의도도 분명치 않은 낮은 의료적 치사성

샐리는 30년 동안 함께 산 남편과 또 싸움을 했다. 그녀는 상처를 받았다. 그녀는 그를 무시했다가 다시 그에게 대들기를 반복했다. 그가 차를 타고 떠나자, 그녀는 수면제 4알을 먹었다. 그녀가 깨어났을 때 자살을 원했는지 확신이 없었고, 기독교 신앙 때문에 자살할 생각이 전혀 없다고 말했다.

샐리는 그녀의 남편에게 "나를 어떻게 떠날 수 있죠?"라는 메시지를 전달하려고 자살 행동을 했다. 죽으려 했던 샐리의 행동은 차를 타고 떠나려는 남편을 다시 돌아오게 하려는 의도를 감추고 있었다.[17] 그녀의 행동이 자살을 시도한 것으로 여겨지지는 않았을지라도 그녀의 행동은 심각하게 다루어져야 한다. 왜냐하면 여기에는 죽고자 하는 샐리의 의도가 담겨 있을 수도 있기 때문이다.

자해: 상해도 없고 죽으려는 의도도 없는 낮은 의료적 치명성

줄리는 화가 나면 마음을 가라앉히기 위해 면도칼로 손가락에 상처를 낸다. 고통은 자신이 여전히 살아 있음을 상기시켜주었다. 그녀의 청소년 담당 목사가 손가락에 감긴 붕대에 대해 물어보았을 때, 그녀는 자살에 대한 어떠한 생각이나 죽으려는 의도를 부인했다. 자상이나 화상, 절단은 보통 자살하려는 시도가 아니다. 자살이 고통으로부터의 탈출인 반면, 자상은 보통 고통을 초래하는 방법이고, 많은 경우에 그런 시도에는 죽으려는 의도가 전혀 없다.[18] 그렇지만 이것은 자해하는 사람과 자살을 시도하는 사람이 전적으로 관계가 없다는 의미가 아니라는 점을 기억해야 한다. 자해하는 이들 중에는 죽으려는 의도를 가진 이들도 있다.[19] 그에게 자살할 생각이 있는지 또는 죽기를 원하는지 물어보는 것이 가장 좋다.[20]

> **기관 사역자** 팔을 베었군요. 죽으려고 하셨나요?
>
> **바브** 네, 그래요.
>
> **기관 사역자** 살았어요. 여전히 죽고 싶으세요?
>
> **바브** 재미있는 건, 제가 의식을 잃어가는 그 순간에 살고 싶은 마음이 생겼다는 거예요. 하지만 너무 늦었다고 생각했어요.

4단계: 자살 시도를 심각하게 받아들이기

자살에 관해 널리 퍼져 있는 그릇된 통념은, 사람들이 다른 사람의 관심을 끌기 위해 자살을 시도하는 것이며, 따라서 그들은 부모에게 떼를 쓰는 2살짜리 아이처럼 무시되어야만 한다는 것이다. 하지만 우리는 자살 시도를 두 가지 이유로 항상 심각하게 받아들여야 한다. 왜냐하면 그들에게는 정말로 죽고자 하는 의도가 있기 때문이다. 아울러 다음과 같은 요인들도 고려할 필요가 있다.

- 자살을 시도한 사람은 다시 시도할 수 있다.[21]
- 시도할 때마다 그는 점점 더 치명적인 방법을 사용해서 자신에게 해를 입힐 수 있는 능력을 더욱더 발전시킨다.[22]
- 이전에 자살 시도를 했던 사람은 그렇지 않은 경우보다 결국 자살로 죽을 확률이 38-40배까지 높다.[23] 이전의 자살 시도 경험은 자살에 의한 사망의 가장 커다란 단일 위험 요소다.[24] 이것은 청소년들에 있어서도 사실이다.[25]

자살로 죽는 사람의 대다수가 죽음에 이르기까지 여러 차례 자살 시도를 하는데, 그 회수는 집단에 따라 약간씩 다르다.[26] 15-24살의 젊은 청년들의 경우 100-200번 시도한 끝에 결국 자살하지만, 65살 이상의 장년들의 경우에는 단 4번의 시도만으로 자살에 이른다.[27] 남자들보다는 여자들의 시도 횟수가 더 많다.[28] 다른 말로 하자면, 나이가 더 많은 성인과 남자일수록 자살로 죽기 전에 시도를 덜 한다.

한 번 자살을 시도한 이후에 다시 자살을 시도한 사람은 "심각한 자살 위험을 가진 매우 취약한 집단으로 들어가는 문턱을 넘은 셈이다.[29] 우리는 심지어 100번째 자살 시도에 대해서도 그 문제를 심각하게 받아들이는 태도를 가져야 한다. 다행스러운 것은 한 번 자살을 시도한 사람이 반드시 자살로 생을 마감하는 것은 아니라는 사실이다.[30] 3,690명의 자살 시도자를 10년간 관찰한 연구에 따르면, 자살 시도로 입원했던 사람들의 28.1%가 치명적이지 않은 자살을 좀 더 많이 시도해 다시 병원에 입원했고, 그중 4.6%가 자살로 사망했다.[31] 우리는 다른 사람이 무엇을 할지 예상할 수 없기 때문에, 모든 시도를 심각하게 받아들여야 한다.

자살 위협들

자살 위협도 심각하게 받아들여야 할까? 어떤 사람은 "직장에 취업 못하면, 자살하고 말거야!"라고 말할 수 있다. 우리 모두는 어떤 위협은 심각하지 않다는 것을 알고 있다. 반면에 다른 위협은 분명히 심각하다. 물론 어떤 위협은 진의를 밝히기 힘들 수도 있다. 윌커슨(Wilkerson)은 부모에게 다음과 같이 말한 15살 소녀에 대해 말한다. "저는 살아갈 이유가 없어요. 자살할 거예요. 사람들은 비웃었어요. 그들은 우리의 사랑이 단지 풋사랑이고, 그 대신에 누군가가 그 자리를 채워줄 거라고 말하죠. 목사님은 상처받은 마음이 치유되는 데는 시간이 걸릴 거라고 말했어요." 윌커슨이 이 소녀에게 접촉하기 위해 편지를 보냈을 때, 그의 편지는 다음과 같은 짧은 글과 함께 돌아왔다. "더 이상 편지를 보내지 마십시오. 자넷은 더 이상 우리와 함께 있지 않습니다. 그 아이는 자살했습니다."[32] 이 이야기는 자살에 관한 이야기를 심각하게 받아들일 필요가 있음을 생생하게 보여준다. 비록 이전의 여러 번의 위협이 말로 그쳤다 해도, 위협은 그 자체로 심각하게 받아들여져야 한다. 자살 위협에서는 그 사람의 안전이 가장 중요하다.

바트 저는 자살하고 말 거예요!

목회자 제가 지금 당신을 만나지 않으면 자살하겠다는 건가요?

바트 네, 일정을 재조정하실 수 있잖아요. 당신의 도움이 필요해요.

목회자 만일 당신이 지금 자살을 시도할 생각을 가지고 있다면 당신을 응급센터와 연결시키는 절차를 밟아야 할 것 같은데 그 절차를 시작해도 될까요?

바트 아니요. 저는 단지 당신과 만나고 싶어요.

목회자 이미 말했듯이, 저는 오늘 장례식에 가야 해서 당신을 만날 수가 없지만, 내일은 만날 수 있어요.

바트 알았어요. 몇 시에 만날까요?

목회자 오전 8시 30분에 만나죠. 그때까지 안전하게 자신을 지킬 수 있죠?

바트 네.

목회자 좋아요. 그때까지 안전하게 자신을 지키기 위해서 무엇을 할 건가요?

바트 냉장고 위에 붙여둔 안전 계획과 희망 상자가 있어요.

5단계: 자살 시도의 심각성 이해하기

자살 시도가 심각하게 보이든지 혹은 겉으로는 하찮게 보이든지 관계없이, 모든 자살 시도는 심각한 것으로 여겨져야 한다. 죽을 의도가 있는 사람은 그렇지 않은 사람보다 다시 자살을 시도할 가능성이 좀 더 높고 그 결과 죽을 가능성도 더 높기 때문이다.[33] 그러나 어떤 사람은 죽고자 하는 자신의 의도에 대해 솔직하게 드러내지 않기 때문에 자살 시도를 둘러싼 상황을 살펴볼 필요가 있고, 우리는 그러한 점검을 통해 재시도의 위험에 대해 알게 된다. 의료적 상해나 치사성 정도 역시 우리가 재시도의 위험 여부를 결정하는 데 도움을 줄 수 있다. 의외로 의료적 치사성이 항상 자살 의도와 관련을 맺는 것은 아니다.[34] 어떤 이들은 죽기를 원하지만 어떻게 해야 할지 모르는 사람도 있다. 그리고 어떤 이들은 죽을 의도가 없는 상태에서 자해할 수도 있다. 윌리엄 (William)은 위험 정도를 알려주는 상황에 대해 다음과 같이 정리했다.[35] 자살 의도가 큰 사람은

- 사람들의 손길이 닿을 수 없는 장소를 선택하여 자해를 한다.
- 사람들이 개입하기 어려운 시간대를 선택한다.

- 자살 시도에 대해서 다시 한번 생각할 가능성이 적으며, 자살을 시도하는 동안이나 이후에 도움을 얻기 위한 행동을 할 가능성도 희박하다.
- 유서를 작성하는 등 죽음을 준비한다.
- 유언을 남긴다.
- 확실하게 죽을 수 있다고 믿는 행동을 취한다.
- 죽으려고 의도한다.
- 행동을 미리 생각한다.
- 회복되었을 때 유감스럽게 생각한다.[36]

앞서 언급한 기준 중 단 하나만 충족되더라도, 자살 시도를 심각하게 여겨야만 한다.

6단계: 입원

만일 어떤 사람이 이미 자살을 시도했거나 위의 기준 중 하나라도 충족시킨다는 사실을 당신이 발견한다면, 그리고 그가 아직 병원에 있지 않다면, 그 사람은 즉시 응급실에서 진단을 받아야 한다. 지금은 다른 어떤 것이 아닌 안전에 초점을 맞추어야 하는 순간이다. 이 시점에서 가장 중요한 것은 가족의 일원이나 친구가 자살하려는 사람을 응급실로 착오 없이 확실히 데려다줄 수 있는지 아니면 구급차나 경찰이 그

사람을 병원까지 데려다 주어야 하는지를 결정하는 것이다.[37]

자살 시도 생존자는 입원 수속을 받은 후에 진단을 받을 것이다. 유감스럽게도 응급실은 사람들로 북적거리는 경우가 흔하기 때문에 기다리는 시간이 길어질 수 있다. 종종 의료 진단이 있고, 그다음에 보통 자살 위험에 대한 분석, 마지막으로 결정이 있을 것이다.[38] 어떤 경우에 자살을 시도한 사람이 응급실에 몇 시간 동안 앉아 있으면서 더이상 자살할 의도가 없어질 수도 있는데, 자살에 대한 생각이나 의도는 변화가 심하기 때문이다. 이러한 경우에 그는 입원을 하지 않아도 될 것이다.

자발적 입원과 비자발적 입원

응급실의 의료진이 입원하라는 결정을 내릴 수도 있다. 주법에 따라서 자살을 시도한 사람에게 자발적 입원이 먼저 권해질 수 있다. 자발적 입원이란, 자살 시도자가 원한다면 입원이 허락되지만, 더 이상 원하지 않을 때는 자유롭게 병원을 떠날 수 있다는 것을 의미한다. 의료진이 그 사람이 자발적 입원을 할 정도로 안전하다고 생각하지 않거나 자살을 시도한 사람이 자발적 입원을 거부하면, 자살 시도자가 그 사람은 비자발적인 입원을 해야 할지도 모른다. 비자발적 입원은 그 사람이 자의로 떠날 수 없는 폐쇄 병동에 들어간다는 것을 의미한다. 많은 주의 경우 비자발적인 입원은 정신과 의사의 지속적인 진단 없이는 72시간을 초과할 수 없다. 입원이 결정되었지만 응급실이 병원과 연결되어 있지 않거나, 병원에 입원 가능한 침상이 없을 경우에는 다른 의료기관으로 보내지는 데 몇 시간이 걸릴 수 있다.[39] 이러한 모든 대기 시간은 자살 시도자나 목양 사역자를 힘들게 할 수 있다.

병원에서

우리는 입원이 모든 자살을 예방하지 못한다는 사실을 알게 되어 놀랄지도 모른다.[40] 미국의 경우 자살로 인한 죽음의 약 3-10%가 병원에서 일어난다.[41] 잉글랜드와 웨일즈의 한 연구팀은 2,177건의 자살을 연구했고, 이 중 358(16%)명은 사망했을 당시에 정신과 입원 환자였으며, 그들 중 21%는 병원에서 특별한 관찰 아래 있었다는 사실을 발견했다.[42] 입원해 있다가 자살로 사망한 사람들은 자살 전까지는 그저 "정상"으로 보일 것이다. 그들은 자살 직전까지도 자살에 대한 생각이나 계획을 부인하고, 병원 직원들에게 임상적으로 나아지는 것처럼 보이기 때문이다.[43]

입원한 사람이 안전하지 않다고 의심된다면, 우리는 병원 직원에게 알려야 한다. 케네스 널리(Kenneth Nally)가 자살로 사망한 후 그의 부모는 죽음과 관련해서 부당하게 행동한 밸리 그레이스 커뮤니티 교회(Grace Community Church of the Valley)를 고소했다. 캘리포니아 대법원은 1988년 교회를 지지하는 판결을 내렸고 자살하는 사람을 적절한 의료 기관에 위탁해야 하는 의무를 목회 상담가에게 부과하지 않았다. 하지만 목회자는 의무가 아니더라도 자살을 방지하기 위해서 자살하려는 사람을 적절한 의료 기관에 위탁하는 것이 당연하다. 다음과 같은 짧은 내용이 법원 기록에 남아 있다. "3월 12일 오후, 목사인 맥아더

(MacArthur)와 레아(Rea)는 낼리가 입원해 있는 병원을 방문했다. 약물 과잉 투여로 인해 여전히 졸린 상태에 있는 낼리는 두 목회자에게 자살에 성공하지 못해 유감이라고 말했다. 분명히 맥아더와 레아는 병원의 모든 직원이 그녀의 불안정한 정신 상태를 인식하고 있을 것이라고 추측했고, 죽고 싶다는 낼리의 발언에 대해 아무에게도 알리지 않았다."[44]

비록 병원이 안전을 보증하지 않을지라도, 병원은 자살 수단에 접근하는 것을 막기 때문에 자살 시도 생존자에게는 가장 안전한 장소다. 병원 관계자들은 일반적으로 입원 수속 시에 환자의 짐을 수색해 위험한 물건을 없앤다. 자살 시도는 사람들이 그 행동에 대해 오랫동안 생각을 했을지라도 충동적인 경향이 있다. 필요한 수단이 없다는 사실이 사람들에게 생명을 선택할 수 있는 기회를 제공한다.[45]

입원 목표

입원의 1차 목표는 안정이다. 의료진이 추구하는 바는 환자들 마음에 자리잡은 죽고자하는 의도를 해소시켜주는 것이다. 그들은 보통 자살을 유발하는 요인들을 식별하고 그것들에 대해 처방을 내린다. 병원 직원들은 가족 상담이나 약물 사용과 같은 치료를 시작할 수 있다. 약물을 투입할 것인지의 선택 여부는 우울증과 같은 환자의 자살 시도의 이면에 있는 정신건강 장애의 유무에 달려 있다. 약물은 안전한 곳에 보관해야 하고 세심하게 관리해야 한다. 일부 사람들은 약물 과잉 투여로 자살을 시도하기 때문이다.[46]

목회 목표

목양 사역자는 자살 시도의 생존자가 입원해 있는 동안 매우 중요한 역량을 제공한다.

1. **영적 역량** 사람들은 자살하고픈 생각에 대처하기 위한 희망과 조력의 방편으로 정신건강 전문가들보다 가족, 친구, 동료 그리고 신앙을 좀 더 의지한다.[47] 우리 연구팀과 면담했던 한 목회자는 이것을 다음과 같이 말했다. "교회 자체는 엄청난 치유 역량을 갖고 있습니다.…이런 역량이 의학적이고 심리학적인 수단과 파트너십을 이루어야 한다는 사실을 아는 게 중요하죠."[48]

2. **관여** 입원 중인 교인과 연락하는 게 어려운 이유로는 다음과 같은 몇 가지가 있다. (1) 그가 병원에 입원하는 기간이 짧고, (2) 병원 직원들은 환자의 비밀을 보호해야 하며, (3) 병동에 있는 환자용 전화는 계속 사용 중에 있고, (4) 입원 환자들은 종종 의료진들로부터 치료를 받는 중이기 때문이다. 이러한 어려움이 있음에도 불구하고, 인내하며 계속 연락해야 한다. 나의 내담자 중 한 명은 입원 중에 나에게 어떤 말도 듣지 못했을 때 버려진 것 같은 느낌을 받았다고 말했다. 환자들은 병문안, 특히 짧은 병문안을 감사하게 받아들인다. 그린-맥크레이트는 다음과 같이 말했다. "병문안은 최대 10-15분의 시간을 지켜야만 한다.…사람들은 병원이 너무 따분하고 환자는 대화가 필요하다고 생각하지만, 사실 병원은 환자를 기진맥진하게 만드는 장소다."[49]

3. **수단 제한** 입원해 있는 환자와 가까운 사람이 자살을 시도한 생존자의 집을 살펴보고 약물, 면도칼, 총, 밧줄과 알코올 등을 포함한 모

든 자살 수단을 치워야 한다.[50] 총기는 지역 경찰서에 맡긴다. 자살 수단을 제한하는 것은 자살을 방지하는 데 효과적인 방법이다. 보통 사람은 죽음에 대해 양가감정을 갖고 있고, 잠깐의 지연이 그에게 살아가야 할 이유를 떠오르게 할 수 있기 때문이다. 곧 대다수의 사람은 처음 염두에 두었던 수단을 다른 수단으로 대체하지 않는다.[51]

입원이 자살을 예방하도록 돕는 데 매우 중요한 반면에, 종종 보험 제한 규정과 비자발적인 입원에 관한 법률상의 제약으로 인해 입원 기간이 (24-72시간으로) 비교적 짧다. 많은 치료 과정이 외래 환자를 대상으로 병원 밖에서 서로 지속되어야 하기 때문에 병원 직원들은 여러 가지 대안을 추천할 것이다.

퇴원

퇴원 이후의 주요 목표는 추후에 있을지도 모르는 자살 시도를 방지하는 것이다. 자살 생존자들이 이 목표를 성취하기 위해서는 이전에 받았던 것보다도 더 많은 도움을 필요로 한다. 이 말은 보호사가 생존자들과 더 자주 만나는 것을 의미하지만, 또한 그것은 보호사가 더 많이 개입하는 것을 의미한다. 당신이 영적인 안내만을 제공하고 있다면, 환자는 정신건강 치료를 위해 전문가를 더 선호할 가능성이 높다. 당신이 상담을 제공하고 있다면, 병원 직원은 환자가 퇴원한 후에는 부분 입원 치료나 하루 동안의 치료를 제안할 것이다. 자살 시도 생존자들은 더 많은 보살핌을 필요로 한다.

퇴원후 의료 서비스가 증가하는 주된 이유는 퇴원 직후의 시기가 매우 위험한 시간이기 때문이다.[52] 앞서 언급했던 잉글랜드와 웨일즈의 연구팀은 자신들이 연구한 2,177건의 자살 중 519건(24%)이 퇴원한 지 3개월 안에, 그리고 퇴원 후 첫 주에 가장 많이 발생했다는 사실을 발견했다. 자살로 사망한 대다수의 사람은 그들이 죽기 전에 마지막으로 만났던 사람들에게 자살의 위험이 전혀 없거나 즉시 자살할 위험이 낮았던 것으로 여겨졌다.[53] 또 다른 연구팀은 자살 시도 후 입원했던 3,690명을 추적했고 그들이 다시 자살을 시도할 위험은 10년 동안 높은 수준을 유지했지만 가장 큰 위험은 퇴원 후 첫 2년 내에 발생했음을 밝혔다.[54]

재미슨(Jamison)은 이렇게 위험이 증가할 수 있는 이유를 다음과 같이 밝힌다. "병원에서는 잘 지냈지만, 병원 밖 생활의 현실과 스트레스를 대처하기에는 충분하지 않을 뿐 아니라 심각한 정신 질환으로 야기되는 개인적이고 경제적인 어려움과 싸워야 하는 궁지에 자주 몰려 있는 환자들은 때때로 매우 절망적이고 눌림을 당한다고 느낀 나머지 자살한다."[55] 목회적인 돌봄과 정신건강 돌봄은 환자가 병원 바깥의 생활에서 부닥치는 현실과 스트레스를 잘 다루도록 도울 수 있다.

정신건강 돌봄

정신건강 돌봄은 자살을 방지하는 것으로 알려져 있기 때문에 매우 중요하다. 웰루(Welu)는 자살 시도 이후에 증가된 정신건강 치료와 연관되어 나타난 자살 재시도의 놀라운 감소를 입증했다.[56] 사실 병원은 자살 시도 생존자가 통원 치료를 예약하지 않으면 48시간 내에는 퇴원을 시키지 않지만, 일주일 안에는 반드시 퇴원시킨다.[57] 문제는 자살을 시도한 사람 중 20-40%만이 병원에서 퇴원한 후 통원 치료를 받는다는 것이다.[58] 완치시키기 위해 병원과 협력하는 일은 꼭 필요하다. 비록 일부 환자들은 이 시기에 좀 더 도움을 받고 싶어 할 수도 있지만, 정신건강 치료의 후속 조치는 어려운 일일 수 있다. 특히 치료받는 것을 싫어하고 남들과 뭔가 다르다는 낙인이 찍히는 것을 원하지 않는 젊은 사람들의 경우엔 더욱 그렇다.[59] 청소년기의 자살 시도자 중 50%는 후속 정신건강 치료를 받지 않는다.[60]

후속 치료를 받는 것이 중요한 이유는 일부 환자가 퇴원 후에 약물 복용을 멈추기 때문이다.[61] 자살 생존자들은 약물이 완전히 효과를 보이기 전까지는 몇 주 가량의 시간이 필요하기 때문에 약의 효력이 없다고 생각하거나 또는 오히려 약물의 효과가 빨라 더 이상 약물이 필요 없다고 생각해 약물 복용을 멈춘다.[62] 정신건강 돌봄은 약물 복용을 좀 더 준수하도록 도와준다.[63]

7단계: 계속되는 목회 돌봄

목양 사역자는 단지 위기 기간 동안만이 아니라 장기적으로 자살을 시도했던 사람들과 함께할 수 있다.

감시하기

목회적인 돌봄의 한 부분은 약물 사용을 감시하는 것이다. 극단적으로 느껴질 수 있겠지만 약물은 치료의 중요한 부분인 동시에 자살을 재시도하는 데 사용되는 도구일 수도 있다. 알코올이나 불법적인 약물을 사용하는 것은 정신의학적 약물의 효과를 저해하고 수면을 악화시키며, 판단력을 해치고, 다른 자살 시도에 대한 위험을 증가시킬 수 있다. 다음은 감시하기의 한 예다.

청소년 담당 목사   병원에 한 달쯤 입원했던 것 같은데, 좀 우울해 보이네. 기분은 좀 어때?

애비   괜찮아요.

청소년 담당 목사   병원에 있을 때, 항우울제를 주기 시작했다고 하는데, 아직도 먹고 있니?

애비   일주일 전부터는 안 먹고 있어요. 좀 나아졌다고 생각해서요.

청소년 담당 목사   약이 집에 아직 있니?

애비   네, 필요할 때가 있을지 몰라서 갖고 있어요.

청소년 담당 목사   그래, 좀 걱정이 되는데. 이것에 대해서는 엄마하고 이야기한 적 있니?

애비   아니요. 이 일로 인해 큰일을 만들고 싶지는 않아요.

청소년 담당 목사   약물은 매우 조심스럽게 다뤄야 해. 내가 엄마에게 전화하면 어떻겠니?

애비   아니요. 그렇게 하지 마세요. 엄마는 지금까지 충분히 걱정했어요. 엄마한테 절대로 말하지 않을 거라고 약속해주세요.

청소년 담당 목사 엄마에게 우리가 나눈 대화의 내용을 모두 말하지
는 않을 거야. 하지만 어떤 것은 중요한 거거든. 엄
마도 알기 원하실 거야. 엄마한테 전화하자.

애비 (마지못해서): 네.

목양 사역자가 치료에 관한 문제에 대해 염려한다면, 그는 건강보
험정보의 이전 및 그 책임에 관한 법률(HIPAA, Health Insurance Portability
and Accountability Act 1996) 같은 비밀유지법에도 불구하고 치료 전문가
에게 연락할 수 있다.[64] 일반적으로 말해서, 성인 환자나 부모 또는 미
성년자의 보호자가 정보 공개 양식에 서명함으로써 공개를 허락하지
않는 한, 건강에 관한 모든 정보는 비밀로 유지되어야 한다. (전문가가 비
밀유지서약을 깨뜨려야만 하는 상황에 관해서는 주법을 보라.) 그러나 보통 성
직자는 HIPAA 아래에 있지 않기 때문에 다른 전문가에게 정보를 제
공할 수 있다. 하지만 전문가는 성직자에게 자기가 갖고 있는 추가적
인 정보를 제공할 수 없다.[65] 예를 들면 목회자가 정신과 의사에게 자신
이 돌보는 이의 약물과 관련해 그의 염려를 표명할 때, 약사는 다른 약
물을 조제하거나 과다 복용을 막기 위해서 더 적은 양의 약물을 조제할
수 있다. 이때 약사는 목사에게 자신이 그렇게 했다는 사실을 알릴 수
없다.

자살 예방 수단

모든 자살 시도 생존자는 재발의 경우에 대비해 안전 계획과 희망 상자가 필요하다. 또한 우리는 그에 대한 지지를 공고히 하는 한편 그의 소속감을 높여줄 필요가 있다. 이것은 특히 노년의 백인 남성에게 중요할 수 있다. 조이너는 다음과 같이 말한다. "특히 노년의 백인 남성들은 나이가 들어감에 따라 사회적인 관계를 새롭게 시작하려 하지 않는 경향이 있다. 일반적으로 미국 남성, 특히 백인은 아동기와 청소년 초기 및 후기에 몇몇 친구들과 친밀한 우정 관계를 맺는 것처럼 보이는데, 성인기에는 새롭고 깊은 우정 관계를 형성하는 경우가 거의 드물다."[66] 이외에도 우리는 자살 생존자의 믿음을 지속적으로 견고하게 할 필요가 있다. 그렇게 믿음을 형성하면서 그를 자살로부터 보호할 수 있고 삶에 대한 희망과 이유를 제공할 수 있기 때문이다.[67]

용기를 불어넣기

우리가 흔히 간과해오던 기독교적 덕목 중 하나가 용기다. 그러나 기독교적인 삶은 용기를 요구한다(수 1:6-7; 시 27:14; 31:24). 우리와 같은 목양 사역자가 삶에서 보였던 다음과 같은 많은 용기 있는 행동들에 대해 생각해보자. 대중 연설을 하는 것이 두려운 일임에도 불구하고 설교하는 법 배우기, 피하고 싶은 갈등에 당당히 맞서기, 그리고 마지막으로 소수 의견을 지지하기 등을 예로 들 수 있겠다. 자살 시도 생존자는 고통에 직면하는 용기가 필요하다. 자살 시도 후에 그는 벗어나기 위해 애쓰던 고통스러운 삶을 다시 직면하고 있는 것이다.[68]

기관 사역자 하나님께서 당신의 암을 고치시기를 기다리고 있었는데 희망이 사라지자 자살을 시도했군요.

디나 네, 제 생각에는 그저 포기한 거예요.

기관 사역자 하나님께서는 아무것도 안 하고 계시는 것 같았나요?

디나 네, 더 이상 참을 수가 없었어요.

기관 사역자 그런데 지금은 어떤가요?

디나 글쎄요, 하나님이 아직도 아무것도 안 하시는 것 같아요. 저는 아직 치유되지 않았거든요.

기관 사역자 저는 하나님께서 어떤 생각을 하고 계신지는 모르겠지만 그분을 믿는 사람들이 하나님께서 오랫동안 잠잠하실 때 의아해 한다는 것은 알죠.

디나 그래서 그것이 제게 희망을 준다는 건가요?

기관 사역자 삶의 어려움에 직면할 소망과 용기를 주죠.

디나 용기는 제가 원하는 것이 아니에요.

기관 사역자 디나, 당신의 신념을 지키기 위해 용기를 내어 맞서본 경험이 있나요?

디나 글쎄요, 아들이 부당하게 대우받았을 때, 선생님에게 가서 말해야 했어요. 많은 용기가 필요했었죠.

기관 사역자 맞아요. 용기를 내었던 또 다른 경험에 대해 말해주세요.

문제 해결

자살 시도 생존자는 문제를 해결하기 위한 도움이 필요하다.[69] 자살하는 사람은 문제 해결 능력이 제한되어 있다. 즉 그는 자살 말고는 다른 해결 방법을 보지 못한다.[70]

기관 사역자 그래서 당신 남편의 비판이 문제군요.

디나 네, 그는 저에 대해서 좋은 점이라고는 아무것도 찾지 못하고 있는 것처럼 보여요.

기관 사역자 그에게 맞서본 적이 있나요? 그리고 그렇게 하는 것이 당신에게 안전했나요?

디나 한 번쯤 그렇게 했는데 도움이 되는 듯했어요. 그는 결코 저를 때리지는 않았어요.

기관 사역자 당신이 아들의 선생님에게 맞서본 적이 있다고 했는데, 남편에 대해서도 좀 더 자주 맞설 수 있다고 생각하지 않나요?

디나 제가 그렇게 할 수 있을지 모르겠어요. 예전에 딱 한 번 맞섰거든요.

기관 사역자 자기주장에 관한 수업을 병원에서 들어보는 게 도움이 될까요?

디나 글쎄요. 그럴 것 같긴 한데요. 그런 모임을 좋아하지 않아요.

기관 사역자 일단 한번 모임에 가보고 어떤지 보세요. 아마 한번 가보면 어떤지 알 수 있을 거예요.

디나 좋아요. 일단 가볼게요.

문제 해결을 위한 방법에는 갈등을 줄이기 위해 남편과 아내를 대상으로 한 부부 상담 또는 청소년과 그의 부모를 대상으로 한 가족 상담을 추천하는 방안도 포함될 수 있다. 그리고 어떠한 위기 상황에 놓이거나 입원했을 때 교회는 음식이나 세탁, 아이들을 돌보는 등의 도움을 제공할 수 있다.

요약

자살 시도 생존자들과 함께하는 일에는 다음과 같은 자질이 요구된다. 곧 목양 사역자들은 생존자들의 감정을 해소하는 데 도움을 주기 위해서 자신들의 감정을 다루어야 한다. 목회적 돌봄을 제공한다는 것은 자살 시도 생존자들의 자살 시도를 심각하게 받아들이고 정신건강 서비스를 받도록 그들을 지지해주지만, 동시에 생존자들이 용기에 대해 신학적으로 생각하고 문제 해결 기술을 형성하도록 돕는 것을 의미한다.

자살 시도 생존자에 대한 염려 외에도 목회자, 기관 사역자 그리고 목회 상담가는 반드시 자살 시도에 의해서 직접적으로 영향을 받는 사람들에게도 관심을 보여야 한다. 가족 구성원들은 자살 예방을 위해 많은 노력을 하지만 많이 주목을 받지 못하고 있다. 하지만 그들 역시 우리의 도움을 필요로 한다. 목사, 기관 사역자 그리고 목양 사역자가 가족 구성원들을 어떻게 지원할 수 있을까? 다음 장에서 살펴볼 것이다.

토론을 위한 질문

1. 당신은 자살 시도에 대해 어떤 반응을 보이거나 보여왔는가?
2. 사랑-미움과 같은 양가감정의 다른 예를 들어보아라.
3. 당신은 모든 자살 시도를 심각하게 고려해야 한다는 것에 동의하는가?
4. 병원은 왜 안전을 보장할 수 없는가? 당신은 병원이 자살을 시도한 사람들에게 가장 안전한 장소라는 것에 동의하는가?
5. 자살 시도로 병원에 입원했다가 퇴원한 이후의 시기는 왜 위험한가?
6. 자해는 자살 시도와 어떻게 다른가?
7. 당신은 자살 위협을 하거나 여러 차례 자살 시도를 했던 사람들을 어떻게 대할 것인가?

참고 자료

자살을 시도한 이들에 관한 도서
A. Alvarez, *The Savage God: A Study of Suicide* (New York: Random House, 1972).
DeQ. Lezine, D. Brent, *Eight Stories Up: An Adolescent Chooses Hope over Suicide* (New York: Oxford University Press, 2008).

T. Wise, *Waking Up: Climbing Through the Darkness* (Oxnard, CA: Pathfinder Publishing of California, 2003).

자살을 시도한 이들을 위한 자료

전국 자살 예방 실천 연맹 대책 본부, ⟨http://actionallianceforsuicideprevention. org/task-force/suicide attempt-survivors⟩.

익명의 자살자, ⟨www.suicideanonymous.net⟩.

미국 자살학 협회, ⟨www.suicidology.org/suicide-survivors/suicide-attempt-survivors⟩.

제7장

조력자 돕기

—•——✄——•—

나는 목적을 "이루기" 전까지 사람들을 협박했다.

수잔 로즈 블라우너 (세 번 자살을 시도함)

자살 충동에 사로잡힌 사람의 가족을 지원하는 데 있어서
우리는 먼저 그들이 끊임없는 두려움 아래에서
살고 있다는 사실을 인식해야 한다.

존 T. 말츠버거 MD; 토마스 조베 MD; 단 G. 스타우파허 목사, D. Min

상담 심리치료사로 일하던 초기에 나는 여러 번 자살을 시도했던 헤이즐을 내담자로 만났다. 그녀의 어머니와 언니가 나를 만나고 싶다고 연락을 해왔다. 당시 나는 그들의 극한 감정들, 헤이즐에 대한 분노, 헤이즐을 돕지만 아무런 효과가 없다는 데서 오는 좌절감, 헤이즐이 자살할 수도 있다는 두려움과 그들이 느끼는 억눌림 등에 대처할 준비를 하지 못했다. 가족 구성원들은 자살하는 이들을 위해 애를 쓰지만 때때로 위기 속에서 길을 잃는다. 관심은—물론 그래야 하지만—보통 자살하는 사람에게 집중되고, 가족 구성원들은 자신들이 필요로 하는 지지를 얻지 못한다. 그들이 지지를 덜 받을수록, 자살하려는 이를 도울 수 있는 그들의 에너지는 더욱 없어진다. 우리는 이와 관련해서 항공사의 안전 메시지를 떠올릴 수 있다. "다른 사람을 돕기 전에 먼저 자신의 산소 마스크를 착용하라." 가족 구성원들은 지지를 받고, 한숨을 돌리며, 재정비할 기회가 필요하다. 이처럼 주목받지 못하는 영웅과도 같은 가족들은 지지를 마땅히 받아야 한다. 그들은 자발적으로가 아니라 불가피하게 그 의무를 떠안은 것이기 때문이다. 그들은 그저 이끌려온 것뿐이다.[1]

친구들 역시 자살 예방에 연관된다. 예를 들어 스타이론은 자기를 도왔던 친구에 대해 다음과 같이 회고한다. "그의 지원은 끊임없이 지속되었고 매우 소중한 것이었다. 자살은 '받아들여질 수 없는 것'이라고 나를 계속해서 깨우쳐주었던 사람이 바로 그였고(스타이론은 강한 자살 충동을 느꼈다), 병원에 가는 것을 덜 무섭고 덜 위협적으로 느끼게 해주었던 사람 역시 그였다. 나는 아직도 그가 보여준 관심을 떠올릴 때마다 진심으로 감사하는 마음을 갖는다."[2]

방향을 잃어버릴 수 있는 또 다른 사람은 바로 당신이다. 목양 사역자를 향한 도전은 당신이 조력자일 뿐만 아니라 지역 사회의 일원이며, 때로는 자살 시도자에게 영향을 받는 가족의 일부라는 것이다. 이번 장은 조력자를 위한 돌봄에 초점을 맞출 것이다. 조력자를 돌보는 한 가지 방법은 가족과 공동체 일원의 감정을 경청하고 치유하는 것이다.

감정

감정은 사람의 사고와 기억, 주의력, 문제 해결 및 계획에 영향을 끼칠 수 있다.[3] 사람들에게 감정을 처리할 수 있는 기회를 제공하는 것은 중요하다. 그들이 감정에 압도당하기보다는 그것을 인지할 수 있기 때문이다.[4]

죄책감과 비난

가족과 공동체는 상처받기 쉽고 연약한 일원을 보호하려고 했음에도 보호할 수 없는 낭패감을 인지할 때 극심한 수치심과 죄책감을 느낄 수 있다.[5] 어떤 목회자가 자살과 관련된 죄책감은 다른 어떤 종류의 위기에서 느끼는 것보다 더 격렬하며, 돌봄이들의 마음을 사로잡는 주된 질문은 "내가 뭔가 다르게 할 수 있지 않았을까?"라는 것이었다고 우리 연구팀에 말했다. 그 목회자는 우리 연구팀에 다음과 같이 말했다. "당신은 자살을 방지하기 위해 할 수 있는 최선을 다한 것이다."[6] 이 목사의 조언은 우리에게 우리는 자살 위험을 방지하도록 도울 수 있지만 궁극적인 선택은 자살하려는 사람에게 달려 있다는 사실을 다시 한번 각인시켜준다. 조력자는 돌볼 책임이 있지만 상대방의 선택에 대해서 비난받으면 안 된다. 자살하려는 이들이 스스로 올바른 판단을 내리도록 도우라. 돌봐야 할 책임을 다하라. 그러나 그의 선택을 책임질 필요는 없다.

이러한 감정은 강렬하기 때문에, 어떤 사람은 다른 사람을 비난하는 것으로 자신의 고통을 해소한다. 비난은 도움을 주지 못한다. 어느 목사는 자살로 죽은 사람의 장례식에서 신자들에게 "우리는 이 가족을 정죄하지 말아야 합니다"라고 단도직입적으로 말했다. 남을 비난하려는 충동에 저항하라. 비난받고 있는 가족과 공동체 구성원에게 모든 사람이 그들을 도울 수 있는 것은 아니라는 점과 모든 사람이 그들에게 숙련된 조력자가 될 수는 없다는 점을 상기시켜주라. 그들은 자신들이 걸어가야 할 힘겨운 여정에 함께 걸어갈 사람을 신중하게 선택할 필요가 있다. 목회자, 기관 사역자, 목회 상담가는 신앙 공동체가 비난이라는 위험스럽고 헤어나오기 어려운 상황을 잘 조정하도록 도와줄 필요가 있다. 가족과 공동체 구성원은 신앙 공동체와 지속적으로 연락할 수 있다. 지역 사회가 그들을 비난하지 않도록 도와야 한다. "목사혹은 교인들과 서투르거나 불편한 관계를 맺는 것은 삶의 스트레스에 대처하는 능력을 약화시키는 결과를 낳기 때문이다."[7]

두려움과 무기력

사랑하는 사람이 다시 자살을 시도해서 결국 자살로 죽을 것이라는 지속적인 두려움과 그것을 방지하는 데 무력함을 느끼는 것은 가족과 공동체 구성원들이 느끼는 핵심적인 감정이다. 어떤 목사는 우리 연구팀에게 자신이 돌보았던 두 어머니에 대한 이야기를 들려주었다.

> 사춘기 소년을 기르는 두 명의 어머니는 자기 자녀를 사랑하고 그 어떤 희생을 치르더라도 아이를 보호하려는 강한 욕구가 있었으며 무력감이라는 암울한 감정도 느꼈고, 무력감이라는 끔찍한 감정을 누군가에게 이야기하고 싶었으며, 동시에 이와 같은 다양한 감정을 매우 힘들어했다. 그들은 자신들이 자녀들을 충분히 사랑했는지 확신하지 못했는데, 사실 그들은 자신들이 충분히 애정을 쏟았다고는 한 번도 생각하지 않았다. 그리고 아들이 자살을 한 엄마는…[아들이 자살하는 게] 자신의 삶에서 가장 큰 두려움이었다.…그들은 나에게 지옥에 관한 질문을 던진 적이 없으며, 오히려…"이제 어떻게 해야 할까요? 또는 어떻게 이 짐을 이겨낼 수 있을

까요? 내가 제대로 살고 있는 것인지 어떻게 알 수 있을까요?"와 같은 질문을 던졌다.[8]

이 목회자는 이 두 엄마의 이야기를 오랫동안 경청했다. 수잔 로즈 블라우너의 친구는 그녀의 자살 시도에 대해 다음과 같은 글을 자신의 일기에 남겼다. "지금 나에게 돌아오는 것은 내가 얼마나 무력한가 하는 감정이다."[9]

적대감

수잔 로즈 블라우너의 올케는 다음과 같은 글을 썼다. "나는 형님과 나 사이에 거리감이 있음을 느꼈어요. 불편했고 소통이 잘 이루어지지 않는다고 생각했어요. 무엇을 말하고 어떻게 반응해야 할지 몰랐죠. 동시에 형님에게 적대감이 불붙듯이 일어났어요. 형님의 병이 제가 매우 사랑하는 남편에게 영향을 끼치고 있음을 알 수 있었죠. 그에게 불안감과 스트레스를 안겨주는 형님에게 매우 화가 났어요. 부모가 되면서, 사돈 어른이 느꼈던 괴로움을 알 수 있었죠."[10] 가족과 지역 사회 구성원은 분노와 적대감의 감정이 솟아오르는 시점에 자신이 과중한 부담감을 느끼고 있음을 알 수 있다.

목양 사역자는 돌봄이들이 경험하는 이러한 극심한 반응을 경청하고 다루도록 부르심을 받았다. 게다가 목회자, 기관 사역자 그리고 목회 상담가는 자살 시도자의 가족이나 공동체 구성원을 돌보면서 그들을 지지할 수 있다.

가족과 공동체 구성원 지원하기

가족과 다른 조력자들은 자살 시도에 따른 많은 과제를 떠안고 있으며, 목양 사역자는 그들이 이러한 과제들을 성공적으로 수행할 수 있도록 지원할 수 있다.

치료 마무리하기

어떤 조력자들은 자살 위기 후에 정신건강 치료를 중단하고자 하는 유혹을 받을지도 모른다. 그들은 다음과 같이 말할 것이다. "마리아는 교훈을 얻었어요. 다시는 자살하지 않을 겁니다. 그녀를 [치료받도록] 데리고 갈 시간이 없어요."[11] 한 연구는 마리아와 같이 많은 사람이 마무리 통원 치료에 전혀 참여하지 않고, 치료의 전체 과정을 끝마치는 데 실패한다고 말한다.[12] 우리는 이후의 자살 행동의 위험을 감소시키기 위해 마리아가 치료를 반드시 받아야 한다는 사실도 알고 있다.[13] 목회자, 기관 사역자 그리고 목회 상담가는 치료를 마무리하지 못하게 막는 장애물을 식별함으로써 치료를 마칠 수 있도록 도울 수 있다. 마리아의 엄마는 마무리 치료가 얼마나 중요한지를 이해하는가? 마리아를 데려다줄 사람이 필요한가?

교육받기

일단 자살 위기를 경험한 가족과 공동체를 위한 가장 중요한 과제 중 하나는 경고 신호, 특히 마리아의 경고 신호에 관해 교육을 받는 것이다. 그들은 그러한 교육을 통해 앞으로 발생할지도 모를 위험을 인식할 수 있다.[14] 자살의 일반적인 경고 신호에 대해 교육받는 것은 유용하며, 정신건강 치료팀은 마리아가 보이는 특정한 경고 신호에 대한 정보를 제공할 수 있다.[15] 이러한 정보는 종종 안전 계획에서 발견된다. 가족과 공동체 구성원이 자살 시도자의 안전 계획 사본을 갖도록 장려하는 일은 매우 중요하다. 그들도 안전 계획의 일부분이기 때문이다. 목양 사역자는 가족과 공동체 일원에게 다음과 같은 것, 곧 법은 부모와 미성년의 보호자가 정보를 공개하지 않는 조건하에 환자에 관한 정보를 얻을 수 있도록 허용하며, 성인 환자는 서면 허가를 통해 치료팀에게 자신의 정보를 공개하도록 허용된다는 사실을 알려줘야 한다. 목회자, 기관 사역자 목회 상담가는 안전 계획의 단계들이 분명하고 구체적인지 그리고 혹은 안전 계획이 근무 시간이나 퇴근 후에 치료팀에게 연락을 취하는 방법 등을 포함하는지를 확인할 수 있다. 가장 좋은 것은 모든 설명을 기록하고, 관련 당사자 모두가 그것을 이해하는 것이다.

목양 사역자는 희망 상자—살아야 할 이유를 환기시키는 물품들을 담아놓은 상자—의 중요성을 가족 또는 공동체에게 분명히 가르쳐 주어야 한다.[16] 애사나우(Asarnow)와 동료들은 희망 상자의 실례를 다음과 같이 제공한다.

그녀의 친구나 가족의 사진(그녀를 사랑하고 그녀가 사랑하는 사람들이 있음을 상기시켜주는 것들), 그녀의 일기(일기 안에 기록된 단서, 안전 계획에 대한 대처 전략), 대처 카드 목록(도움이 되는 사고들), 체육관 회원증(운동이 그녀의 안전 계획에 포함되어 있음을 상기시켜주는 것), 그녀의 부모나 친구들의 전화번호(사회적 지지를 위해 전화하고 구하는 단서), 세수 수건(차가운 수건을 얼굴에 놓고 시원한 느낌에 집중하는 대처 전략을 사용하는 단서), 그리고 가장 가까운 응급실의 위치와 전화번호(응급 대처 전략).[17]

경고 신호를 제대로 분별하는 일은 가족과 친구들이 자살 시도자의 정상적인 행동을 지나치게 병리화하거나 또는 자살적인 행동을 과소평가하는 경향을 피하도록 도와줄 것이다. 밀러와 그의 동료들은 다음과 같은 점을 주목했다.

> 무엇이 "위험한" 행동인지 혹은 "비정상적인" 행동인지에 대한 부모의 판단은 과거의 자살 시도나 입원이 남겨놓은 그림자에 의해 끊임없이 채색되어간다. 어떤 부모는 때때로 아이가 아파서 학교에 가지 않을 수도 있다고 이해하지만, 어떤 때는 편두통 때문에 집에 있으면 안 되냐는 딸의 요청이 우울증의 재발 신호인 것 같아 두렵다. 이전의 우울증 사건은 집에 남기 위한 핑곗거리를 찾는 것으로부터 시작했다(그리고 결국 자살 시도와 입원으로 이어졌다).[18]

최근에 자살을 시도했던 아그네스가 어느 날 밤 집안을 청소하기 위해 성경 공부 모임에 가지 않고 집에 있기를 원했을 때, 그녀의 친구들은 그녀 혼자 집에 있는 것을 걱정했다. 그녀가 혹시 자살하지 않을까 두려웠던 것이다. 그러나 아그네스는 실제로 청소하고 싶었을지도 모른다. 아그네스가 보이는 특정한 경고 신호를 아는 것은 그녀의 가족과 친구들이 그녀의 어떤 행동이 실제로 자살로 이어지는지를 아는 데 도움을 줄 것이다.

목양 사역자는 가족 구성원이 학교의 자살 시도 대응 방침을 알도록 도와줄 필요가 있다. 자녀를 위해 학교를 선택해야 하는 부모로 하여금 학교의 졸업률, 교실, 도서관과 체육 시설을 확인하는 것뿐만 아니라 학교의 자살 시도 대응 방침을 확인하는 것도 잊지 않도록 도와주어야 한다. 대학 캠퍼스에서의 높은 자살률 및 이와 관련된 소송의 결과로, 오늘날의 대학들은 자살 사건에 대한 법적 책임 문제로 골머리를 앓고 있다.[19] 일부 고등 교육 기관들은 학생이 자살 문제로 응급센터를 방문했거나 입원 치료를 받은 후에 학교로 돌아오는 것을 허락하지 않기 때문에 부모들은 이에 대해 알고 있어야 한다. 부모는 학생 상담 센터와 친밀해져야 한다.[20] 발달상으로 볼 때, 정신건강 문제의 첫 번째 사건은 성인기 초기에 자주 일어난다.[21] 학생들의 바쁜 생활이 정신건강 문제를 악화시킬 수 있고, 어떤 학생들은 난생 처음으로 집에서 떨어져 지낼 수 있으며, 알코올이나 약물을 경험할 수 있고, 충분한 숙면을 취하지 못할 수 있다.[22] 부모들은 보다 적극적이어야 한다는 점을 의식하라.

대변하기

때때로 전문가들은 서로 잘 소통하지 않는다. 자살로 환자를 잃어버린 36명의 치료사에 대한 연구에서 치료사들 사이에 의사소통이 활발하지 않았던 것이 문제점 중 하나로 지적되었다.[23] 가족과 친구들은 사랑하는 사람이 치료받는 것을 적극적으로 지지하고 치료가 통합적으로 잘 이루어지는지를 확인해야 한다. 또한 가족과 공동체 구성원들은 치료에 도움이 되는 자료를 제공해주어야 한다. 가족과 공동체 구성원은 자신이 마치 환자의 대변인인 것처럼 생각해야만 한다.[24] 가족과 친구는 전문가들이 결코 알 수 없는 방식으로 아그네스를 알고 있다.

갈등 줄이기

청소년기나 성인기에 자살 시도를 일으키는 하나의 공통된 요인은 대인 관계에서 일어나는 갈등이다.[25] 실제로 청소년 자살 사건의 70%에서 다양한 형태의 대인 관계 갈등이 자살 행위를 촉발한다고 보고되었다.[26] 목회자, 기관 사역자 그리고 목회 상담가는 갈등과 자살 위험을 줄일 수 있는 부부 혹은 가족 치료를 제공해주도록 요청받을 수 있다. 갈등을 줄이는 것은 소속감과 기여도를 향상시킨다(부담감을 감소시킨다). 조이너는 이 두 가지가 인간 욕구의 기초를 이룬다고 생각했다.[27] 목양 사역자는 자살하려는 사람이 "우리 가족이나 공동체는 내가 어떻게 하든지 간에 나를 사랑하고, 나는 그들에게 짐이 아니다"라는 사실을 기억하길 소망한다.

소속감을 향상시키고 인지된 부담감을 줄이는 방법은 관계에서 안전성을 만드는 것이다. 이를 위해 가능한 한 가지 목표는 자살하려는 사람이 가족 구성원 및 배우자 사이에서 보여준 긍정적인 기여들을 인식하도록 격려함으로써 가족 구성원들이 그에 대해 가지고 있는 사랑의 감정을 기억나게 하는 것이다.[28] 다른 목표는 자살 욕구를 충동하는 고통에 대해 판단을 배제한 공감 의식을 발전시키는 것이다.[29] 자신이 돌보던 자들로부터 자신의 감정을 인정받지 못하는 부모나 배우자는 자기 자녀나 배우자의 감정적 표현을 인정하는 법을 결코 배우지 못한다.[30] 블라우너는 다음과 같이 조언한다.

> 당신이 어떠한 상황으로 인해 화가 치밀어 오르게 되면, 자살을 생각하는 사람은 매일 같이 스트레스를 받으며 항해하고 있을 뿐만 아니라 내면의 전쟁터에서 살아가고 있음을 기억하려고 하라.…목표는 자살을 생각하는 사람—또는 자살 생각—을 판단하거나 고치기보다는 수용하는 것이다. 당신이 줄 수 있는 것은 그가 자유를 향한 길에서 넘어질 때에 판단하지 않는 연민이다. 그가 걸려서 넘어질 때, 그가 위로를 찾을 때, 그곳에 당신이 서 있을 수 있다. 팔을 벌려 그를 안으며, "나는 당신을 사랑합니다. 나는 이곳에 당신을 위해 있어요"라고 말할 수 있다. 그가 자기 자신이나 그 누군가에게 상처를 주지 않는 한, 그를 당신의 사고방식으로 변화시키려고 시도하지 말고 그로 하여금 빛 속으로 더듬거리며 나아가게 하라. 각 사람의 현실은 서로 다르다.[31]

가족과 공동체 구성원은 심리적 기복 및 향상과 퇴보를 겪을 수 있다는 것을 알고 그들을 도우라. 특히 자살 위기가 없는 경우에도 그들과 지속적으로 연락하라. 그렇게 함으로써 위기를 겪을 때 가족이나 공동체의 관심을 끌 수 있는 유일한 방법은 자살 위기에 처하는 것이란 생각을 버리게끔 할 수 있다.

하나의 중요한 전략은 가족이나 공동체가 단계적 확대를 막는 방편으로 직접적인 소통을 개발하도록 돕는 것이다. 예를 들어 단계적 확대는 토론이 접시를 식기세척기에 놓는 것과 같은 작은 것에서부터 시작해서 가출이나 자살 같이 큰 주제로 끝날 때 일어난다. 단계적 확대를 예방하는 하나의 효율적인 접근은 발언자-경청자 기법을 사용하는 것이다. 이 기법은 안전하고 분명하게 소통하도록 구조화된 방식이다.[32] 이 기법은 말을 하는 발언자와 발언자의 의미를 되새기는 경청자의 역할을 교대로 해보는 것이다. 이 기법은 부부 상담에 사용되고, 자녀 양육을 포함한 다양한 인간관계에 응용되어 사용된다.[33]

부모들이 나에게 가장 많이 묻는 질문 중 하나가 자살하려는 아이를 훈육해야 하는지, 그리고 그들에게 가정의 규범을 계속 강요해야 하는지다. 물론 아이들에게는 제재가 필요하다. 그렇지만 모든 좋은 양육에는 관용과 권위가 균형을 이루어야 한다.[34] 관용은 특히 부모가 아이의 자살 성향에 볼모로 잡혀 있을 때 요구되는 것이다. "제가 아이에게 안 된다고 말해 그 아이가 화를 내면 위험이 너무 커질 것을 아니까, 학교에 보내지 않고 그냥 집에 있게 하죠."[35] 또는 "저는 늘 살얼음판 위를 걷는 것 같이 느껴져서 아이가 놀고 싶을 때까지 친구들과 밖에 나가 놀도록 해요. 밖에 나갈 수 없다고 말해서 나중에 돌아오는 끔찍한 결과보다야 차라리 이게 더 낫잖아요."[36]

권위주의는 이와는 정반대다. "학기가 다 끝날 때까지는 나가놀지 못해."[37] 또는 "당장 집에서 나가버려."[38] 이 두 극단의 균형을 추구하는 접근법을 가리켜 "권위적인 양육"(authoritative parenting)이라고 부른다. 부모들이 합리적인 한계를 정하는 한편, 아이에게 이치에 맞는 자유를 허락하도록 도우라. 이때 아이들은 부모의 신뢰를 얻어야만 한다는 것을 기억하게 하라.[39] 샐리의 부모는 그녀를 안전하게 보호하면서 그녀가 사회에 기여하는 일원으로 자라나도록 돕는 이 둘 사이를 걸어야 한다. 이를 가능케 하는 하는 한 가지 방법은 계속해서 안전 문제에 초점을 맞추는 것이다. 밀러와 그의 동료는 다음과 같은 예를 든다.

샐리 쟈니를 보러 가도록 허락하지 않으면, 지금 당장 이 약을 삼킬 거예요!

부모 정말로? 그 약을 먹을 거라고? 너를 응급실로 데려가야 하겠구나? 구급차를 불러야겠다.[40]

또는

부모 우리가 너의 생명이 이렇게 위급한데 쟈니를 만나는 것 같은 일상적인 화제에 대해 어떻게 이야기할 수 있을까? 나는 정말 네가 염려되는 구나. 너는 내가 구급차를 불러야 한다고 생각하니?[41]

또는

부모 나는 네가 그렇게 충격을 받았다는 것을 미처 몰랐단다! 네가
그렇게 상처받아서 자살까지 생각한다면 우리는 당장 조치를
취해야겠구나. 병원에 입원하는 것이 어떻겠니? 아마도 그렇
게 해야 할 것 같구나.[42]

부모가 자녀의 자살 위협에 전전긍긍하지 않고, 먼저 그의 안전에
집중할 수 있도록 도와야 한다.[43]

목양 사역자가 부모를 도울 수 있는 또 다른 문제는 자녀가 부모
를 좀 더 의지하게끔 하면서도 자녀의 자율성을 키워줄 수 있도록 관용
과 권위 사이의 균형을 이루도록 하는 것이다. 때때로 부모는 학교에서
발생하는 청소년들 사이의 문제에 뛰어들어 해결하려고 하는데, 청소
년들은 그들 스스로가 어려운 일을 잘 처리해가는 법을 배워야만 한다.
다른 한편으로, 부모는 좌절감을 느끼며 아이의 자율성을 강요하려고
한다. "음, 그래, 네가 치료비를 낼 수 있는 방도를 스스로 찾아봐!" "좋
아, 그럼 다시는 집에 들어오지 마!" 그리고 "네가 직접 교장 선생님에
게 전화해서 설명해!"[44] 부모가 양극단 사이의 균형을 이루도록 돕는
것이 중요하다.

조력자를 위한 돌봄: 요약

목회자, 기관 사역자 그리고 목회 상담가는 가족이나 공동체에 필요한 돌봄을 제공하면서 그들이 자살 성향이라는 어려운 문제를 잘 처리하도록 돕는다. 우리가 면담한 목회자는 이것을 잘 설명한다.

> 나는 아내가 자살을 시도했던 남편을 돌봐주기 위해 교회에서 많은 시간을 보냈다. 나는 내가 담당하는 교회 부서 봉사에 그를 합류시키려고 최선을 다했다. 실제로 우리 부서는 그의 도움이 필요하지 않았다. 하지만 나는 그가 우리 부서에서 봉사할 수 없다는 사실에 상처를 받는다는 것을 알았고, 그는 아내에 대한 염려를 해소하는 도구로 나를 사용했다.…그는 아내가 집에 잘 있는지 아닌지 걱정했고…이에 대처하기 위해 도움을 필요로 했다. 나는 그의 아내의 상담에 대한 경험이 그로 하여금 상담을 꺼려하도록 만들었다고 생각한다. 그래서 나는 그가 상담사로 간주할 수 있는 가장 근접한 사람이었다. 나는 그의 상담사였고, 그의 귀였다.[45]

목양 사역자는 가족이나 다른 조력자들에게 함께하는 사역을 제공한다.[46]

자기 자신을 지지하기: 자기 돌봄은 매우 중요하다

자기 돌봄의 계획 없이 자살하는 사람과 그들의 가족 그리고 공동체 구성원을 돌보는 것은 탈진으로 가는 지름길이다. 큰 비극을 경험한 사람을 돌보는 것은 성직자에게 부정적인 영향을 끼친다.[47] 위버와 그의 동료들은 성직자 집단 사이에서 다음과 같은 사실을 발견했다. "개신교 성직자들은 전체적으로 업무와 관련된 스트레스를 가장 많이 받으며, 직업상 받는 피로와 긴장에 대처하는 개인적인 역량의 정도는 꼴찌에서 두 번째를 차지한다."[48] 로버트 윅스는(Robert Wicks) 다음과 같이 말한다. "자아는 제한적이다. 그것은 단지 일정량의 에너지를 갖고 있을 뿐이다. 그것이 재충전되지 않는다면 고갈될 것이다."[49] 480명의 돌봄 제공자를 조사한 연구는 최근에 자살을 생각하는 사람이나 기록상 적어도 한 번 이상 자살을 시도한 사람을 돌보는 사람은 그렇지 않은 돌봄 제공자보다 건강 지수가 더 낮다는 사실을 발견했다.[50] 목회자, 기관 사역자 및 목회 상담가는 남을 돌보는 일을 하기 때문에 자신은 탈진할 위험이 있다. 윅스는 다음과 같이 보고했다. "탈진의 원인과 열정의 원인은 실제로 같기 때문에, 진심으로 돌봄을 제공하는 사람은 누구나 탈진을 피하기 위해 강약을 조절할 필요가 있음을—그리고 때때로 자신들이 업무량 조절에 실패해 쓰러질 수 있음을—염두에 두어야 한다."[51]

탈진의 몇몇 징후는 다음과 같다.

• 사람들을 비난하는 말을 동료에게 한다.

- 실수를 이전보다 더 많이 한다.
- 활력이 부족하다
- 불안해하거나 두려워한다.
- 성직자가 된다는 것이 무엇을 의미하는지에 대한 경이감을 잃어버린다.
- 감정을 다루기 위해 알코올이나 음식 또는 음란물을 이용한다.

탈진이라는 문제를 심각하게 대하고, 자기를 더욱더 돌보라.[52] 자기 돌봄이 인간의 고통에 깊이 관여하는 것과 적절하게 균형을 이루지 못할 때 탈진한다.[53]

자기 돌봄은 성경적이다. 하나님께서 일하시고 안식일에 쉬셨던 것처럼(창 2:2-3), 그분은 우리에게 안식일에 쉬라고 명령하셨고(출 20:8-11), 삶의 분주함에서 벗어나라고 권유하신다(막 6:31). 예수님도 규칙적으로 그러하셨듯이(눅 5:16), 우리도 기도하기 위해서 세상의 것들을 잠시 내려놓는다. 성경은 우리 자신을 사랑하고(마 22:39), 자신의 몸을 돌보라고 말한다. 바울은 우리에게 다음과 같이 말한다. "누구든지 언제나 자기 육체를 미워하지 않고 오직 양육하여 보호하기를 그리스도께서 교회에게 함과 같이 하나니 우리는 그 몸의 지체임이라"(엡 5:29-30). 또한 그는 에베소의 장로들에게 "여러분은 자기를 위하여 또는 온 양 떼를 위하여 삼가라. 성령이 그들 가운데 여러분을 감독자로 삼고 하나님이 자기 피로 사신 교회를 보살피게 하셨느니라"(행 20:28)고 말한다. 자기 자신에게 관심을 가지는 것은 성경적이며, 이는 다른 사람을 해치는 일이 아니라 다른 사람을 돌보기 위한 방편이다.

효과적인 자기 돌봄은 개인에 따라 다르기 때문에 당신에게 적합한 것이 무엇인지를 알기 위해서는 시행착오가 불가피하다. 여기에 목회자들이 사용한다고 우리에게 말해준 선택 목록이 있다.

- 지속적인 신앙 훈련. 우리가 어느 목회자에게 자살하는 사람을 돌본 후 어떻게 자신을 재정비하는지 물어보았을 때, 그는 다음과 같이 말했다. "때때로 그렇게 할 수 없을 때도 있지요. 저는 교회에 가서 큰 십자가 옆에서 기도합니다. 큰 십자가가 교회 안에 있습니다. 십자가 주변에 무릎을 꿇고 기도하는 사람들이 있지요. 저는 그곳에서 많은 시간을 보냅니다."[54]
- 상호 지원 관계를 통해서 고립을 피하기
- 건강 유지하기(운동, 수면, 다이어트)
- 레크리에이션, 여가 활동, 취미를 통해서 휴식 취하기
- 직업에 대한 소명 기억하기
- "아니요"라고 말함으로써, 경계를 설정하여 부담을 줄이기. 포프(Pope)와 바스케즈(Vasquez)는 다음과 같이 말한다. "우리는 우리가 잘 할 수 있는 일의 양에 집중해야 한다. 즉 우리가 해야만 한다고 생각하거나 과거에 할 수 있었거나 혹은 우리의 동료가 할 수 있는 양에 집중해서는 안 된다."[55] 말츠버거(Maltsberger)와 그의 동료들은 이에 더하여 "우리가 다룰 수 있는 일과 다룰 수 없는 일에 대해서 충분히 알고 있을 정도로 성숙해야 한다"고

말한다.[56] 레이 앤더슨(Ray Anderson)은 끝없는 인간의 욕구에 몰입되지 말고 자신만의 목회에 대해 결정할 필요성에 대해서 다음과 같이 강조한다.

많은 목회자가 이미 알고 있는 것처럼 인간의 욕망은 탐욕스럽고 용서를 모르는 주인과 같다. 다른 그리스도인과 목회자에게 도움을 구하는 사람들은 한 명의 목회자가 감당하기에는 지나치게 큰 짐을 만들어낸다. 종으로서 자신의 목회를 정의하기 위해 사용하는 이중 구속(double bind)은 "부르심" 또는 소명 개념에 의해서 복잡해진다. 목회자에 대한 나 자신의 소명 의식은 내가 이해하는 목회자의 역할, 즉 상담, 위로, 조언 또는 단순히 들어주는 일이 필요하다고 표현하는 이들에게 응하고 그들과 대화하는 역할과 관련이 있다.[57]

• 규칙적으로 자기경험 살피기. 우리가 면담한 목사 중 한 명은 "저는 그것이 자살이든지 어떤 다른 상담 상황이든지 아니면 또 다른 어느 것이든지 간에 제가 가졌던 모든 만남을 성찰하는 과정을 밟아야만 했어요. 제 감정이 그것들에 얽매이지 않도록 최선을 다하면서 걸러내는 것이지요."[58] 다른 성직자 역시 자살하려는 사람과의 만남을 처리해가는 것이 왜 중요한지를 강조했는데, 그 이유는 또 다른 "자살 하려는 사람이 당신에게 처음 올 때 당신이 자기와 새로운 마음으로 관계 맺기를 기대하기 때문

이다."⁵⁹

• 규칙적으로 동료들을 통해 자기경험 살펴보기. 우리가 면담한 한 목회자는 우리에게 다음과 같이 말했다. "저는 이 일을 더 오래하면 할수록 감독받는 일에 더 많은 시간을 할애합니다. 동료가 행하는 감독이지만 매우 중요하죠. 그것은 저에게 상담 치료사로서 활력을 주기 때문입니다."⁶⁰

• 실패에 관한 생각 다루기. 자신이 목회하는 교인 중 한 명이 자살한 목사는 동료에게서 도움을 받았다. "그것들을 이겨낼 수 있도록 나를 돕고 자살하려는 사람에 관해 많은 것을 가르쳐준 매우 훌륭한 목회자가 있다."⁶¹

• 상담자 만나기. 어느 목사는 어떻게 자신을 재정비하여 마음을 추스르는지를 이야기해주었다. "저는 아마도 바람직하지 않을지 모르지만, 재정비를 하지 않아요. 그러나 어떤 목회자들은 정기적으로 만나는 치료자가 있다는 것을 알고 있어요. 그렇게 하면서 그들은 자신이 침체에 빠지지 않았음을 확인시켜주는 책임의 보호 장치를 만드는 거죠."⁶²

• 다른 전문가들과 협력하기. 목회자들은 우리에게 자신들이 정신건강의 최전방에 있다고 생각하지 않으며, 그들의 일은 정신건강 서비스와 상호보완적이라고 말했다.⁶³ 이러한 바람직한 경계선은 사역과 정신건강 분야 간의 협력에 호의적이다.⁶⁴ 목회자들은 자신들이 섬기는 교회나 공동체 안에 있는 치료사들 혹은 평신도 사역자나 집사들의 자문을 구한다고 말했다.

자기 돌봄은 중요한 작업이고, 어려운 경험은 어떤 사람에게는 그들의 삶의 일부 영역에 성장을 가져올 수 있다.[65] 하나님의 형상으로 창조된 인간의 영은 회복력이 있고 어떤 사람은 난관을 통해 성장한다. 심리학 분야에서는 이것을 외상후 성장이라고 부른다.[66] 외상후 성장은 삶에 대한 새로운 이해, 새로운 가능성, 향상된 개인의 능력, 다른 이들과의 향상된 관계와 영적인 변화를 가져온다.[67]

요약

자살 시도 이후, 목양 사역자를 포함한 가족과 공동체 구성원들은 자살 방지 사역에서 숨은 영웅들이며 그들은 지지를 필요로 한다. 그들은 극한 감정들을 처리하고, 자살 위기라는 미로를 다루는 데 그들을 도와줄 지도가 필요하다. 조력자, 목회자, 기관 사역자, 목회 상담가에게 자기 돌봄은 중요하다.

그러나 자살로 인한 죽음은 어떠한가? 자살로 인한 죽음은 특히 그리스도인들에게는 참기 어려울 정도로 힘들다. 그렇다면 목양 사역자가 뒤에 남겨진 이들을 어떻게 돌볼 것인가? 목회자, 기관 사역자 그리고 목회 상담가는 어린이 생존자를 어떻게 돌볼 것인가? 우리는 이러한 문제를 다음 장에서 살펴볼 것이다.

토론을 위한 질문

1. 당신은 목회자, 신앙 공동체의 구성원, 가족 구성원으로서 주어진 각각의 역할에 대한 균형을 어떻게 이룰 것인가?
2. 당신은 신앙 공동체 안에서의 비난을 어떻게 다룰 것인가? 당신은 비난받는 가족이나 공동체 구성원이 신앙 공동체와의 관계를 계속 유지하도록 어떻게 도울 것인가?
3. 당신은 신앙적인 이유로 자살을 생각하는 딸의 치료를 거절하는 부모에게 무슨 말을 하겠는가?
4. 당신은 탈진을 경험해보았는가? 당신의 자기 돌봄 방법은 무엇인가? 규칙적으로 자기를 돌보는 과정에서 경험한 장애가 있다면 무엇인가?

참고자료

D. C. Clark, *Clergy Response to Suicidal Persons and Their Family Members* (Chicago: Exploration Press, 1993).

S. D. Govig, *In the Shadow of Our Steeples: Pastoral Presence for Families Coping with Mental Illness* (Binghamton, NY: Haworth Pastoral Press, 1999).

After an Attempt: A Guide for Taking Care of Your Family Member After Treatment in the Emergency Department (Arlington, VA: U.S. Department of Health and Human Services, 2005).

PREP Inc.는 효과적인 의사소통을 학습하기 위한 수많은 커리큘럼을 제공한다. 〈www.prepinc.com〉

E. F. Torrey, *Surviving Schizophrenia: A Manual for Families, Consumers, and Providers*, 4th ed. (New York: HarperCollins, 2001).

제8장

자살을 겪은 유가족 돕기

우리는 "승리자 대 피해자"와 같은 용어를 사용하지 않을 것이며,
또는
"당신이 올바른 신앙, 용기, 회복력 또는 그 무엇이든지 간에 갖고 있다면,
이러한 시험에서 일어설 수 있고 어쨌든 극복할 수 있어야만 한다"라는
진부한 표현도 사용하지 않을 것이다.

데이비드 B. 비벨 과 수잔 L. 포스터 박사

비록 신학적인 입장에서 일반적으로
자살을 여전히 인정하지 않을지라도,
그것으로 인해 유가족에 대한
온전한 돌봄의 사역을 하지 못하도록 막아서는 안 된다.

허버트 앤더슨 박사

뉴욕시 경찰로 퇴직한 바바라 루벨(Barbara Rubel)의 아버지는 그녀가 세쌍둥이를 출산하기 3주 전에 자살했다.[1] 그녀는 다음과 같이 말한다. "나는 아버지의 자살이라는 믿을 수 없는 상실, 공포에 의해 외상을 입었다."[2] 모든 죽음은 견디기 어렵다. 자살로 인한 죽음은 특히 너무나 참기 힘들다.[3] 자살로 사망한 딸을 둔 수잔 포스터(Suzanne Foster)는 다음과 같은 글을 썼다. 자살은 "혼돈과 비탄 그리고 결코 끝날 것 같지 않은 고통을 가져오는데, 이 고통은 너무나 강렬해서 때로 당신은 이미 떠나버린 사랑하는 이를 뒤따르고자 하는 마음을 품을 수도 있다."[4]

자살의 독특한 속성

무엇이 자살로 인한 죽음을 그렇게 유례없이 힘들게 만드는지 살펴보자. 어느 연구는 성직자 중 약 1/3이 자기 교회에 출석하는 교인이 자살로 사망하는 일을 경험했다는 사실을 발견했다.[5]

충격

모든 사망의 공통적 특징은 충격이다. C. S. 루이스(C. S. Lewis)는 죽음으로 인한 충격을 "가벼운 취기 혹은 뇌진탕과 같다." 세계와 나 사이에는 일종의 보이지 않는 담요가 놓여 있다. 나는 그 누가 무엇을 말한다 하더라도 받아들이기 어렵다"라고 묘사했다.[6] 그러나 자살은 훨씬 더 큰 충격을 가한다. 그것은 예측불가능하고, 특히 사체를 발견하거나 확인한 사람에게 끔찍한 감정을 불러일으키며, 결코 답할 수 없는 수많은 질문을 제기하기 때문이다. 재미슨은 다음과 같이 말한다. "이 여정의 핵심은 고통스러운 질문, 곧 죽은 이들은 왜 자살을 했고 그것은 무엇을 의미하는지를 끊임없이 되뇌이는 질문으로 묘사될 수 있다."[7] 피네(Fine)는 다음과 같이 설명한다. "살아남는 자들이 맞닥뜨리는 가장 큰 도전은 아무것도 알지 못한 채 슬퍼해야 한다는 사실이다. 참으로 우리는 고통과 비탄 가운데 우리가 사랑하는 사람이 왜 우리를 버려두고 떠나버렸는지 결코 알 수 없을 것이라는 엄연한 사실과 마주하게 될 것이다."[8]

두려움

유족들은 때때로 누군가가 또다시 자살할지도 모른다는 비이성적인 두려움에 휩싸인다. 폴리(Polly)는 다음과 같은 예를 들려준다.

최근 친구 한 명이 저녁을 먹으러 왔다가 손을 씻으려고 하는데 화장실을 사용해도 되는지 물었다. 그녀가 너무 오랫동안 화장실에 있는 것 같다고 느꼈는데, 나는 그녀가 자살했을 것이라고 확신했다. 그녀가 죽었다고 확신하면서 미친 듯이 문을 두드렸다. 친구는 화장실 밖으로 뛰쳐나왔고, 미친 사람을 대하듯이 나를 바라보았다. 그런 일은 한 번 일어났지만, 나는 그런 일이 다시 일어나길 계속 기다린다.[9]

부모는 자녀들이 자살을 하지는 않을까 염려한다. 남편이 자살한 마리는 "저는 아이들이 걱정돼요. 십 대들이 흔히 그러는 것처럼 아이들이 화가 났을 때, 나는 그들이 자살하려고 할까봐 너무 두려워요."[10] 이러한 염려는 큰아이가 자살한 가정에서 남동생이나 여동생이 큰아이가 자살했을 때의 나이가 될 때 극심해진다.

아이들은 자신들이 자살로 죽을 운명으로 태어난 건 아닌지 비이성적으로 두려워한다.[11] 캐틀린(Catlin)은 이렇게 말한다. "아버지와 할아버지가 자살로 돌아가신 것이 사실이라면, 나는 내게 어떤 희망도 없다는 느낌이 든다."[12] 하지만 어떤 이들은 형제자매의 자살이 자신의 자살을 억제하는 요인으로 작용했으며 부모의 자살이 자녀의 자살을 억제하는 역할을 했다고 고백한 것에 주목할 필요가 있다.[13]

조사

경찰은 보통 자살이라는 증거를 찾기 전까지는 살인의 가능성을 먼저 염두에 두고 조사한다. 그리고 자살로 죽은 사람 중 약 3/4은 유서를 남기지 않기 때문에 조사하는 데 시간이 오래 걸릴 수 있다.[14] 유족들은 가족의 자살로 인한 충격 뿐만 아니라 용의자로 질문을 받게 되는 충격도 감내해야 한다. 낯선 사람들이 멍하니 쳐다보는 바로 그 시간에 이 모든 것이 일어난다. 피네는 다음과 같이 말한다. "자살에는 존엄성이나 사생활이 없다. 경찰, 건물의 관리자, 개를 산책시키는 사람들, 얼빠진 듯이 바라보는 사람들이 모두 내 남편이 자살 했다는 사실을 나와 동시에 알아버린다."[15] 기자들도 불쑥불쑥 끼어든다. 아이리스 볼튼(Iris Bolton)은 그녀의 경험을 다음과 같이 기술한다. "집에서 일어난 자살은 기습적인 소포와 같다. 창문 사이로 던져진 이 폭탄으로 인해 문이 떨어져나가고 신문기자, TV 카메라맨, 호기심 많은 사람들, 자극적인 것만을 찾아다니는 사람들, 묘지 판매원, 장의사 그리고 묘비 판매원을 포함한 일단의 침입자들이 거침없이 쳐들어온다."[16] 게다가 대부분의 생명 보험 정책은 보험을 구입한 후 일정기간 내에 발생한 자살을 보험 대상에서 배제한다. 자살이 특정된 기간 안에 일어났다면, 회사는 조사를 진행할 것이다.

낙인

자살은 낙인이 찍히는 행위다. 아들을 자살로 잃어버린 아이리스 볼튼은 마치 다음과 같은 글이 적힌 차를 타는 것과 같은 느낌을 받았다고 말한다. "제 아들은 자살했습니다. 저는 실패자입니다."[17] 유족은 주변 사람들에게 외면당한다고 느끼기 때문에 자살은 애통하는 것조차 힘겹게 만드는 죽음이다. 어떤 사람은 자살이 가족에게 오명을 남길 뿐만 아니라 수치심의 흔적이 된다고 믿는다. 어빙 고프만(Erving Goffman)은 낙인이 사람을 이전과는 다르게 만들거나 더럽히고 열등하게 만드는 바람직하지 못한 속성이라고 말했다.[18] 또한 낙인은 나치 독일의 제3제국 시기에 모든 유대인에게 부착하도록 강요한 노란색 다윗의 별처럼 수치심이나 오명의 표시가 될 수 있다. 그것은 더 일반적으로는 사회적인 거부를 경험하는 것이다. 그것은 성경 시대에 마을로부터 추방당한 나환자들처럼 배척을 야기할 수 있다(왕하 7:3). 낙인을 피하기 위해서, 어떤 가족은 자살을 비밀로 숨기거나 자살에 관해 세밀한 부분을 말하려고 하지 않는다. 한 연구에 의하면 자살로 죽은 친척이 있는 사람의 거의 절반이 적어도 얼마 동안은 이 사실을 숨겼다.[19] 비밀을 유지하는 것과 누가 어디까지 알고 있는지 기억하려고 애쓰는 것은 너무나 피곤한 일이다. 자살을 부인하는 한 비밀은 계속 유지될 수 있다. 재미슨은 다음과 같은 예를 들고 있다.

> 조울증을 앓고 있던 탁월한 과학자이었던 나의 동료 중 한 사람이 몇 년 전에 자살했다. 몹시 괴로워하던 그의 아내는 그가 자살했다는 사실을 믿으려 하지 않았다. 그녀는 그의 장례식이나 추도식에서 자살에 대해 절대로 언급하지 말 것을 분명히 밝혔다. 그녀의 이런 태도는 그의 죽음의 이유를 알지 못했던 그의 동료 교수, 대학원생 그리고 실험실 직원들이 그의 죽음을 받아들이고 삶을 이어나가는 것을 어렵게 만들었다.[20]

가족과 공동체의 반응

사람들은 다른 종류의 죽음에 대해 보여주는 동일한 수준의 위로를 자살로 인한 죽음에 대해서는 보이지 않을 수도 있다.[21] 사람들은 자살이 다른 죽음과는 다르게 다루어져야만 하는지의 여부에 대해 잘 알지 못하며, 그로 인해 그들은 누군가의 죽음에 대해 일상적으로 해오던 반응을 못할 수도 있다. 그들은 침묵으로 반응할지도 모른다. 부인이 자살을 한 제리(Jerry)는 다음과 같이 썼다.

> 장례식을 치른 후 직장으로 돌아갔을 때, 아무도 아내가 죽은 것에 대해서 이야기조차 하지 않았다. 오랫동안 알고 지내던 직장 동료들은 나와 마주칠 때면 눈길을 피했다. 어쩌다 서로 이야기를 할 때면, 대화의 주제는 최근의 판매 지수나 농구 점수에 관한 것이었다. 나는 내 책상위로 올라가서 소리치고 싶었다. "내 아내가 죽었다고. 제발, 누가 좀 그것을 알아달라고."[22]

침묵은 한 사람의 삶을 부정한다. 아이리스 볼튼은 줄리(Julie)의 장례식에서 다음과 같이 말했다. "그녀에 대해 그녀의 가족이나 친구들에게 자유롭게 이야기하고 함께 서로의 기억을 나누세요. 그녀에 대해 이야기하지 않는 것은 그녀의 존재를 부정하는 것이고, 그녀에 대해 자유롭게 이야기하는 것은 그녀의 삶을 긍정하는 것입니다."[23]

어떤 가족이나 친구는 비난으로 반응한다. 지나(Gina)는 다음과 같이 말한다. "갑자기 모든 사람이 남편의 죽음에 대해 저를 비난하는 것처럼 보여요."[24] 유족이 고인과 맺었던 모든 관계를 끄집어내어 이런저런 말을 하고, 유족을 비난하는 데 고인의 죽음을 이용할 수 있다. 프로이트는 목을 매고 자살한 한 친구에 대해 다음과 같은 글을 썼다. "무엇이 그를 자살하게 만들었을까? 설명하자면, 세계는 불행한 일을 당한 과부에게 가장 끔찍한 비난을 퍼부을 준비가 되어 있다."[25]

죄책감

불행하게도 일부 유족은 비난을 받아들인다. 딸을 자살로 잃은 한 어머니는 "제 아이의 피가 제 손에 있어요"라고 말했다.[26] 딸이 자살한 데니스(Denise)는 다음과 같이 말한다.

> 딸의 죽음이 신문에 기사로 실렸다. 신문은 딸이 뛰어내리기 직전에 집안에서 누군가가 고함치는 것을 들었다고 말한 이웃의 말을 인용했다. 내 몸이 벗겨진 느낌이 들었다. 딸의 자살에 대한 세간의 이목이 즉시 나에게 집중되었다. 나는 과연 어떤 엄마인가? 딸에게 한 말로 인해 아이가 자살한 것일까? 나는 죄책감이 너무나 크게 들어서, 딸이 자살한 것은 나의 잘못이라는 사람들의 판단을 받아들였다.[27]

죄책감은 사람의 마음을 좀먹는다.[28] 그것은 비통에 필요한 안전을 갉아먹는다. 포스터는 다음과 같이 썼다. "나는 완벽한 부모가 되지 못했던 시절의 기억에 시달렸다. 나는 새년이 자살을 결정한 이유가 그 특별한 사건이었는지 자문했다. 내가 일의 진행 과정을 다르게 했다면 그런 일이 안 일어났지는 않았을까 생각했다. 이런 생각은 계속 떠올랐다. 나는 새년의 결정에 대해 나를 비난했다."[29] 죄책감은 비현실적 기대감에 근거한다. 자녀들이 그런 선택을 하지 못하도록 보호할 수 있었을 것이라는 기대감 말이다. 포스터는 다음과 같은 말을 덧붙인다. "어떤 엄마가 이러한 일이 자기 자녀에게 일어나도록 내버려두겠는가?"[30] 또한 죄책감은 모든 것을 다 알았더라면 하는 비현실적인 기대에 근거할 수 있다. "남자 친구와 헤어진 후 내 동생은 자살했다.… 죽던 날 밤, 동생은 전화해달라는 메시지를 자동 응답기에 남겼다. 나는 피곤해서 아침에 전화하려고 했다."[31] 어떻게 이 여성이 신처럼 모든 것을 알아서 자기 동생이 자살을 생각한다는 사실을 알 수 있겠는가?

유족의 죄책감

유족의 죄책감은 죽어야 할 사람은 자신이었다고 느끼는 감정이다. 하나님이 우리에게 주신 기쁨을 즐길 때 우리가 느끼는 죄책감도 이와 관련이 있다. 사랑하는 사람이 잃어버린 삶을 나 혼자만 즐기는 것은 그 사람에게 불성실하거나 혹은 그를 배신하는 것이라고 생각될 수 있다. 아이리스 볼튼은 이 죄책감을 다음과 같이 묘사했다. "내 삶이 비참하지 않으면, 나는 죽은 그와 함께했던 기억을 배신하는 것과 같아."[32] 다른 예를 들면, 자살로 아들을 잃은 어떤 여성은 다음과 같이 표현했다. "나는 감정이 메말랐다. 나는 성관계를 원치 않았다. 예전에 남편과 나는 성관계를 매우 즐겼고, 우리는 큰 기쁨을 맛보았다. 하지만 어떻게 내가 그런 즐거움을 맛볼 수 있단 말인가? 그것은 생각조차 할 수 없는 것이다. 몇 달 만에 부부관계를 처음 맺으려고 시도했지만 실패했다. 내가 반응했기 때문에 실패했고, 반응한 것에 대해 죄책감을 느꼈다."[33]

가족 역동성

우리는 비통함이 가족을 결속시킨다고 가정하지만 사실은 서로 멀어지게 한다. 기존에 어떤 문제가 있었다면 그것은 더 악화될 수 있다. 아내가 자살을 한 도널드(Donald)는 다음과 같이 말했다. "위기에 처할 때 사람들이 협력한다는 말은 새빨간 거짓말이다. 아내의 자살은 나와 아이들 사이에 이미 존재하던 모든 문제를 노출시켰다."[34] 심층에 가려 있던 부부 문제들도 노출될 수 있다.

대립되는 감정

비통이나 분노 같은 갈등 감정은 일반적으로 나타나는 현상이다. 수는 다음과 같은 글을 썼다. "우리는 상처와 분노를 어떻게 풀어야 할지 모르기 때문에 자살은 특히 외상을 일으킨다. 죽음의 원인이 살인이었다면, 희생자에 대해 슬퍼할 수 있고 살인자에게 분노를 터뜨릴 수 있다. 그러나 자살의 경우에는 희생자가 곧 살인자다. 그래서 우리는 갈등한다."[35]

예기치 못하게 나타나는 의외의 감정으로는 우울증과 자살에 대한 생각이 있는데, 여기서 의외라고 말한 이유는 사랑하는 사람의 자살 역시 너무나도 인정하기조차 싫은 일이기 때문이다. 가족 중 한 사람이 자살한 경우 임상적으로 보면, 네 명의 형제자매 중 한 명과 다섯 명의 엄마 중 한 명이 6개월 안에 우울증에 걸린다.[36] 성인 자녀의 자살은 엄마의 자살 위험도를 높인다.[37] 아이리스 볼튼은 죽고 싶은 마음을 "몰래 품고 있었다"고 털어놓았다.[38] 자살을 생각하는 것은 유족에게서 흔히 나타나는 일이다.[39] 죽음은 고통에서 빠져나갈 수 있는 방법을 제공한다.[40] 자살을 생각한다고 해서 유족들이 그것을 실제 행동으로 옮기는 것은 아니라는 사실은 우리에게 안심을 준다. 유족들이 자살을 생각하기 시작한다면 정신건강의료 서비스에 도움을 구하도록 도와주어라.[41]

자살과 기독교

유족으로 사는 것은 다른 종류의 비통함과는 전혀 다른 매우 복잡한 여정이다. 특히 그리스도인들에게 그러하다.

하나님, 왜죠?

자살로 인한 죽음은 그리스도인에게 더욱더 괴로울 수 있다. "왜죠?"라는 질문이 자기 자신은 물론 하나님을 향하기 때문이다. 포스터는 다음과 같이 썼다.

> 설마 선하신 하나님이 그런 일이 일어나도록 허락하지는 않으셨을 것이다. 그분이 어떻게 그렇게 하실 수 있을까? 자녀들이 부모보다 일찍 죽을 수는 없다. 그것은 옳지 않다. 하나님은 섀넌이 대학교를 졸업하고 결혼해 손주를 나에게 보여주며, 나이를 더 먹고 그녀가 나를 무덤에 묻어주셔야 한다는 것을 모르신 걸까? 이것은 어처구니없다. 하나님, 당신은

시간이 시작되기 전에 이런 일이 일어날 것을 아셨습니다. 왜 섀넌이죠? 왜 우리 가족에게 이런 불행한 일이 일어났죠? 왜 제게 이런 비통한 일이 일어나게 하셨죠? 당신이 이 아이를 데려가실 거면서 왜 제게 이 아이를 주셨죠?[42]

이처럼 결코 이해할 수 없고 전혀 답변이 없는 질문은 신앙의 위기를 초래할 수 있다.

내동댕이쳐진 기대

유족들은 목회적 돌봄을 기대하지만 그것을 얻지 못할 수도 있다. 추수감사절 저녁 식사를 앞두고 2시간 전에 아버지가 자살했을 때, 엘리자베스(Elizabeth)는 이전에 받았던 것보다 더 많은 돌봄을 목사에게 기대했다.

나는 장례식 계획에 대해 목사와 이야기했다. 그분은 교회가 자살에 관해 공식적인 입장은 없지만, 개인적으로 아버지 장례식에서 예배를 인도하는 것이 마음 편치가 않다고 했다. 그러나 그분은 아버지가 교회 묘지의 일반 구역에 묻히는 것은 가능하다고 덧붙였다. 나는 매우 놀랐다. 아마 내가 너무 안이하게 생각했던 것 같다. 아버지의 장례에 관한 종교적 절차에 어떠한 문제가 있을 것이라고는 결코 생각조차 하지 못했다. 사람들의 모든 관심은 자살이라는 죽음의 방식에만 맞춰져 있었다. 그분이 죽었다는 사실은 도중에 사라져 버린 것 같았다.[43]

목회자가 중요하게 받아들이는 신학이 무엇이든지간에, 그가 엘리자베스와 그녀의 가족을 어떤 방식으로도 돌보지 못한 것은 안타까운 일이다. 비벨과 포스터는 어떤 목회자로부터 "'교회가 우리를 돌보기 위해 거기 있는 게 아니라, 우리가 교회를 섬기기 위해 존재하는 것입니다'라는 내용이 담긴 끔찍한 편지"를 받은 유족의 이야기를 들려준다. "우리는 교회를 떠났고, 3년 동안 교회로 돌아가지 않았어요."[44] 이러한 순간에 목양 사역자가 하는 일이 중요하다.

생존하기

사랑하는 사람이 자살한 후에 유가족은 어떻게 살아갈 수 있을까? 많은 어려운 과제가 자살자의 유족을 기다린다.

자녀에게 말하기

자녀에게 자살에 관해 말하지 말아야 한다는 것은 잘못된 것이다. 예를 들어 조지는 유서에다 다음과 같은 부탁을 했다. "어린 조에게는 무슨 일이 있었는지 제발 이야기하지 말아줘. 그에게 내가 먼 곳으로 갔고 언젠가는 돌아올 것이라고 말해줘."[45] 조지의 요구와는 반대로 자녀들의 나이에 맞게 그들이 이해할 수 있는 표현을 사용해 자살에서 관한 사실을 많이 이야기하는 것이 가장 좋다. 당신이 그들에게 말하지 않는다면, 그들은 다른 사람을 통해서 그 사실을 알게될 수도 있다. 그들은 주변 친구들이나 학교의 다른 학생들 또는 뉴스를 통해서도 알 수 있을 것이다. 엄마가 자살한 애니는 엄마가 교통 사고로 죽었다고 들었다. 그녀는 신문을 통해 사실을 알게 되었다. "지역 신문은 첫 장에서 차 사고가 자살로 판결났다는 헤드라인으로 기사를 게재했다. 그 기사는 엄마의 자살에 대한 모든 시시콜콜한 것들까지도 다루고 있었다."[46]

두 번째 이유는 자녀들이 무슨 일이 일어나고 있는지 안다는 것이다. 아버지를 잃은 한 유족은 다음과 같이 썼다. "제가 강조하고 싶은 것은 절대로 어린 자녀에게 사실을 숨기지 말라는 것입니다. 사실을 아이에게 숨기고 있다면, 당신은 아이들을 배려하고 있는 것이 아니라 해를 끼치고 있는 것입니다. 어린 자녀들은 무슨 일이 일어나고 있는지 분명히 알고 있어요. 당신은 그들을 슬픔에 동참시켜야 합니다."[47]

자녀들에게 말해야 하는 세 번째 이유는 그들이 나중에 알게 되었을 때 배신감을 느낄 수 있기 때문이다. 다섯 살 때에 아버지가 자살한 존은 다음과 같이 말한다. "나는 이복형이나 새 아버지가 아버지의 자살에 대해 처음부터 알았는지 어머니에게 물었고, 어머니는 그렇다고 대답했다. 성장하는 동안에 모든 가족이 알고 있지만 나만 모르는 사실이 있다는 것에 엄청난 배신감을 느꼈다. 그 당시에 나는 무언가가 잘못되었다는 것을 감지했을 뿐 무엇이 잘못되었는지에 대해서는 알지 못했었다."[48]

이와 관련하여 반문할 수 있는 것은 당신이 자녀들에게 지금 이야기하지 않는다면 언제 할 것이냐 하는 것이다. 카스 부부는 워크숍을 하는 중 뒤쪽에 앉은 한 여인에게서 다음과 같은 질문을 받았다.

"30살 아들에게 아버지가 25년 전에 자살을 했다는 사실을 어떻게 말해야 할까요?" 지금까지도 자살이라고는 입에서 한마디도 꺼낼 수 없었어요."[49]

설명이 필요한 네 번째 이유는 자녀들이 아버지의 부재로 인해 생긴 허전함을 죽음에 대한 오해로 채울 수 있기 때문이다. 그들은 자신이 갑자기 죽을 수 있거나 자살은 자신들의 잘못으로 인해 일어났다고 두려워할 수 있다. 죽음이 자기 때문이라고 생각하는 것은 어린 자녀들에게 이상한 일이 아니다.[50] 이 오해는 수정될 필요가 있다. 마지막 이유는 자살이 정신건강 이력에 있어서 중요한 부분이기 때문이다. 예를 들어 어떤 남자는 자신의 엄마가 자살로 죽었다는 사실을 알았을 때, 자신과 형이 오랫동안 시달려왔던 우울증에 대해 더 잘 이해할 수 있었다.[51]

1. **몇몇 가능한 설명들** 자녀에게 자살에 대해 이야기할 때, 그들의 성장 발달에 맞추어서 말하는 것이 매우 중요하다. 예를 들어 7살 이하의 아이들은 죽음을 기적적으로 되돌릴 수 있는 것으로 생각한다.[52] 그들은 죽은 사람이 다시 돌아오거나 자신들이 천국에 가서 죽은 사람을 만나고 지구로 다시 돌아온다고 생각한다. 또는 자기들이 아무 때나 죽을지도 모른다고 걱정한다. 어린 자녀들은 죽음이 자신들의 잘못이라고 생각한다. 그들의 잘못으로 인해 죽음이 일어난 것이 아니라는 확신을 줘야 한다. 비벨과 포스터는 다음과 같이 설명할 것을 제안했다.

자, 강아지 러스티가 아파서 작년에 죽었던 것을 기억해봐. 강아지를 묻은 다음에 우리는 그 강아지와 더 이상 함께 놀 수가 없었지. 그래서 오랫동안 슬퍼했는데 얼마 후에 우리는 다시 행복해졌고 강아지를 생각하면 동시에 슬프기도 했어. 근데, 엄마도 아팠던 거야. 우리는 그 누구도 엄마가 얼마나 아픈지, 너무 늦기 전에 그것을 알지 못해서, 엄마가 자신을 아프게 하지 못하도록 엄마를 지키지 못했어. 엄마는 죽었고, 엄마를 다시 여기로 데려올 수가 없어. 그래서 우리가 잠시 동안 또다시 슬프고 엄마가 많이 보고 싶을 거야. 그런데 나중에 우리가 엄마를 생각하면, 우리는 슬프기도 하고 동시에 행복하기도 할 거야.[53]

또 다른 가능한 설명은 다음과 같이 말하는 것이다. "삼촌이 매우 슬퍼했고 더 이상 살기를 원치 않을 정도로 아팠어. 나도 삼촌이 이런 방법으로 죽었다는 게 너무 슬퍼. 슬픔을 다루는 더 나은 방법이 있는데."

2. 자녀들이 슬퍼하도록 돕기 부모는 자녀들을 지역 호스피스에서 운영하는 슬퍼하는 어린이 모임과 연결해줄 수 있다. 또한 지역 도서관은 애도와 자살에 대한 어린이 대상 도서들을 구비하고 있다. 어린 자녀들이 이야기를 반복해서 다 읽도록 도와줘라. 그것이 슬픔과 사건을 다루는 그들의 방식이다. 아이들이 성장 발달 단계를 거치면서 죽음과 자살에 대한 새로운 지식을 갖게 되고, 그로 인해 다시 슬퍼할 수 있다는 사실을 기억하라. 자녀가 과거의 슬픔에서 앞으로 나아가지 못하는 것처럼 보이면, 전문적인 정신건강 의료 서비스를 받아야만 한다.

슬픔의 단계

퀴블러-로스(Kübler-Ross)는 임종 시에 경험하는 슬픔을 5단계 모델로 이론화했다. 부정, 분노, 타협, 우울, 마지막 단계인 수용. 많은 사람이 이 과정이 각 단계별로 시작과 끝이 분명한 직선과 같다고 생각하기 쉽지만, 이에 관한 연구를 보면 반드시 그렇지는 않다.[54] 슬픔이 누그러지는 반면에, 결코 끝나지 않고, 독특한 방식으로 각 단계에서 순환 및 재순환하는 것이 더 일반적이다. C. S. 루이스는 다음과 같이 말한다. "슬픔 안에서 어떤 것도 '본래 있던 그대로 있지' 않다. 각 단계에서 어떤 것이 계속해서 떠오르고, 항상 반복된다. 돌고 돈다. 모든 것이 반복된다. 나는 원 안에 있는 것인가, 아니면 나선 안에 있는 것인가? 나선 안에 있다면, 나는 올라가는 중인가 아니면 하강하는 중인가?"[55] 최종 단계의 목표는 슬픔을 없애는 것이 아니라 잘 다루는 것이다. 엘리자베스 제닝스(Elizabeth Jennings)가 다음과 같이 말하는 것처럼 말이다.

> 시간은 완전히 치유하지 못한다.
> 그것은 상처를 반쯤 꿰맬 뿐이다.
> 상처는 다시 터질 수도 있고 당신은 처음 느꼈던 것만큼
> 아주 큰 슬픔을 다시 느낀다.[56]

대부분의 유족은 적응을 잘한다.[57] 자살 방지를 위해 활동하는 단체들에서 만났던 가장 열정적이고 헌신적인 사람 중 일부는 유족이었다. 그러나 여정은 시간이 걸릴 수 있다. 삶의 적응은 자살을 직면하

는 것을 포함한다. 20살 아들을 자살로 잃어버린 아이리스 볼튼은 다음과 같이 말한다. "자살의 두려움에 맞서는 유일한 방법은 그것을 직면하는 것이라는 것을 경험을 통해서 알게 되었다."[58] 어떤 사람들은 이런 과정에서 개인 치료를 받는다. 많은 사람의 경우 동료 지지 그룹이 직면 과정에 도움이 된다. 매우 많은 유족이 자신들이 적응하는 과정에서 가장 크게 도움을 준 것은 지지 그룹이었다고 말했다. 사별자를 위한 호스피스 그룹이 도움이 되지만, 많은 자살자의 유족은 자살의 독특성 때문에 자살 유족을 지지하는 그룹을 선호한다고 말한다. 자살자의 유족을 위한 다른 방편은 유족을 위한 도서다. 유족을 위한 돌봄의 목표는 그가 혼자가 아니라는 점을 깨닫게 하는 것이다.[59] 유족 그룹의 목록을 열거한 책과 웹사이트 등의 자료를 이번 장의 마지막 부분에 실었다.

죄책감 거절하기

유족의 과제 중 하나는 고인이 선택한 그의 책임을 인정하는 것이다. 남편을 자살로 잃은 칼라 피네는 다음과 같은 글을 남겼다. "나는 남편뿐만 아니라 나 자신을 용서하기 위해 궁극적으로 해리 자신이 자살을 선택했다는 사실을 받아들여야만 했다. 내가 할 수 있는 일은 그의 결정에 동의하지 않는 것이었다."[60] 아이리스 볼튼은 다음과 같은 말을 덧붙인다. "나는 죄책감에 시달렸다. 내가 무엇을 해야 했고 하지 말았어야 했을까? 나는 마침내 내가 아들을 인간으로 태어나게 했음을 깨달았다.…그의 행동은 그의 책임이지…내 책임이 아니다. 나는 그의 행동이 전적으로 그의 책임임을 분명하게 받아들였다. 나는 죄책감과 분노를 벗어날 수 있었다."[61]

해로운 조력자 피하기

자살자 유족의 또 다른 과제는 회복을 위한 그들의 여정을 도와줄 적절한 조력자를 찾는 것이다. 일반적으로 사람은 죽음을 불편하게 느끼며, 자살의 경우에는 더욱 그렇다. 이러한 불편함이 해로운 조력자를 만들 수 있다. 어떤 사람이 해로운 조력자인지 아닌지를 분별하는 방법은 그가 상투적인 말을 하거나, 유족에게 훈계를 늘어놓는지의 여부다.[62] 하나님은 욥의 해로운 조력자 중 한 명이었던 데만 사람 엘리바스에게 다음과 같이 말씀하셨다. "여호와께서 욥에게 이 말씀을 하신 후에 여호와께서 데만 사람 엘리바스에게 이르시되 '내가 너와 네 두 친구에게 노하나니 이는 너희가 나를 가리켜 말한 것이 내 종 욥의 말 같이 옳지 못함이니라'"(욥 42:7). 쌀쌀맞은 위로의 변을 욥에게 했던 친구들은 그에게 "우매"(욥 42:8)한 말이나 그의 고통에 대해서 판에 박힌 손쉬운 위로의 말을 건넸다. 그들은 욥에게 그가 그의 죄로 인해 가족, 생계 수단 그리고 건강을 잃어버린 것이라고 말했다. 진부한 손쉬운 답이 가진 문제 중 하나는 그것들이 어떤 면에서는 사실일 수 있지만, 그 모두가 사실은 아니며 사실의 어느 일부분만 말한다는 것이다. 텔포드 워크(Telford Work)는 판에 박힌 진부한 말을 피해야 하는 또 다른 이유는 그것들이 고통을 더하기 때문이라는 것을 시사했다.

고통과 악에 관한 유신론적 설명은 비교적 환영받지 못한다. 정말로 그런 설명은 치유를 제공하기보다는 고통에 대한 증거 자료를 제시하는 것으로 악평이 높다. 선의의 목회자와 변증가들은 욥의 친구들처럼 괴로워하는 사람을 위로하려는 의도에서 재치 있는 말을 전하지만, 그들의 말은 오히려 세상에 만연한 부당함을 확인해주고 고통받는 이들로 하여금 자신들이 예전에 긍휼이 많은 분이라고 생각했었던 하나님에게서 멀어지게 한다. 이런 부정적인 반응은 고통받는 이들의 상처에 모욕을 더한다. 그것은 악의 문제를 더욱 악화시키는 방식으로 반응하면서 신정론의 인식론적 위기와 관련해서 항복하는 것과 같다.[63]

진부하고 상투적인 말은 부분적으로 거짓말일 뿐만 아니라 고통받는 이들을 희망이라는 훈련에 초청하기는커녕 이미 고통 자체를 인정조차도 하지 않는다.

마음이 상한 자에게 노래하는 것은 추운 날에 옷을 벗음 같고 소다위에 식초를 부음 같으니라(잠 25:20).

그리스도인들은 하나님 안에서 소망을 품지만 고통이 있음을 정말로 인정한다. 아버지를 자살로 잃은 수는 상처받은 사람들이 "이해 불가능한 의문들에 대해 진부한 대답을 필요로 하지 않는다고 말한다."[64] 아래에 나오는 각각의 상투어들은 흔들리지 않는 진리의 핵심을 포함하지만, 그것에 포함된 일부 거짓은 고통받는 사람들에게 아픔을 준다.

1. **"그녀는 주님의 손안에 있다."** 그렇다. 그녀의 시간은 하나님의 손안에 있다(시 31:15). 죄악된 이스라엘은 하나님의 손바닥에 새겨졌다(사 49:16). 그러나 C. S. 루이스는 아내가 죽은 뒤에 그런 말이 위로를 주지 못한다고 주장했다.

그녀는 언제나 하나님의 손안에 있었고, 나는 지금 하나님의 손이 그녀에게 한 것을 봤다. 우리가 육체에서 빠져나가는 순간 갑자기 하나님의 손길이 우리에게 더 부드러워지는가? 그렇다면, 왜 그런가? 하나님의 선하심이 우리의 고통과 모순된다면, 그렇다면 그분은 선하지 않으시던가 또는 그분은 존재하지 않을 것이다. 우리가 삶을 통해서 알고 있는 한, 하나님은 우리가 가진 최악의 두려움과 우리가 상상할 수 있는 것 이상으로 뼈아픈 상처를 주기 때문이다.[65]

이러한 고통스러운 시기에, 우리가 잃어버린 사람이 하나님의 손안에 있다는 위로는 전혀 위로를 줄 수 없을 것이다.

2. **"그것은 하나님의 뜻이었을 겁니다. 하나님이 주관하십니다."** 하나님이 통치하시는 것은 사실이다(사 14:26-27; 욥 1-2). 하지만 이 말은 하나님이 고통을 의도하신다는 것을 뜻하는 게 아니다(애 3:33). 하나님은 자살을 의도하지 않으셨고 오히려 그리스도의 부활을 통해서 죄를 파멸하셨다. "맨 나중에 멸망받을 원수는 사망이니라"(고전 15:26).

3. **"하나님께서는 이 모든 것을 통하여 선을 이루실 것입니다."** 우리는 하나님이 악에서 선을 만드실 수 있는 분이라는 것을 알고 있다(시 50:20).

그렇지만 선한 것이 악에서 나온다고 해서 아픔이 줄어들지는 않는다. 우리는"추상적으로"고통을 당하지 않는다.[66] 하나님이 죽음에 반응하시는 방식은 눈물이다. 예수님은 나사로를 다시 살리실 것을 아셨음에도 우셨다(요 11:35). 모든 일이 협력하여 선을 이루게 하시는 하나님의 능력은(롬 8:28) 사람이 죽음에 대해 쓰라리게 비통할 수 있는 권리를 부인하지 않는다.

4. "하나님은 당신이 원하는 것보다 더 많이 당신이 사랑하는 이를 원하십니다." 정말로 하나님은 사람들과 관계 맺기를 원하신다. 그분이 먼저 우리를 사랑하셨고(요1 4:19) 우리를 그분의 백성으로 삼으셨다(벧전 2:9-10). 그러나 그분은 하늘과 땅을 채우셨기 때문에(렘 23:24) 이미 우리와 멀리 떨어져 계시지 않는다(행 17:27). 하나님은 하늘에 제한되지 않으시기 때문에, 우리와 가까이 계시기 위해 이 세상에서 누군가를 데려가실 필요가 없다.

5. "당신이 어떻게 느끼는지 알고 있어요." 우리 모두는 인간이다. 우리 모두는 감정을 가지고 있고 어떻게 감정을 느끼는지 알고 있다. 그러나 고통은 개인적인 경험이다. 우리는 같은 사건에도 다른 방식으로 고통을 느낀다. 사실 우리는 다른 사람이 어떻게 느끼는지 모른다. 니콜라스 월터스토프(Wolterstorff)는 다음과 같이 말한다. "우리는 '나는 당신이 어떻게 느끼는지 알고 있어요'라고 말한다. 그러나 우리는 알지 못한다."[67] 아이리스 볼튼은 다음과 같이 덧붙인다. "'나도 내 아이가 (또는 아버지나 어머니 혹은 친한 친구가) 죽었어. 그리고 나는…'이라고 말하면서 비교하지 마라. 제발 비교하지 마라."[68]

6. **"이것을 이겨내고 계속해서 삶을 살아가야 해요."** 매우 당연한 사실이다. 고통은 우리 주변에 있고 우리는 그것을 견디고 삶을 살아가야 한다. 그렇지만 비벨과 포스터는 다음과 같이 말한다. "당신이 얼마나 많은 노력을 하거나 얼마나 다른 사람들이 당신이 이겨내기를 원할지라도 당신은 '그저 이겨낼 수' 없다. 그것을 넘어서기 위해서는 고통을 통과해야만 한다."[69] 아들을 자살로 잃은 테드(Ted)는 비통에는 많은 것이 층층이 덮여 있다고 설명한다.

> 나는 사람들이 이것에 관해서 계속 듣고 싶어 한다고 생각하지 않아요. 그것은 마치 사람들이 "당신은 어째서 이미 시간이 꽤 지나갔는데도 이전에 일어난 일에 여전히 매여서 그것을 털어내려 하고 있는 건가요?라고 말하는 것 같아요. 이미, 정신 차리고 살아가지 않나요. 그러나 그것은 마치 지금 내가 뭔가 다른 것에 대해 말하는 것처럼 느끼게 해요. 저는 첫 2년 동안 자살로 아들을 잃는 것이 어떤 건지에 대해 설명했어요. 지금, 저는 더 이상 아들이 없다는 것이 어떤 것인지에 대해 이야기하고 있어요.[70]

7. **"강해지세요. 하나님은 우리가 감당할 수 없는 어떤 것도 허락하지 않으십니다."** 우리가 주 안에서 강해질 필요가 있으며(엡 6:10) 하나님은 우리가 감당할 수 있는 것 이상의 시험을 허락하시지 않는다는 것은 사실이다(고전 10:13). 그러나 사도 바울은 도저히 참을 수 없어서 힘에 겨웠다고 썼다(고후 1:8-11). 하나님은 개입하시지만, 자신이 이겨낼 수 있

는 것만 주시는 것은 아니라고 말한다. 바울의 평범한 말에 대한 수의 반응은 완전히 정당화할 수 있는 분노였다. "그 말은 무슨 뜻인가? 이런 종류의 생각에 의하면, 우리 아버지는 하나님이 그에게 허락하신 것을 감당할 만큼 강하지 못해서 자살한 것이다."[71]

8. "그렇게 나쁘지는 않아요." 이 말은 우리가 죄에 의해 손상된 세상에 살고 있다는 사실을 부정한다. 월터스토프는 다음과 같이 당부한다. "하지만 그렇게 나쁘지 않다고 절대 말하지 마라. 너무나 아프기 때문이다. 죽음은 끔찍하고 악마적이다. 당신이 위로자의 역할로서 모든 것을 숙고한 뒤에도 죽음은 그렇게 나쁘지 않다고 말해야만 한다고 생각한다면, 슬픔 가운데 있는 내 옆에 앉지 말고 멀리 떨어져 앉길 바란다."[72]

9. "당신에겐 다른 자녀들도 있어요." 부모에게 다른 아이가 있지만, 자녀가 얼마나 더 있거나 관계없이 자녀의 죽음은 고통스럽고 가슴이 찢어지는 상실이다. 아이리스 볼튼은 "자녀는 결코 대체할 수 없다"라고 지적한다.[73]

10. "당신의 문제를 하나님께 가져가세요. 그분이 치유하실 거예요." 사실 하나님은 우리가 어려움을 겪고 있을 때에 우리의 영원한 도움이시고 위로가 되시지만(시 64편), 히브리서 저자는 궁핍하고 조롱받은 사람, 채찍에 맞으며, 옥에 갇히고, 고문을 받으며, 죽임을 당한 사람들을 언급한다(히 11:35-38). 허바드(Hubbard)는 하나님은 아스피린이 두통을 없애는 것과 같은 방식으로 우리의 고통을 없애시지 않는다고 언급했다.[74]

당신의 언어에서 지금까지 언급한 평범한 말들을 없애라. 그런 말들 대신에 차라리 그들 옆에 있어 주고, 고통을 인정하는 말을 해주라. 월터스토프는 다음과 같이 말한다. "어떤 말을 해야 할지 전혀 생각할 수 없거든 '무슨 말을 해야 할지 모르겠네요. 그렇지만 우리가 당신의 슬픔과 함께한다는 것을 알아주었으면 해요'라고 말하라. 또는 그저 안아줘라. 최상의 말조차도 고통을 없앨 수는 없다."[75] 당신은 그저, "유감이네요"라고 말할 수 있다. 조이너는 자신의 아버지가 자살했을 당시 사람들에게 부적절한 반응을 받았지만, 한 사람의 말이 힘을 주었다고 적었다. "당신의 아버지에게 그런 일이 일어나 매우 유감입니다."[76]

목회적 돌봄

평범한 말 대신에, 목양 사역자들은 자살자의 유족을 도울 수 있는 많은 기회가 있다. 상처받은 이들을 돌보기 위한 구체적인 방안을 살펴보려고 한다.

함께하는 경청의 돌봄

함께 있어라. 아이리스 볼튼은 다음과 같이 말한다. "결코 말로만은 위로가 되지 못한다. 단순히 고통받는 이와 함께 해주는 것이 위로가 된다."[77] 기뻐하는 사람들과 함께 기뻐하기 위해 결혼식에 가는 것처럼, 슬퍼하는 사람들과 함께 슬퍼하기 위해 그들과 지금 함께 있으라(롬

12:15; 전 3:4). 사람이 혼자 있는 것이 좋지 않은데, 특히 슬픔의 시간을 보내는 사람에게는 더욱 그렇다(창 2:18). 신앙 공동체가 제공할 수 있는 것은 이처럼 함께 있어 주는 사역이다. 아픔을 당한 가족과 함께 앉아 있는 과정에서 이야기를 듣고 또 들어주어라. 허바드는 다음과 같이 말한다. "우리에게 일어난 일은 그 이야기가 말해지기까지는 끝나지 않는다는 묘한 사실로 인해 경청자가 될 필요성이 증대된다."[78] 다시 이야기를 한다. 자살 이후의 무질서 가운데 방황하는 사망자의 동기들과 자녀에게도 관심을 가지라. 비벨과 포스터는 다음과 같이 조심할 것을 당부한다. "자살이라는 끔찍함과 혼돈이 일어난 후에 사망한 이의 부모에게만 주의가 집중되는 경향이 있다."[79]

무판단

당신이 그들 곁에 있을 때에 그들을 판단하지 마라. 볼튼은 다음과 같이 조언한다. "유족, 특히 부모는 그들의 친척이나 친구들로부터 필요한 도움은 받지 못한 채 의심과 죄책감으로 괴로워한다."[80] 판단하지 마라(마 7:1). 우리 모두는 죄인이다(롬 2:1). 포스터는 "교회의 누군가로부터 내가 너무나 나쁜 어머니였고, 딸이 한 일은 전혀 이상한 것이 아니였으며, 내가 딸의 죽음의 원인이었다고 주장하는 발신자 불명의 편지를 받았다."[81] 유족이 비난을 수용하겠다는 의사를 밝히더라도 그 비난이 공정한 것인지 확인하라. 자살에 대한 궁극적 결정과 책임은 사망한 사람에게 있다.[82] 대부분의 유족이 죄책감을 느끼는 것은 부당하다. 얼마나 심하게 자신들을 책망하는지에 관계없이, 그들은 결코 속죄할 필요가 없다. 속죄받아야 할 것은 그들의 죄가 아니기 때문이다. 어떤 죄책감은 정당할지 모르지만, 모든 행동은 회개하고 용서받을 수 있다.

믿음

그리스도인이 하나님과 믿음에 대해 어려운 질문을 할 수 있도록 허락하라. 월터스토프는 다음과 같이 말한다. "믿음은 깊은 심연 아래로 떨어지지 않도록 당신을 지탱해주지만 당신이 그 심연 위를 걸어가라고 강요받을 때까지 있는지도 모르는 발판과 같다."[83] 듣기가 껄끄러울지라도, 의심은 하나님이 누구신지에 대해 더 큰 그림으로 나아가는 징검다리다. 그리고 기도하라. "너희가 짐을 서로 지라, 그리하여 그리스도의 법을 성취하라"(갈 6:2). 목회자, 기관 사역자 그리고 목회 상담가는 형제와 자매의 고통을 하나님 그리고 "고통과 약함을 알고 있는 사람"인 예수님에게 가지고 간다(사 53:3).

애통

유족은 애통과 자살에 의한 슬픔을 통해서 하나님과 화해하기 시작한다. 애통은 다음과 같이 질문한다. "왜 제가 사랑하는 사람인가요? 주님, 왜 접니까? 제가 무슨 일을 했기에 이런 일을 당해야 하죠?" 애통의 첫 단계는 알코올이나 약물 또는 '그리스도인은 고통을 경험해서는 안 된다'는 믿음 등으로 감정을 막으려는 충동을 피하면서 감정을 있는 그대로 받아들이는 것이다.[84] 대부분의 그리스도인은 희망과 소망 같은 "긍정적인" 감정에 어려움을 겪지 않지만, 절망 같은 "부정적인"

감정을 힘겨워한다. 그러나 시편의 거의 절반이 슬픔을 호소하는 탄원시다. 우리 그리스도인들은 아름답기만 한 비눗방울 속에서 살아가는 것이 아니다. 우리는 현실에서 살고 있고, 힘든 상황에 반응하면서 감정을 경험한다. 성경에 나타난 하나님의 성숙한 사람들은 우리를 위해 다음과 같은 감정들을 보여준다. 괴로움과 통렬함(삼상 1:10), 슬픔(시 6:7; 렘 20:18), 비통(삼하 19:4), 의존(시 42:5, 11; 43:5), 고통(삼상 22:2, 삼하 22:7; 왕하 4:27), 갈망(시 38:9; 잠 13:22), 불안(시 6:7; 고후 7:7; 빌 2:26-28), 두려움(마 14:26-30), 죄책감(마 27:3), 분노(시 7:11; 막 3:5; 요 2:15-16; 엡 4:26) 그리고 분개(시 137편). 소망 없는 사람들처럼 슬퍼하지 말라는 말은(살전 4:13) 슬퍼해서는 안 된다는 의미가 아니다.[85] 그리고 우리가 우리의 격렬한 감정을 살피지 못할 때, 하나님은 애통의 시편을 통해서 우리가 해야 할 바를 알게 하신다. 허바드는 다음과 같이 말한다. "우리의 고통과 하나님을 향한 혼란스런 감정을 표현할 말을 찾지 못할 때, 하나님 자신이 우리에게 적절한 말을 제공해주셨다는 사실을 발견하기를 권한다."[86] 예를 들어 시편 13편이나 앤 윔스(Ann Weems)의 탄원시는 유족들이 항의, 청원, 찬양으로 가득 찬 애가를 하나님에게 쓸 수 있도록 도와준다.[87]

실제적인 도움

예수님은 우리가 다른 사람에게 베푸는 실제적인 도움에 기초해서 우리가 양과 염소로 나누어질 것이라고 말씀하셨다(마 21:31-46). 목회자, 기관 사역자, 목회 상담가는 신앙 공동체가 탄식하는 그 누구에게라도 제공하는 식사, 방문, 아기 돌보기 그리고 재정적 문제에 대한 도움 등을 자살로 인한 유족에게도 제대로 제공하고 있는지를 세심하게 살핌으로써 자살로 인해 유족이 받는 낙인과 싸울 수 있다.[88] 유족들은 도움을 요청하는 것에 지쳤다고 어려움을 호소하고 있다. 따라서 신앙 공동체가 자원해서 당장에 필요한 도움을 유족들에게 주고 계속 후원하도록 권하는 것이 필요하다. 볼튼은 다음과 같이 조언한다. "심부름할 것이 있는지, 진입로를 청소해야 할지 아니면 친구에게 전화를 걸어야 할지 계속해서 물어보지 마라. 그냥 해야 할 것을 하라."[89] 그러나 사망한 사람의 공간은 절대로 바꾸지 마라. 볼튼은 다음과 같은 주의를 준다. "자살로 사망한 사랑하는 사람의 방에 변화를 주지 마라. 옷을 정리하거나 방을 청소하지 마라. 가족이 준비가 되었을 때 그들의 방식으로 일을 처리하거나, 필요하다면 도움을 구할 것이다."[90]

장기적인 도움

오랫동안 그들과 함께하라. 한밤중에 위기의 상황에서 함께 있는 것도 힘들지만, 6개월 혹은 1년 동안 함께하는 것은 더욱 힘들다. 어느 연구에 참여한 10명 중 3명은 성직자가 장기적으로 지지해주지 않았다는 점을 지적했다.[91] 비통은 매우 장기간에 걸친 과정이기 때문에, 슬퍼해주던 다른 모든 사람이 각자의 생활로 돌아가더라도 돌봄자는 유족들과 함께 남아 있어라.[92] 카아 부부는 이렇게 말한다. "갑자기 해야 할 일이 더 이상 없었고, 회색빛의 우울한 날이 찾아왔다."[93] 기일을 챙겨주되, 특히 기일을 앞둔 며칠간을 잘 살펴주라. 유족들은 그 며칠 동안 기일에 어떤 일이 벌어질지 두려워하고 있다. 이 두려움이 그 며칠간을 기일보다 더 나쁘게 만들 수 있다.

요약

자살로 인한 사망은 몹시 힘든 일이고, 아마도 그리스도인들에게는 더욱 그럴 것이다. 유족들에게 있어서, 자녀에게 죽음에 대해 말하는 것과 같은 일은 두렵고 고통스러울 수 있다. 목양 사역자는 욥의 친구들처럼 "해로운 조력자"가 아닌 하나님의 은혜를 전하는 목회자로서 그들을 돌보는 많은 기회가 있다.

주의할 것은 친구와 유족만이 자살에 충격받는 것이 아니라는 점이다. 자살이 발생한 신앙 공동체에 속한 모든 사람이 자살 유족들이다. 목회자, 기관 사역자 그리고 목회 상담가들은 어떻게 하면 신앙 공동체 전체를 대상으로 목회적 돌봄을 제공할 수 있을까? 목양 사역자는 자살의 감염 및 연쇄적인 자살 발생을 예방하는 데 어떻게 도움을 줄 수 있을까? 다음 장에서 이러한 사항에 대해 살펴볼 것이다.

토론을 위한 질문

1. 자살로 인한 사망이 그리스도인을 그렇게 고통스럽게 만드는 이유는 무엇일까?
2. 슬픔, 비통, 죄책감 또는 분노 같은 부정적인 감정에 대한 당신의 반응은 무엇인가?
3. 죽음을 애통해하는 사람들 사이에서 당신은 얼마나 어색함을 느끼는가?
4. 당신은 매우 평범하고 상투적인 위로의 말을 들어본 적이 있는가?

참고자료

성인을 위한 도서

D. B. Biebel and S. L. Foster, *Finding Your Way After the Suicide of Someone You Love* (Grand Rapids: Zondervan, 2005).

I. Bolton with C. Mitchell, *My Son...My So...: A Guide to Healing After Death, Loss or Suicide* (Roswell, GA: Bolton Press Atlanta, 2005).

A. Y. Hsu, *Grieving a Suicide: A Loved One's Search for Comfort, Answers and Hope* (Downers Grove, IL: InterVarsity Press, 2002).

어린이를 위한 도서 및 어린이를 돕는 성인을 위한 도서

D. Cammarata, *Someone I Love Died by Suicide: A Story for Child Survivors and Those Who Care for Them* (Jupiter, FL: Limitless, 2009).

M. Requarth, *After a Parent's Suicide: Helping Children Heal* (Sebastopol, CA: Healing Hearts, 2006).

B. Rubel, *But I Didn't Say Goodbye: For Parents and Professionals Helping Child Suicide Survivors* (Kendall Park, NJ: Griefwork Center, 2000).

생존자 지지 그룹

American Foundation for Suicide Prevention, ⟨www.afsp.org⟩.

American Association of Suicidology, ⟨www.suicidology.org⟩.

National Alliance for Grieving Children, ⟨www.childrengrieve.org⟩.

Samaritans, ⟨www.samaritansusa.org⟩.

The Compassionate Friends, ⟨www.compassionatefriends.org⟩.

제9장

신앙 공동체 돕기

—◆—✕—◆—

1온스의 예방은 1파운드의 치료와 맞먹는다.

벤자민 플랭클린

1995년 1월15일에 성공회 감독인 데이비드 E. 존슨(David E. Johnson) 이 자살했다. 이 사건은 그가 매사추세츠주의 성공회 교구장으로 은퇴 한 지 얼마 지나지 않아 발생했다. 그의 자살은 신앙 공동체 전체에 영 향을 끼쳤다. 이러한 공적인 자살을 어떻게 다루어야 할까? 존슨의 후 임 감독인 쇼(Shaw)는 고인의 미망인과 함께 그녀가 바라는 것에 대해 대화를 나눈 후, 신앙 공동체가 존슨 주교의 자살을 처리해가는 과정을 돕기 위해서 "투명성"에 초점을 두었다고 말한다.[1] 그는 좋은 선례를 남겼다. 「뉴욕 타임스」는 다음과 같은 쇼의 말을 인용했다. "지금은 존 슨 감독을 알고, 그와 함께 일하고, 그를 사랑하며 그에게 사랑받은 우 리 모두에게 아픔과 분노 그리고 의문으로 가득찬 절망의 시간이다."[2] 쇼는 일반인들도 존슨 감독의 자살 처리 과정에 관여할 수 있도록 성 직자와 평신도 지도자들이 패널로 참여하는 공개 토론회를 열었다.[3] 그 는 치유 과정이 시작하는 것을 도왔다.

공동체 치유를 돕기

목회자, 기관 사역자 그리고 목회 상담가가 자살이 발생한 후에 신앙 공동체가 치유를 시작하도록 도울 수 있는 몇 가지 방법을 살펴보자.

공개적으로 말하기: "거짓말하지 않기, 회피하지 않기, 쑥덕거리지 않기."[4]
낙인은 유족과 신앙 공동체 전체에 영향을 끼친다. 자살로 어머니를 잃은 한 목회자는 우리에게 다음과 같이 말했다.

> 어머니가 돌아가셨을 때…그러니까 자살하셨을 때, 저는 이 사실을 전하고자 교구 목사에게 전화했는데 그가 제게 다음과 같은 말을 먼저 했습니다. "당신과 저 모두, 당신의 어머니가 어떻게 돌아가셨는지 아무에게도 말하지 않도록 조심해야 합니다." 나는 약간 놀랐습니다.…바로 그때 "수치심"이라는 단어가 저의 삶을 포함해 전체 상황에 드리웠습니다. 그래서 저는 그에게 다음과 같이 말했죠. "감독님도 아시는 것처럼, 저는 그렇게 할 수는 없습니다. 어머니는 자살하셨습니다."…그들은 그런 일을 일어난 것을 인정하고 싶어 하지 않았습니다. 교회는 그런 일에 지금보다는 더 잘 대처해야 합니다.[5]

낙인은 고정관념에 기초하고 풍문으로 더 확대된다.[6] 에이즈, 교도소, 중독 그리고 정신병 같이 우리 사회에서 낙인찍힌 몇 가지 문제에 대해 생각해보라. 그리고 각각의 낙인에 대해 잘못된 정보를 부채질하는 비밀과 고정관념에 대해 생각해보라. 에이즈 감염 경로에 관한 은밀한 이야기가 적어지고 더 많은 정보가 제공될수록, 그 질병에 대한 낙인과 고정관념이 조금씩 깨졌다.[7] 똑같은 방식으로 자살에 관한 비밀이 적어지고 더 많은 정보가 제공될수록, 낙인과 고정관념이 깨진다. "지식은 수치심과 부끄러움을 해소하는 역할을 한다."[8]

목양 사역자는 신앙 공동체에서 자살에 대해 좀 더 공개적으로 말하면서 자살에 찍힌 낙인과 싸울 수 있다. 우리가 면담한 한 목회자는 다음과 같이 말했다. "우리가 자살에 관해 공개적으로 이야기하지 않고 숨어서 몰래 쑥덕거리는 일은 위험하다."[9] 자살 사망 후에 이것을 공개적으로 밝힐 것인지는 가족이 최종적으로 결정할 일이다. 가족이 그 사실을 비밀로 붙이기로 했다면, 그 정보를 공유하지 마라. 그러나 가족이 동의하고, 공동체가 이미 자살에 대해 알고 있으며, 교인들의 치유에 유익을 준다면, 목양 사역자는 장례식에서 "자살"이나 "스스로 목숨을 끊었다" 그리고 "우울증"과 같은 말을 사용해 공개적으로 자살을 표현할 수 있다. 반면에 자살로 인한 절망을 다루는 여러 가지 방법을 강조할 필요가 있다. 우리가 면담한 어느 목회자는 장례식에서 자살에 대해 언급하지 않는 것은 "사람들이 그들 자신의 아픔, 분노, 괴로움을 다룰 수 있는 기회를 부인하는 것이다"라고 말했다. 앨버트 수의 아버지의 장례식에서 선포되었던 설교에서는 테리가 겪었던 엄청난 고통과 괴로움을 언급했다.

죽음 이후에 생기는 많은 의문에 대한 답을 찾기란 쉽지 않습니다. 특히 스스로 목숨을 끊었을 경우에는 더욱 그렇습니다. 11월에 뇌졸중으로 쓰러진 후에, 우울증은 테리가 싸워야 할 적이었습니다. 이 관이 우리들에게 진짜인 것처럼, 그는 자신을 괴롭히는 진짜 적과 싸웠습니다. 이 소리 없는 적은 그의 모든 용기와 힘을 소진시켰습니다. 오직 하나님만이 그의 영이 당하는 고통에 대해서 아십니다. 여러분은 테리의 분투를 옆에서 보았던 사람들을 보면서 아마도 당신이라면 달리 할 수 있었지 않았을까 생각할 것입니다. 우리는 하나님이 주시는 위로를 받기 위해 그러한 실망감과 "내가 만약 그랬다면"이라는 가정에 저항해야 합니다. 우리는 실망감을 억제해야 하며 테리의 삶을 이런 비극적인 결말로 평가할 게 아니라, 그가 성실하게 살았던 삶으로 그를 평가해야 한다는 사실을 깨달아야 합니다.[10]

따라서 가족이 허락한다면, 자살에 의해 사망한 것을 공개해야 하지만, 그에 앞서 고인이 살았던 삶을 기억해야 한다. 자살은 고인이 누구인지를 보여주는 그의 인생 전부가 아니다. 그 사람의 업적과 분투를 인정하라. 그러나 죽음에 대한 그의 선택은 크게 기리지 마라. 더 많은 목회자, 기관 사역자 그리고 목회 상담가가 자살을 공개적으로 다룰 수 있을 때에, 더 많은 공동체가 치유 과정을 시작할 수 있고 자살을 낙인 찍으려 하는 편견에 더욱 적극적으로 도전할 수 있다.

자살 전염과 다발성 자살 방지

자살에 대해 열린 자세를 취할 때, 목양 사역자는 자살의 전염과 다발성 자살 위험을 인식하는 균형 잡힌 모습을 취해야 한다. 미국 질병통제 및 예방센터(U.S. Centers for Disease Control and Prevention)는 다발성 자살을 "시공간적으로 서로 밀접한 시기와 장소에서 특정 공동체에 일반적으로 기대되는 것보다 빈번하게 발생하는 일련의 자살 또는 자살 시도 혹은 모두를 일컫는 말"이라고 정의를 내렸다.[11] 다발성 자살은 사람들이 예상한 것보다 서로 밀접하게 일어나는 한, 자살이나 자살 시도의 특정한 빈도를 요구하지 않는다. 예를 들어 어느 인디언 종족에서 같은 인디언 보호구역에 거주하는 13-28살 나이의 7명의 젊은이가 40일 동안에 목을 매어 자살했다.[12] 이들 자살 희생자들이 일정한 나이층에 속해 있고, 같은 보호 구역에 거주했으며, 한정된 시간 내에서 같은 방법으로 사망했다는 사실은 이 현상이 다발성 자살임을 시사한다.

자살이 때때로 다발성으로 발생한다는 것을 보여주는 많은 증거가 있다. 2세기에 플루타르코스(Plutarch)는 목매 자살한 밀레토스의 젊은 여성들의 전염병적인 자살에 관한 글을 남겼다.[13] 뒤르켐은 다음과 같은 예를 들었다. "1772년에 어느 병원에서 15명의 환자가 어두운 복도에서 동일한 고리에 연달아 목매 자살했다. 고리를 없애자 자살의 전염도 끝이 났다."[14] 1933년 2월에 19살의 젊은 여성 키요코 마수모토는 일본의 미하라-야마 분화구에 뛰어 들었으며, 같은 해에 144명의 사람들이 그녀를 따라 자살했다. 경찰이 분화구 주변에 영구적으로 배치되었고, 그다음 두 해에 1,208건의 자살시도를 막는 데 기여했다.[15] 또 다른 예는 1965년과 1979년 사이에 124명이 서섹스에 있는 비치헤드 절벽에서 뛰어내린 사건이다. 사람들은 다발성 자살이 모방 또는 괴테(Goethe)의 『젊은 베르테르의 슬픔』(*The Sorrows of Young Werther*)의 주인공을 따라 이름붙여진 베르테르 효과와 같은 자살 전염 (suicide contagion)이라는 유행 때문에 발생한다고 생각한다.[16] 이 소설이 1774년에 출간된 후에, 유럽의 젊은이들은 파란색 프록코트와 노란 조끼를 입기 시작했고, 어떤 이들은 이 소설책을 옆에 두고 자살하기도 했다.[17] 자살이 전염된다는 사실을 증명해주는 더 많은 증거가 있다. 알프레드 드 비니(Alfred de Vigny)는 1835년에 토마스 채터튼의 삶과 자살을 배경으로 한 연극 대본을 썼다. 이 연극은 프랑스에서 연간 자살률을 두 배로 증가시켰다는 비난을 받는다.[18] 56살의 한 남자는 병원에 입원해 약물 과다 복용을 통한 자살 시도에서 회복하는 동안 비치헤드 자살에 관한 신문기사를 읽었고 다음과 같이 말했다. "나와 같은 사람들이 볼 수 있도록 그런 걸 신문에 기사화하다니 정말 놀랍다." 그는 2주 후 절벽에서 뛰어내려 사망했다.[19] 조이너는 전염은 자살해야겠다는 생각에 익숙해지는 습관과 관련이 있다고 믿었다. 그녀는 다음과 같은 추론을 제시했다. "내 친구가 그것을 했고 그녀는 나와 비슷하다. 따라서 이것은 내가 원하면 나도 그렇게 할 수 있음을 의미한다."[20]

전염은 노출에 초점을 맞추기 때문에 적합한 용어다. 그것은 "미디어, 또래 집단 또는 가족을 통해서 다른 사람의 자살 행동에 노출되는 것"으로 정의된다.[21] 전염이라는 단어는, 면역력이 약한 사람이 홍역에 걸리기 위해서는 홍역에 노출될 필요가 있는 것과 동일하게 심신이 불안정한 사람이 자살을 모방하기 위해서는 누군가의 자살에 노출될 필요가 있다는 사실을 상기시켜준다. 만약 자살이 공개적으로 이야기 된다면 이러한 노출은 예식, 추도예배 그리고 장례식에서 일어날 수 있기 때문에 성직자는 전염에 대해서 꼭 명심해야 한다. 데이비드 필립스(David Philips)는 자살에 더 많이 노출될수록 더 많은 자살을 가져온다는 사실을 발견했다. 그는 1947-1968년까지 미국의 월간 자살률이 자살 사망에 대한 뉴스가 방송되고 자살을 허구적으로 묘사한 연속극이 방영되기 시작한 직후에 더 높아졌다는 점을 발견했다.[22] 필립스와 볼렌(Bollen)은 자살에 초점을 맞춘 뉴스 게시판의 수와 자살 빈도 사이에 관계가 있음을 발견했다.[23]

누군가의 자살에 노출되는 것과 자살률 사이에는 꽤 긴밀한 연관성이 있다. 예를 들어 독일에서 한 방송사가 19살 남성이 기차 앞에 뛰어들어 자살하는 것을 묘사하는 6회 분량의 픽션 드라마를 1981년에 그리고 다시 1982년에 방영했다. 첫 회가 방영된 후 70일 동안 열차를 이용한 15-19살 사이의 남성 자살자 수가 가장 급격하게 증가했다(175%까지).[24] 또 다른 예로, 1998년에 아시아 재정 위기 동안 홍콩 대중매체는 숯을 이용한 자살을 광범위하고 상세하게 그리고 사실적으로 전달했다. "대중매체는 숯을 이용한 자살과 개인의 경제적인 절망을 연결했고 이 방법에 의한 자살을 경제적 스트레스에 대한 고통 없고 평화로운 해결책으로 그렸다. 그 해에 숯 이용 자살은 홍콩에서 세 번째로 가장 많이 사용하는 자살 방법이 되었고, 2004년에 이르자 높은 곳에서 뛰어내리는 것 다음으로 두 번째로 가장 흔한 방법이 되었다."[25]

이것은 의심할 여지 없이 모방 자살이다.[26]

그러나 자살에 대해 어떻게 이야기하는가도 의심할 여지없이 중요한 변수가 된다. 우리는 그 증거를 오스트리아 비인에서 벌어진 지하철 자살의 경우에서 확인할 수 있다. 비인의 지하철에서는 1980-1984년까지 5년간 9번의 자살 사건이 있었다. 그런데 1986년에 언론에서 지하철 자살 사건을 자극적으로 보도한 후에 그해에만 13번의 자살 사건이 발생했고 이듬해인 1987년의 처음 몇 달 동안 다시 9건이 발생했다. 자살이 전염병처럼 확산된 후에, 대중매체 관계자들은 자살 전문가와 상의한 결과 자살에 대한 선정적인 보도를 중단했다.[27] 지하철 자살 사건은 1989년에는 3번으로, 1990년에는 4번으로 감소했다.[28] 모방 자살은 계속해서 발생하지만, 덜 자극적인 방식으로 자살에 대해 이야기하는 것이 모방 자살을 감소시킬 수 있다. 성직자는 추모예배, 추도예배, 장례식에서 의식적으로 자살을 과장하지 않을 필요가 있다. 성직자들에게 공중 장례식을 위한 지침을 제공하는 몇 가지 자료는 "자살 후: 종교적 의식과 다른 공중 추모 의식을 위한 권고"라는 자살 예방 자원센터의 백서와 CDC가 공동으로 연구한 "자살에 대한 보고: 대중매체에 대한 권고" 등이 있다.[29] 이들 자료들은 다음과 같은 태도가 필요함을 강조한다.

1. 자살 방법이나 위치 같은 자살에 대한 세밀한 설명을 피하라. 예를 들어 비닐봉지를 이용한 질식사를 포함한 다양한 자살 방법을 기술한 데렉 험프리(Derek Humphry)의 『마지막 비상구』(Final Exit)가 1991년에 출간된 후, 비닐봉지 질식에 의한 자살 사망이 31% 증가했다.[30]

2. 사망한 사람을 낭만적으로 묘사하거나 이상화하는 것을 피하라. 이것은 죽음을 통해 사람들의 관심을 얻을 수 있는 방법으로 자살을 택할 여지가 있는 불안정한 사람들을 보호하도록 돕는다.[31] 예를 들어 1839년 런던 대화재 기념비에서 한 젊은 여인이 자살했다.[32] 어린 소년은 여인을 따라 자살을 시도했다. 나중에 그는 다음과 같이 설명했다. "저는 기념비에서 자살한 그 여인에게 한 것처럼 사람들이 저에 대해 말하기를 원했어요."[33]

3. 자살의 원인을 지나치게 단순화하는 것을 피하라. 이것은 "자살을 단지 건강하지 않거나 성공하지 못한 사람의 설명할 수 없는 행동"으로 치부하는 것을 포함한다.[34] 정신건강 문제에 대해 언급하는 것이 최선이다. 가능하다면, 그 사람이 도움을 청할 수 없었다는 것이 안타깝다고 말하거나, 너무 심각해서 해결할 수 없는 문제는 없다는 것을 강조하라.[35] 한 목회자가 지적한 것처럼, 자살로 죽은 사람에 대한 추도사는 신중하게 준비되어야 한다. 한 자살자의 장례식에서 그는 추도사에 다음과 같은 문장을 포함시켰다. "우리는 그가 한 행동에 대해 비난할 수 없습니다." 장례식이 진행되는 동안 그는 자살을 정당화하는 이러한 표현을 사용하지 말았어야 한다는 것을 발견했다.

4. 고인이 이제는 자신의 문제로부터 평안해졌다고 강조하는 것을 피하라. 정서적으로 불안한 사람들은 자신들의 문제를 해결할 수 있는 실현 가능한 해결책으로 자살을 생각한다. 우리가 면담했던 어느 목사는 자살한 성도의 장례식에서 구원의 확신에 대해 설교했다고 말했다. 장례식 이후 며칠 동안 그가 경험했던 일을 그는 이렇게 묘사한다. "어떤 사람

이 '그게 사실이라면'이라고 말하자 곧바로 다른 사람이 그렇다면 '저도 지금 죽을 준비가 되어 있어요.'" 그의 경험은 구원에 대해 완전히 이해하는 것이 얼마나 중요한지를 보여준다. 즉 구원은 내세에 도달하는 것 이상을 의미한다. 구원은 지금 여기서 예수님의 신실한 제자로서 살아가는 것이다.

자살을 공개적으로 표현할 수 있어야 하지만, 성직자는 그것에 접근할 때 신중을 기할 필요가 있다. 독감 바이러스에 노출되는 모든 사람이 독감을 걸리는 것이 아니라 오직 면역력이 약한 사람만이 독감에 걸린다. 이것은 자살의 전염에 있어서도 마찬가지다. 누구나 취약한 사람일 수 있지만, 가장 큰 위험에 있는 사람들은 청소년과 청년들이다.[36] 거의 모든 다발성 자살이 이 연령대에서 일어난다.[37] 커틀러와 그의 동료들은 미국 고등학교 학생들을 대상으로 실시한 전국적인 표본으로부터 얻은 자료를 통해 자살을 시도한 친구나 가족구성원이 있던 청소년은 그렇지 않은 청소년보다 자살을 시도할 가능성이 3배나 높았다는 사실을 발견했다.[38]

특히 위험에 처한 청소년과 청년들은 소규모의 열정적인 소셜 네트워크에 참여하고, 자살에 취약한 성격이 비슷한 사람들과 만나며, 다른 이들에게서 자살에 대한 긍정적인 견해를 얻거나 스스로 자살할 능력을 전수받는 경향이 있다.[39] 물론 어떤 성인들, 특히 이미 자살하기로 마음이 기울어져 있거나 암시한 적이 있는 성인들은 자살에 취약할 수 있다.[40] 자살이 일어난 후에 목양 사역자는 청소년이나 청년, 특히 자살에 취약한 성인들에게 관심을 집중해야 한다.[41] 자살이 발생한 후에, 젊은이들의 자살 전염이나 다발성 자살을 예방할 수 있는 몇 가지 제안으로 다음과 같은 것들을 들 수 있다.

- 고인의 소셜 네트워크의 회원과 그의 부모에게 가능한 한 빨리 그의 자살을 알려라. 정보가 부재할 때 사람들은 자신들의 이야기를 지어낸다. 자살자가 속해 있었던 주일학교나 청소년부에 가서 그가 자살했다는 기본 사실을 알리고(자살 방법이나 위치 등의 자세한 설명은 생략하라), 그룹 구성원들이 상실감과 자책감("나는 그의 자살을 막기 위해서 무엇인가를 했어야만 했어!")과 분노("어떻게 그녀가 그런 일을 저지를 수 있지!")를 다루도록 하라. 그룹이 그들의 고통을 다루고 대처할 수 있는 계획을 세우는 것을 도우라. 그의 죽음을 기리기 위해 나무를 심는 것은 자살을 낭만적으로 여기게 만든다. 대신에 그룹은 고인에게 편지를 쓸 수 있을 것이다. 청소년들로 하여금 고통이나 자살에 대해 옆의 친구가 보이는 징후에 관심을 가지도록 격려하라. 그들에게 타인이나 자신의 자살에 대한 생각을 비밀로 하지 말고, 신뢰할 수 있는 성인에게 도움을 받도록 하라.[42]
- 겉도는 청소년, 우울증을 앓는 청소년들이나 어떤 식으로든지 자신을 고인과 동일시하는 청소년들처럼 신앙 공동체에서 가장 취약한 소그룹이 누구인지를 결정하라. 그들이 어떠한지를 평가하고 그들에게 지지와 도움을 제공하라.
- 추모예배, 추도예배, 장례식에서 청소년들에게 만약 도움이

필요하다면 연락할 수 있는 성인을 찾아보고 선택할 것을 제안하라.[43]

- 우울증을 겪고 있다면, 문제를 해결하는 건설적인 방법을 찾는 다른 방법을 언급하라.[44]

신앙 공동체의 성인들을 위한 추가적인 제안들은 다음과 같다.

- 겉도는 사람이나 우울증 환자, 자살을 시도했거나 혹은 자살로 누군가를 잃어버린 사람들처럼 신앙 공동체에서 가장 취약한 사람들이 누구인가를 결정하라. 그들이 어떻게 지내는지 평가하고 그들에게 지지와 도움을 제공하라. 우리가 면담했던 한 목회자는 다음과 같이 말한다. "그 사람들에게서 무엇인가를 느끼면, 허심탄회하게 이야기하라. 당신이 잘못 알았거나, 그것이 그들에게 문제가 되지 않거나, 혹은 아직 그들이 그것을 다룰 준비가 되어있지 않다 해도 괜찮다. 적어도 '문제가 된다면 이야기하자.'"
- 신앙 공동체가 비통, 죄책감 그리고 분노를 다루도록 "경청 그룹"을 제공하거나 공개 토론회를 여는 것을 고려하라.
- 앞서 논했던 것처럼 가족에게 지속적인 도움을 제공하고, 교회에 있을 때도 그렇게 하라. 교회에 있는 동안에 당황스러운 경험을 할 때 가족구성원이 도움을 구할 수 있도록 신앙 공동체에 속한 누군가를 선정하라. 소년이나 청소년을 위해서는 좋아하는

주일학교 교사를, 성인을 위해서는 교회 소그룹 회원을 정할 수 있을 것이다.[45] 비통해하는 가족 구성원들은 교회가 정말로 안전한 장소라는 사실을 재확인할 것이다. 우리가 면담한 한 목회자는 사람들에게 유인물을 나누어준다고 말했다. 왜냐하면 그는 "그들이 내가 말하는 것을 지금은 듣지 않더라도 어쩌면 언젠가이 유인물을 읽을 것이고 그것이 어느 정도 위로를 줄" 것이라고 믿기 때문이다.

- 고인이 소속되어 있던 기관이나 단체에서 대의명분에 봉사하거나 기부하는 것을 고려하라. 예를 들어 고인이 재향 군인이었다면, 재향 군인 기관에서 봉사하거나 기부하라.
- 신앙 공동체나 뉴스에서 나오는 사망이나 자살 사건이 바로 직전의 자살을 떠올리게 할 수 있다는 사실에 대비하라. 최근의 사망이나 자살이 가져온 고통은 이전의 끝나지 않은 슬픔을 더 심화시키거나 악화시킬 수 있다.

대응 프로토콜

성직자는 자살이 발생한 후 앞서 언급한 단계들의 조취를 취할 수 있으나, 그들은 자살이 일어나기 전에 적극적으로 대응 프로토콜을 만듦으로써 미리 대비할 수 있다. 도티와 스펜서-토마스는 급성의 자살 위기 시 또는 자살이 발생한 후 무엇을 할 수 있을지에 대한 "표준 운영

절차"를 개발할 것을 제안했다.[46] 여기에는 정확한 정보를 유포하는 계획을 포함하는데, 아무것도 모르는 상태에서 유언비어는 빨리 확산되기 때문이다. 사실에 근거한 정보는 부정확한 소문이 퍼질 가능성을 줄인다. 도티와 스펜서-토마스는 신앙 공동체에게 자살을 알리는 데 필요한 단계를 다음과 같이 제시한다.[47]

- 정보를 유포하기 전에 사실 여부를 확인하라.
- 먼저 신앙 공동체의 리더들에게 알리라. 그들의 반응이 격해질 수 있다는 점과, 또한 그렇기 때문에 공동체의 나머지 구성원들에게 알려지기 전에 리더들은 자기 자신의 감정을 다루는 기회가 필요하다는 것을 염두에 두어라.
- 체계를 마련해 신앙 공동체에 속한 각 사람이 청소년 담당 목사와 같은 친밀한 사람에게서 자살에 관한 이야기를 들을 수 있게 하라.
- 자살 방법이나 위치와 같은 세밀한 정보를 제외하고, 자살에 대해 알려진 정보에 관해 신앙 공동체 전체를 위한 짧은 설명서를 마련하라.
- 가족들이 자살 경고 신호를 포함해서 자살에 대한 잠재적인 반응에 민감해질 수 있다는 것에 주의를 환기하기 위해 공동체 구성원들에게 편지를 보내라. 자살 방법이나 위치와 같은 세밀한 정보를 제외한 이미 알려진 사실을 포함하라. 편지에서는 개인과 가족이 신앙 공동체에게 그들이 염려하는 것들을 말할 수 있

도록 격려하는 한편, 공동체 구성원들에게는 전국 자살 예방 생명의 전화 번호를 포함하여 도움을 얻을 수 있는 구체적인 방법들을 알려줘야 한다.

앞서 언급한 절차들은 위기가 발생했을 때보다는 사전에 만드는 것이 더 용이하다. "슬기로운 자의 지혜는 자기의 길을 아는 것이라도"(잠 14:8 상). 위기가 발생하기 전에 이러한 절차들을 생각하는 것은 지혜롭고 신중한 자세다.

공동체 돌보기: 파급 효과 다루기

우리와 면담했던 성직자들은 모두 자살이 신앙 공동체 전체에 영향을 끼친다고 인정했다. 한 목회자는 다음과 같이 말했다. "자살은 파문을 일으키고 매우 많은 사람에게 영향을 끼친다." 여기서 파급 효과는 무엇일까?

환상

하나의 파급 효과는 자살이 신앙 공동체 안에서는 결코 일어날 수 없다는 환상이 깨지는 것이다. 이 환상은 고인이 성직자일 때 훨씬 더 처참하게 무너진다. 한 목회자는 교회 대예배실에서 자살한 교회의 목사에 대해 다음과 같이 말했다. "그러한 행위는 교회에 가한 가장 끔찍한 폭력이다." 난생 처음으로 죽음을 대하는 사람들이 이 환상을 제거하기는 더욱더 힘든 일일 수 있다. 우리와 면담했던 한 목사는 다음과 같이 말했다. "그들 중 많은 사람이 처음으로 죽음을 직면합니다."

판단

한 기관 사역자는 우리에게 한 사람이 자살한 후에 그의 가족은 때때로 소외당한다고 말했다. 앞서 살펴보았듯이, 비벨과 포스터는 다음과 같은 글을 발표했다. "자살이 일어난 후 2년 안에 적어도 생존자의 80%는 그들이 출석하는 교회를 떠나거나 교회 출석을 완전히 중단했다. 이러한 현상이 발생하는 가장 흔한 두 가지 이유는 (1) 충족되지 못한 기대에 대한 실망과, (2) 비난이나 비판적 태도였다."[48] 가족에게 부여된 낙인은 목양 사역자가 반드시 다루어야만 하는 커다란 파급 효과였다. 앞서 언급했듯이, 한 성직자는 장례식 동안에 성도들을 향해 "이 가족을 판단하지 말라"라고 말했다.

신앙 공동체 떠나기

자살 후에 유족은 신앙 공동체를 떠난다. 우리가 면담한 목회자는 유족이 공동체를 떠나는 이유가 비통해할 수 있는 공간이 필요하기 때문이라고 말했다. 그 목회자는 자신이 출석하는 교회의 담임 목사가 장례식을 집행했기 때문에 매주 그가 설교를 할 때마다 언니의 자살을 떠올렸다고 말한 어느 여자의 예를 들었다. "당신이 아주 큰 고통을 떠올리기 때문에 유족은 당신과 함께 있는 것을 매우 힘겹게 생각한다." 이 여인은 비통해하는 기간 동안 잠시 다른 교회를 출석했다. 그는 목회자가 이런 일을 개인적인 것으로 받아들이면 안 된다는 것을 강조하면서 다음과 같이 덧붙였다. "나는 그녀를 보살펴주는 최상의 방법은 그녀의 목사가 되지 않는 것이라는 사실을 알았다. 나는 그녀가 돌봄을 받는 것을 보기 원했다." 그는 이 여성을 "잘 돕고 있다"고 신앙 공동체를 격려하는 것을 잊지 않았다. 그는 교회가 "지속적으로 그녀를 위해 기도하고 지원하며 그녀의 남편 역시 지원하도록" 격려했다.

죄책감, 분노, 배신

자살은 사망자를 이해하고 이 문제를 마무리할 기회를 거의 제공하지 않으며, 그 결과 신앙 공동체는 모두가 함께 실패했다는 낭패감으로 힘겨워한다. 어느 목회자는 한 성도가 자살한 후에 그의 교회는 "우리는 모두 실패자가 아닌가?" 하는 공유된 감정을 경험했다고 말했다. 신앙 공동체는 자신들이 무엇을 할 수 있었는지 궁금할 것이다. 우리와 면담한 한 목회자는 상황이 얼마나 심각했는지를 알았다면, 교회 공동체가 개입했을 것이라는 점을 이해하는 것이 자신들에게 중요하다고 말했다. 일부 자살을 하고 싶어 하는 사람은 다른 사람이 자신의 고통에 개입하도록 초대하지 않는다는 것을 기억하는 것이 우리에게 도움이 된다. 목회자, 기관 사역자 그리고 목회 상담가는 사람들이 스스로를 공정하게 판단하고 그들이 범한 소극적이고 적극인 잘못들과 관련해서 하나님의 자비를 발견하도록 도울 수 있다. 코번트리 대성당의 참사회원이었던 J. W. 풀(J. W. Poole)이 지은 다음의 기도문은 자살을 결정한 고인의 책임과 그럼에도 기꺼이 용서하시는 하나님의 마음을 기억하는 데 도움을 줄 것이다.

> 주여, 절망의 순간에
> 용기를 내지 못한 사람들을
> 당신의 자비하심으로 기억하소서.
> 그들이 낙담하기 시작할 때에,
> 그들의 소망을 새롭게 하소서.
> 그들이 완전히 무너졌을 때,
> 그들을 다시 일으키소서.
> 그들이 자신들의 손으로 죽는다면,
> 그들과 우리 모두를 용서하소서.
> 우리의 구원자 예수 그리스도를 통해
> 하나님의 사랑과 그들의 가치를 보장하소서. [49]

고통에 대한 더 큰 인식

공동체에서 자살 사건이 발생하면 사람들은 부모나 형제, 자매, 친척 또는 룸메이트의 자살에 대한 자신의 경험에 대해 말하기 시작한다. 공동체 구성원들은 그리스도인들이 정말로 고통스럽게 몸부림치고 있다는 사실을 더 크게 인식한다. 한 목회자는 우리에게 아래와 같은 새로운 관점을 통해 다른 사람을 바라보는 파급 효과에 대해 말했다. "우리 중에 이런 방식으로 느끼는 사람이 더 있지는 않을까요? 그리고 우리가 지금 관심을 기울여야 하는 사람은 누굴까요?…아니면 그저 '와우, 우리는 그 활기찬 젊은이의 상황이 그렇게 나쁜지 몰랐어요. 그래서 그것이 여기 있는 다른 사람들에게 무슨 의미가 있을까요?'라고 무심하게 생각하시겠습니까?" 또 다른 목회자는 우리에게 다음과 같이 말했다. "사람들은 갑자기 상처받은 이들에게 훨씬 더 많은 연민을 느꼈고, 그들을 외면하지 않았으며, 그들에게 다가가 '괜찮니?'라며 관심을 보인다." 또 다른 목회자는 자살이 일어난 뒤로는 신앙 공동체 구성원들의 관계를 더욱 돈독하게 하고자 각자 하나씩 음식을 만들어와서 함께 저녁식사를 하는 모임을 만들었다.

신약성경에서 "서로"라는 말은 신앙 공동체 안에서 관계를 형성하는 많은 방법을 암시한다. 서로 사랑하고(요 13:34; 요일 3:11, 23; 4:7, 11), 서로 우애하고 서로 존경하며(롬 12:10), 서로 마음을 같이하고(롬 12:16), 서로 비판하지 말며(롬 14:13), 서로 받아들이고(롬 15:7), 서로 가르치며(롬 15:14), 서로 문안하고(롬 16:16), 서로 동의하며(고전 1:10), 사랑 안에서 서로 섬기고(갈 5:13), 사랑 안에서 서로 참으며(엡 4:2), 친절하고 서로 불쌍히 여기며(엡 4:32), 시로 서로 노래하고(엡 5:19), 서로 복종하며(엡 5:21), 서로 가르치고 훈계하고(골 3:16), 서로 격려하며(살전 4:18; 5:11; 히 3:13; 10:25), 사랑과 선행을 격려하고(히 10:24), 서로 비방하지 말며(약 4:11), 서로 화합하고(벧전 3:8), 서로 대접하며(벧전 4:9), 서로 겸손으로 허리를 동이고(벧전 5:5), 죄를 서로 고백하며(약 5:16), 서로의 발을 씻어주라(요 13:14).

자기 돌봄에 관한 마지막 한마디

목양 사역자의 과제는 자살과 공동체 안의 파급 효과뿐 아니라 자기 자신의 반응도 다루어야 한다. 한 목회자는 다음과 같이 말했다. "우리 모두가 항상 필요한 종류의 지원을 받기에 좋은 시기입니다. 조금 더 도움을 받아야 하고 그런 도움이 필요하다는 것을 알아야 합니다. 또한 자살이 당신에게 영향을 끼치고 있고 자살에 대한 모든 사람의 반응도 당신에게 깊은 영향을 끼친다는 것을 알아야 합니다.…따라서 당신은 자살이라는 단 하나의 사건이 아니라 그것에서 파생되는 모든 일을 지금 처리하는 중입니다."

한 기관 사역자는 다음과 같이 덧붙였다. "저는 성직자가 장례식을 인도하기 전에 자신의 슬픔을 극복하고 해소해야 한다고 생각합니다. 장례식은 성직자가 자신의 슬픔을 해소하는 시간이 아니기 때문입니다. 따라서 저는 어떤 죽음이 있든 간에 성직자는 자신을 살피고, 하나님과 함께하는 시간을 가져야 하며, 그를 이해하는 사람과 죽음에 대한 자신의 감정을 나눠야 한다고 생각합니다. 모든 죽음은 성직자가 이미 앞서 몇 차례 경험했던 죽음을 다시 떠오르게 하기 때문입니다."

자살 예방 교육

신앙 공동체 안에서 자살 방지를 위한 또 다른 형태의 준비는 훈련이다. 학교나 군대 같은 기관들은 두 가지 유형의 자살 예방 교육을 실시하고 있다. 교육 프로그램은 자살이 무엇인지 그리고 자살하지 않도록 도움을 청할 수 있는 방법이 무엇인지를 알려준다. 예를 들어 훈련은 모든 고등학교 신입생을 대상으로 보건 과목이나 청소년 모임을 통해 이루어질 수 있다. 자살 예방 지킴이 교육은 자살의 경고 신호를 인지하고 자살하려는 사람을 돕는 위치에 있는 사람들을 대상으로 실시된다. 지킴이들은 "자신들의 직업, 역할 또는 성격이 다른 사람들의 삶에 대한 특별한 통찰력과 접근성을 가지며…다른 사람들이 믿고 비밀을 털어놓으며 조언을 구할 수 있는 특정한 사람들이다." 예를 들어 학교 상담자, 군목, 청소년 담당 목회자, 청소년 문제 상담자 그리고 목회 상담가가 바로 그런 사람들이다.[50] 일부 공동체는 이 두 가지 형태를 병행한다. 당신의 신앙 공동체가 지킴이 교육에 관심을 보인다면 이 프로그램이 적합한지의 여부를 평가하는 한 가지 방법은 "자살 예방 지킴이 교육 프로그램 선택하고 실행하기"(training.sprc.org)라는 자살 예방 자원센터(SPRC)의 온라인 교육을 수료하는 것이다. 이 교육은 매우 유용한 실제 정보를 제공할 것이다. 이 두 가지 형태의 교육에는 각각 장점과 약점이 있다.

일부 입증된 사례를 보면 어떤 사람이 곤경에 처했을 때 그 사실을 가장 늦게 아는 사람은 성인 전문가다.[51] 청소년들은 자살하고 싶은 생각을 친구들에게 말하는 경향이 있기 때문에, 학생들이 또래 친구의 자살 위험을 인식하고 어떻게 도움을 받을 수 있는지를 아는 것이 중요하다.[52] 교육 프로그램은 공동체 안에 있는 모든 사람이 경고 신호를 인지하고 이에 대응할 수 있도록 다양한 매체를 활용하여 교육을 진행한다. 예를 들어 자살 신호(Signs of Suicide, SOS: www.mentalhekthscreening. org/programs/youth-prevention-programs/sos)는 교육과 검사를 포함하는 학교 기반 커리큘럼으로, 비디오와 토의 안내서를 사용한다. 학생들은 ACT를 배운다. 이것은 인지(Acknowledge, 자살 경고 신호를 알아챔), 돌봄(Care, 당신이 돌보고 있음을 위험에 처한 사람에게 말함) 그리고 어른에게 말하는 것(Tell)의 약자다. 자살 신호(SOS)는 자살에 대한 지식을 늘리고, 우울증과 자살에 대해 더욱 적합한 태도를 증대하며, 자살 시도를 줄이려는 목적으로 만들어졌다.[53]

비록 다른 자살 인식 커리큘럼들이 그들을 지지하는지는 불확실하지만,[54] 조이너와 동료들은 다음과 같이 주장한다. "이 프로그램은 확실히 정착할 것이다."[55] 집단을 교육하는 또 다른 방법은 자살 예방 교육 프로그램에 자살학 전문가를 초대해 강의를 듣거나 교육용 비디오를 사용하는 것이다. 물론 모든 비디오가 유용한 것은 아니다. 당신이 이 방법을 선택한다면, 자살 예방에 초점을 맞추어 비디오를 틀어주고, 토론을 하면서 비디오의 지침을 따라가며, 질문에 대답하고 어려움에 처한 학생들을 식별하고 도움을 줄 수 있는 사람이 있는지 등을 확인하라. 교육용 비디오를 살펴보고 추천받기 위해서는 미국 자살학 협회(American Association of Suicidology, suicidology.org)를 방문하라.

지킴이의 역할은 자살 위험 신호를 인지하고 자살하려는 사람이 도움을 받도록 하는 것이다. 지킴이 교육의 장점 중 하나는 더 심도 있게 소규모의 사람들을 교육하는 데 있어 훨씬 효율적이고 비용이 적게 든다는 것이다. 지킴이 교육의 두 가지 예로는 요점을 간략하게 다루는 이점을 가진 QPR과, 깊이 있는 교육이 가능하다는 이점을 가진 ASIST가 있다.

QPR(qprinstitute.com)은 1시간 또는 2시간이 소요되는 교육으로서 질문(question), 설득(persuade) 그리고 의뢰(refer)를 의미한다. QPR은 평신도와 전문가가 자살 경고 신호와 행동에 반응하고 인식하는 법을 가르치는 응급 정신건강 개입이다. CPR과 같이 QPR은 지킴이가 초기 자살 경고 신호를 인식하고 자살 의도나 욕구 여부를 결정하기 위해 자살 경고 신호의 의미를 물어보고, 그가 도움을 받아들이거나 구하도록 설득하며, 그가 상담받을 수 있는 적절한 곳을 의뢰한다. 이것은 성인들이 학생들의 자살 위험에 대해 물어보는 데 도움을 주는 것으로 밝혀졌다.[56] 이 방법은 신앙 리더들을 위해 만들어진 것이고 온라인에서 이용할 수 있다.

ASIST(livingworks.net), 곧 응용 자살개입기술교육(Applied Suicide Intervention Skills Training)은 위험에 처한 사람의 안전을 지켜주고, 필요로 할 때 추가 도움을 구하도록 돕기 위한 목적으로 이틀 동안 배울 수 있는 자살 응급 처치 교육이다. 참가자들은 자살하고 싶어 하는 사람을 식별하고, 죽음과 삶에 관한 이유에 대해 공유된 이해를 구하며, 위험성의 검토에 기초한 안전 계획을 개발하고, 후속 조치를 하도록 준비하며 자살 위험도가 비교적 낮은 지역사회 네트워크와 연결케 하는 등의 목적을 위해 자살개입모델을 사용하는 법을 배운다. ASIST는 심도 있는 교육이며 신앙 리더들을 지도해왔다.

당신의 신앙 공동체가 앞서 언급한 교육이나 지킴이 교육을 받는 것을 고려하라. 당신의 신앙 공동체의 구성원으로 하여금 자살 방지 교육을 받게 하는 것이 누군가의 생명을 살릴 수 있는 길이다. 그리고 사역은 주로 전문가들에게 의뢰하는 데에만 초점을 맞춰왔기 때문에, 추가적인 자살 예방 교육은 그들에게 현실적인 도움을 줄 수 있다.

협력하기

목양 사역자는 지역사회에서 활동하는 다른 이들과 협력하는 것이 자살 예방에 있어서 중요하다고 말한다. 또한 협력자와 통역하는 것이 목회자, 기관 사역자, 목회 상담가가 위기에 처한 사람을 돌보는 무거운 짐을 혼자 짊어져야만 할 때 일어나는 탈진을 예방할 수 있다. 토마스 줍(Thomas Jobe) 박사와 그의 동료들은 다음과 같이 말한다. "고립된 상태에서 하는 일은 목회에 있어 가장 큰 위험 중 하나다. 자살 위협에 대한 대응은 목회자 혼자 감당해야 하는 일이 아니다."[57] 협력하는 것은 탈진의 위험을 관리하도록 돕고, 위험에 처한 사람과 자살에 의해 영향을 받는 사람들에게 더 광범위한 안전망을 제공하도록 돕는다. 협력 관계를 개발하는 방법 중 하나는 전국정신질환 동맹 연결 프로그램(National Alliance on Mental Illness's Connect program, theconnectprogram.org)에서 교육을 받는 것이다.

이곳의 6시간짜리 프로그램에 지원한 참가자들은 자살에 대해, 그리고 자살하려는 사람을 어떻게 도울 수 있는지를 배울 뿐만 아니라 자살의 위험에 처한 사람들을 위한 안전망을 만들기 위해 지역 사회의 여러 시스템들 속에서 어떻게 작업할 수 있는지도 배운다. 구체적인 최상의 실행 프로토콜이 교육, 법집행, 응급 진료 그리고 기타 분야에 종사하는 사람들은 물론 지킴이, 사회봉사 기관, 정신건강/약물 남용 지원 제공자들을 위해서 개발되었다. 이 프로그램은 신앙 리더와 신앙 공동체에 특화된 교육도 제공한다.

목회자, 기관 사역자 그리고 목회 상담가가 자살 위기 전이나 자살 위기가 진행되는 동안 또는 자살 후에 협력을 구할 필요가 있는 다른 전문가들은 누구인가? 상당히 많은 지역사회의 전문가들이 예방, 개입 그리고 사후 관리를 위해 일하고 있다. 예를 들면 법집행자, 소방서, 지역 병원의 응급실, 의료 제공자, 학교 관계자(교사, 학생상담자 그리고 코치) 그리고 장례사 등이다. 자살하려는 사람들과 관련된 다른 전문가 그룹은 정신건강 전문의들이다. 이들이 서로 어떻게 다른지에 관한 혼동 때문에 이들 각각의 전문 의료인들이 구체적으로 다루는 분야에 대해 잠시 살펴보자.

정신과 의사는 의과 대학에서 학위를 받은 후 수년간의 훈련을 끝마친 의학 박사다. (많은 정신과 의사가 이야기 치료도 제공하지만) 정신과 의사의 전문 분야는 약물을 처방하는 것이다. 정신과 의사는 보통 여러 가지 약물을 복용하는 사람들에게 가장 적합한 의료 전문가다. 정신과 의사는 때때로 예약을 받는다. 어떤 사람이 오직 하나의 약물만 복용한다면, 1차 진료 제공자에게 의뢰가 가능하다. 참고로 기억해야 할 것은 1차 진료 제공자 역시 의학 박사이지만, 정신과 의사가 가진 정신건강 문제와 정신건강 약물에 대한 훈련 수준에는 미치지 못한다는 점이다. 자격증을 갖춘 임상 간호 전문가들 역시 약물을 조제할 수 있지만 정신과 의사들만큼 훈련을 받지는 못했다.

비록 일부 주에서 심리사들이 약물을 조제하는 훈련을 받지만, 일반적으로 다른 정신건강 전문가들은 약을 조제할 수 없다. 이러한 다른 정신건강 전문가들은 대화 치료에 초점을 맞추며, 그들이 받은 교육이나 훈련의 수준 그리고 치료의 초점이 기본적으로 다르다. 정신건강법은 주에 따라서 다르기 때문에, 그들을 부르는 직책이 (이름 뒤에 오는 글자도) 주에 따라서 다를 수 있다. 자격증을 갖춘 전문가들은 주의 정신건강 전문가들의 훈련을 관리하는 주 위원회의 자격 요건을 충족했다는 것을 기억하라.

- 면허가 있는 심리사들은 심리학 박사 학위(Psy.D. 또는 Ph.D.)를 받았고, 심리적인 평가와 검사를 전문적으로 다룬다.
- 면허가 있는 독립된 임상 사회복지사(LICDSW)는 사회복지학 석사 학위를 취득했으며 개인의 역량을 향상하는 것을 전문으로 한다.
- 면허가 있는 정신건강 상담사(LMHC) 혹은 면허가 있는 전문 상담사(LPC)는 상담학 석사 학위를 취득했고 상담에 초점을 맞춘다.
- 면허가 있는 결혼 및 가족 치료사(LMFT)는 결혼 및 가족 치료 석사 학위를 취득했고 부부와 가족을 전문으로 한다.

• 약물 남용 상담사들은 약물 남용과 중독을 돕는 전문자격증이
  있고 학사 학위를 취득했다.

이러한 전문가 중 진료 의뢰가 가능한 사람이 누구인지 또는 전문
적인 도움이 필요한 사람에게 다른 전문가를 소개해줄 수 있는 사람이
누구인지 아는 것이 중요하다. 물론 이때 우리는 어떤 전문가가 새로운
환자나 내담자를 받을 수 없다는 것을 인지해야 한다. 정신건강 치료에
서 가장 중요한 것 중 하나가 의료 서비스 제공자와의 관계라는 것을
명심하라. 의료 서비스 제공자들과의 관계가 어떠한지를 점검하는 것
이 가장 이상적이다. 만족스럽지 못한 관계는 치료를 그만두는 결과를
가져올 가능성이 높다.

자살 예방 활동의 협력자가 되는 한 가지 중요한 방법은 지금 살고
있는 지역의 자살 예방 연합에 참여하는 것이다. 인근 지역의 자살 예
방 노력에 대한 정보를 얻기 위해서는 SPRC 주 자살 예방 정보 온라인
홈페이지를 참고하라(sprc.org/states). 지역 연합에는 참전 용사, 학교, 로
터리 클럽, 직장인 원조 프로그램, 노인 단체, 사회복지 기관이나 교정
시설 등이 가입되어 있을 것이다. 이러한 기관들은 신앙 공동체와 함
께 자살 예방 노력을 할 수 있는 기회를 찾고 있을 것이다. 도티와 스펜
서-토마스는 다음과 같이 말한다. "예방 시스템들은 종종 심도 있고 지
속적인 변화를 위해 협력 작업을 필요로 하는데, 신앙 공동체는 자살을
예방하는 데 매우 중요한 부분을 차지한다."[58] 『2012 자살 예방을 위한
국가적 전략: 행동을 위한 목표와 목적 보고서』(*The 2012 National Strategy*

for Suicide Prevention: Goals and Objectives for Action)는 신앙 공동체의 역할이 자살 예방 노력에 매우 중요한 요인 중 하나라고 보고한다.[59] 신앙 공동체의 목적 중 하나는 "지역 사회 차원에서 이루어지는 전반적인 자살 예방 노력을 촉진하고 이행하기 위해 관계자들로 이루어진 지역 연합에 참여하는 것"이다.[60]

요약

자살은 사망자의 가족에게만 영향을 끼치는 것이 아니다. 자살은 신앙 공동체 전체에 영향을 끼친다. 자살이 일어난 후에 목양 사역자는 자살 전염과 다발성 자살을 다룰 뿐 아니라 죽음에 대해 공개적으로 말해야 하는지와 가족의 요구를 존중하는 것 사이의 균형을 어떻게 유지해야 하느냐와 같은 많은 복잡한 문제에 직면한다. 게다가 그는 자살에 대한 공동체 자체의 반응을 다루는 동시에 공동체 안에서의 파급 효과도 처리해야 한다. 자살이 일어난 후에 신앙 공동체를 돕는 것은 결코 간단한 일이 아니다. 공동체 안에서 다른 사람을 교육시키고 협력 관계를 맺는 것은 목양 사역자의 부담을 덜어준다. 목회자들이 공동체의 자살 예방 노력과 협력 관계를 맺는다면, 목양 사역자는 이러한 노력을 통해 무엇을 기여하고 싶을까? 다음 장에서 이러한 질문에 대해 살펴볼 것이다.

토론을 위한 질문

1. 에이즈, 교도소, 중독, 실직과 정신병 각각에 관해 낙인을 더욱 부채질하는 고정관념이나 비밀에 대해 토론하라.
2. 왜 자살은 그렇게 낙인이 찍힐까? 당신은 그런 낙인을 없애기 위해 무엇을 할 수 있을까?
3. 당신은 자살 추모예배, 추도예배 또는 장례식에서 어떤 메시지를 전하겠는가?
4. 당신은 어떻게 자살 전염과 다발성 자살을 예방하겠는가?
5. 자살 예방 교육이 생명을 구하는 것에 어떻게 도움을 줄 수 있을까?
6. 생명을 구하기 위해 지역 사회에서 누가 당신의 협력자가 될 수 있을까?

참고자료

Centers for Disease Control and Prevention, "CDC Recommendations for a Community Plan for the Prevention and Containment of Suicide Clusters," *Morbidity and Mortality Weekly Report* 37, no. S-6 (1988): 1-12.

유소년과 청소년
Boys Town hotline, ⟨www.boystown.org/national-hotline⟩.
Kids Help Phone Canada, ⟨www.kidshelpphone.ca⟩.
Kristin Brooks Hope Center/National Hopeline Network, ⟨www.hopeline.com⟩.
Samariteens, ⟨www.samaritanshope.org⟩.

Trevor Project for LGBTQ youth, 〈www.thetrevorproject.org〉.

대학생

The Jed Foundation, 〈www.jedfoundation.org〉.

중장년층

Institute on Aging Center for Elderly Suicide Prevention Friendship Line, 1-800-971-0016, 〈www.ioaging.org/collaborations-elder-protection/center-for-elderly-suicide-prevention/friendship-line〉.

유색인종

National Organization for People of Color Against Suicide (NOPCAS), 〈www.nopcas.org〉.

스페인어 사용자와 참전 용사

Kristin Brooks Hope Center/National Hopeline Network, 〈www.hopeline.com〉.
National Suicide Prevention Lifeline, 1-800-273-TALK, 〈www.suicidepreventionlifeline.org〉.

자살에 관한 설교 자료들

J. T. Clemons, *Sermons on Suicide* (Louisville, KY: Westminster John Knox, 1989).
Mennonite Media, Fierce Goodbye, "Help for Pastors," 〈www.fiercegoodbye.com〉.
Suicide Prevention Resource Center, *After a Suicide: Recommendations for Religious Services and Other Public Memorial Observances* (Newton, MA: Education Development Center, 2004).

결론

사람들은 나에게 자살 예방 분야에서 일하는 것이 우울하지는 않은지 항상 묻는다. 나는 전혀 우울하지 않다. 나는 하나님이 사랑하시는 사람들, 갈 길을 잃어버린 사람들에게 하나님의 은혜를 공급해준다는 희망으로 가득 찬 기대에 중점을 두고 자살 예방 사역을 하고 있다. 자살 예방은 생명을 살리는 일이며 인간의 회복을 목격하는 일이다. 인간은 엄청난 고통과 난관에 직면할 때 믿을 수 없을 정도로 활기를 되찾는다. 이러한 회복력을 바라보면서 매일같이 나는 사람이 천사보다 조금 못하게 창조되었다는 것을 확인하며(시 8:5), 이를 통해 창조자를 경배하게 된다.

신앙은 나로 하여금 소망을 갖게 한다. 신앙은 자살 예방 사역의 중심에 자리 잡고 있다. 목회자, 기관 사역자 그리고 목회 상담가는 자살 예방에 있어서 필요한 존재다. 그들이 가진 고유하고 가장 중요한 신앙이 자살 예방에 기여하기 때문이다. 이 책은 목양 사역자가 자살로 인해 상처받은 사람들과 함께하고 지역 사회에서 자살을 예방하려는 노력에 기여하는 데 있어서 그들만의 고유한 역할을 인식하도록 돕는 데 초점이 맞추어져 있다.

자살을 예방하기 위해서 목회자, 기관 사역자 그리고 목회 상담가가 무엇을 할 수 있을까

지금까지 이 책은 목양 사역자가 자살 예방에 도움을 줄 수 있는 많은 방법을 제안했다. 그러한 내용들을 요약하면 다음과 같다.

신학을 토론하기

실천신학은 목회자, 기관 사역자 그리고 목회 상담가에게 핵심 신학 분야이고, 목양 사역자가 자살에 영향을 받는 사람들과 상호작용하는 방식을 형성하게 한다. 성직자는 다른 돌봄자와 다르게 자신들만의 독특한 방식으로 돌보고, 그렇기 때문에 아마도 일부 사람은 자해의 위험을 포함해서 대부분의 정신건강 문제에 대해 성직자를 가장 중요한 조력자로 보게 된다.[1]

목양 사역자가 자살에 의해 상처받은 사람을 돌볼 때에 많은 신학적인 주제가 등장한다. 제4장에서 언급했듯이 그러한 주제들은 다음과 같다.

- **삶** "좋은 삶"이란 무엇을 의미하는가? 어떻게 해야 좋은 삶을 살 수 있을까? 사람들이 좋은 삶을 살 수 없다면 어떻게 해야 하나?
- **죽음** 죽음의 시기를 결정할 수 있는 권리는 누구에게 있는가? "슬픈 삶"은 "죽은 삶"과 같은 것인가?

- **자살** 그리스도인은 어떻게 자살을 하게 되는 걸까? 자살을 시도한 그리스도인이 어떻게 회복될까? 자살이 죄인가? 가능하다면, 어떤 상황에서 자살을 정당화할 수 있을까? 자살이 죄라면, 그 죄는 용서받을 수 있을까? 자살한 사람은 지옥에 가는가? 지옥에 가지 않는다면, 우리는 자살을 도덕적으로 반대할 수 있을까?

- **고통** 그리스도인도 고통을 겪을까? 우리는 하나님의 능력과 사랑에 비추어서 고통을 어떻게 설명할 수 있을까? 고통은 그리스도인들에게 가해지는 심판인가? 그리스도인은 고통에 대해 어떻게 반응해야 할까?

- **공동체** 그리스도인의 삶에서 공동체의 기능은 무엇인가? 누가 그리고 어떻게 공동체에 기여하는가? 누군가가 합법적으로 공동체에서 배제될 수 있을까?

고통 해결하기

우리 연구팀은 성직자들과 가진 면담에서 자살하려는 사람들이 자신들의 목회자와 논의하는 주된 문제가 그리스도인으로서의 기쁨의 결여, 그들이 겪는 고통 그리고 신정론, 즉 이해할 수 없는 고통의 문제를 사랑이 충만하신 하나님으로 해결하려는 시도였다는 것을 알았다. 그리스도인들은 자신들이 겪는 고통으로 인해 종종 혼란스러워 보인다. 그들은 고난이 승리로 변하기를 기대한다. 그들은 "우울하기에는 너무 많은 축복을 받기를 기대하고, 슬퍼하기에는 너무 기쁘기를 기대하며, 낙담하기에는 성령의 기름 부음을 너무 많이 받기를 기대하고, 마음이 불안하기에는 기운이 너무 많기를 기대하며, 혼란스럽기에는 너무 견고해지길 기대한다."[2] 그러나 그리스도인들은 고통을 겪는다.[3] 우리의 신앙은 역설로 가득하다. 예를 들어 예수님은 완전하신 하나님(디 2:13)과 완전한 인간으로(요일 4:2) 오셨다. 그리스도인은 "예정대로" 하나님의 자녀가 되었지만(엡 1:5), "누구든지 믿는 자는" 멸망하지 않을 것이다(요 3:16-18). 그리스도인은 은혜로 구원받았지만(엡 2:8), 행함 없는 믿음은 죽은 것이다(약 2:17). 성경은 우리에게 "당신이 형제나 자매에게 화를 내면 심판을 받게 될 것이다"(마 5:22)라고 말하는가 하면 "화를 내되 죄를 짓지 말고, 해가 지도록 분을 품지 말라"고도 말한다(엡 4:26). 다른 쪽을 무시하기 위해 역설의 어느 한쪽을 강조하면 하나님을 믿는 사람이 균형을 잃게 될 것이다. 목회자, 기관 사역자 그리고 목회 상담가는 기독교의 고난에 대해 균형 잡힌 시각, 즉 번영(신 5:33; 잠 21:5)과 고통(롬 12:12; 고후 1:8; 벧전 4:12)은 모두 정상적인 기독교적 경험이라는 것, 그리스도인들은 기쁨(빌 4:4)과 슬픔(시 6:7)을 모두 경험한다는 것, 승리하는 그리스도인의 삶을 살아간다는 것은 고통이 없는 삶을 사는 것이 아니라 고통을 다루는 삶을 사는 것을 의미한다는(합 3:17-19; 빌 2:27-28) 것 등을 가르칠 필요가 있다.

자살에 공개적으로 관여하기

신앙 공동체의 지도자로서 목양 사역자는 다음과 같이 세 가지 중요한 순간, 곧 자살이 우려가 되기 전, 사람들이 자살하고자 하는 마음을 품을 때, 그리고 그들이 자살을 시도했거나 자살로 사망했을 때에 자살의 문제에 직접 관여할 기회가 생긴다. 우리는 이 세 가지 단계를 예방, 개입 그리고 사후 관리라고 말할 수 있다. 마치 홍역 예방 접종이 홍역에 걸리는 것을 막는 것처럼, 예방은 자살로 치닫게 하지 못하도록 한다. 하임리히 구명법이 질식을 막는 것처럼, 개입은 발생 가능한 최악의 결과를 막기 위해 관여하는 것이다. 사후 관리는 자살 후에 남겨진 사람들에게 지원과 도움을 제공한다. 자살이 익사하는 것과 같다면, 예방은 수영장 주위에 울타리를 치거나 수영 강습을 제공하는 등 예방을 위해 최선을 다하는 것이다. 개입은 사람이 수영장에 빠졌을 때 심폐소생술을 행하는 것처럼 사후 관리는 익사가 발생한 후에 당신이 가족에게 할 수 있는 것을 하는 것이다.

목회자, 기관 사역자 그리고 목회 상담가는 자살의 전체 단계에 모두 관계한다. 그들은 자살하려는 사람들이 소속감, 의미 있는 봉사 그리고 살아야 할 이유 등을 가지고 가치 있는 삶을 살도록 도와줌으로써 자살을 예방한다. 그들은 자살하려는 사람들, 자살 시도 후 살아남은 사람들과 그들의 가족구성원에게 지킴이의 역할을 함으로써 개입한다. 즉 그들은 자살의 위험을 인식하고 위험에 있는 사람을 도와줄 전문가들을 소개하고 연결해준다. 목양 사역자는 의뢰할 곳을 알아보고, 목회 상담을 제공하며, 신학적인 견해를 논하고, 적절한 도덕적 결정을 하도록 인도하며, 희망과 희망 상자를 계발하며, 집에서 총이나 약들을 치우고, 진전 상황을 예의주시하며, 함께 있어 주며 실제적인 도움을 제공함으로써 위기의 한가운데에 개입한다. 그들은 자살로 사랑하는 사람을 잃은 이들에게 지원과 도움을 제공하면서 자살 사망 후에 사후 관리를 한다. 그는 장례식장에서 밤을 지새고, 추도실과 장례식을 집행한다. 그리고 동시에 그들은 예방 단계로 돌아온다. 그들은 자살 전염과 다발성 자살을 방지하기 위해 공동체가 노력하도록 안내하면서 자살을 예방하는 데 집중한다. 예방, 개입, 사후 관리의 이들 세 단계 동안에 목회자, 기관 사역자 그리고 목회 상담가는 자살에 대해 터놓고 이야기하고 정확한 정보를 공급하면서 자살에 대한 오명에 이의를 제기한다. 목양 사역자들은 지역 사회 차원의 차이를 만들기 위한 영향력을 갖고 있다는 점에서 지역 사회 지도자로서 특별하다.

살 만한 가치가 있는 삶 만들기

종교는 자살을 막아준다. 목회자, 기관 사역자 그리고 목회 상담가는 사람들에게 목적과 소속감을 가지고 살 만한 가치가 있는 삶을 발전시킴으로써 자살로부터 자신을 보호하도록 가르치는 데 독특한 역할을 한다. 의미 있는 목적과 소속감은 자살을 막아주기 때문이다. 종교적인 활동에 참여하도록 권장함과 아울러, 목양 사역자는 사람들에게 살아갈 이유를 강화하도록 돕는다. 이런 역할은 그들에게 소속감을 느끼고 봉사할 수 있는 곳을 제공하며 지속적인 부부 관계, 강한 응집력을 가진 가족, 하나님의 영원한 사랑에 기초를 둔 정체성과 자부심을 형성하도록 그들을 가르침으로써 이루어진다. 자살을 막는 일곱 가지 요소로는 다음과 같은 것들이 있으며, 이것들은 목회자, 기관 사역자 그리고 목회 상담가가 감당하는 독특한 역할들을 매우 분명하게 보여주고 있다.

1. 가족, 친구 그리고 다른 중요한 사람들에 의한 지지는 자살을 막는다.[4] 목양 사역자들은 그리스도인들에게 서로 지지하도록 가르친다. 성경에 나오는 "서로"라는 구절은 다른 사람들의 지지를 강조한다. 사실 기독교 공동체를 나타내는 표시는 서로 사랑하는 것이다. "너희가 서로 사랑하면 이로써 모든 사람이 너희가 내 제자인 줄 알리라"(요 13:35). 그리스도인이 된다는 것은 다른 사람을 돌보는 것이다. "아무 일에든지 다툼이나 허영으로 하지 말고 오직 겸손한 마음으로 각각 자기보다 남을 낫게 여기고 각각 자기 일을 돌볼뿐더러 또한 각각 다른 사람들의 일을 돌보아 나의 기쁨을 충만하게 하라"(빌 2:3-4). 목회자, 기관 사역자 그리고 목회 상담가는 서로를 향한 사랑을 강조할 뿐만 아니라 가족, 친구 그리고 중요한 다른 사람들에게 받는 지지를 계속 유지하기 위한 방법을 제공한다. 성경은 어떻게 좋은 관계를 유지해야 하는지에 관한 전략들로 가득 차 있다. 예를 들어 험담을 하지 않기(잠 20:19), 다른 사람의 죄를 용서하기(골 3:13)와 같은 것이 있다. 가족 응집력(가족 안에서 함께한다는 감정)과 부모의 지지가 청소년들의 자살을 막는다.[5] 성경은 가족 응집력을 유지하기 위해 부모를 존경하고(출 20:12; 엡 6:2) 자녀들을 화나게 하지 말라는 것과 같은 전략을 가르친다.

2. 친밀한 협력자는 자살을 막는다.[6] 목양 사역자는 결혼 생활의 영원성에 대한 하나님의 이상을 가르치는 독특한 위치에 있다(말 2:16). 두 사람이 결혼에 의해 연합되었을 때 그들은 한 몸이 되었다(창 2:24). 비록 심리학이 친밀한 부부 사이의 갈등을 어떻게 다루어야 하는지에 대해 많은 전략을 내포하고 있지만, 성경 역시 그러한 전략들의 일부를

알려준다. 예를 들면 다음과 같이 말이다.

그런즉 거짓을 버리고 각각 그 이웃과 더불어 참된 것을 말하라. 이는 우리가 서로 지체가 됨이라. 분을 내어도 죄를 짓지 말며, 해가 지도록 분을 품지 말고 마귀에게 틈을 주지 말라.…무릇 더러운 말은 너희 입 밖에도 내지 말고 오직 덕을 세우는 데 소용되는 대로 선한 말을 하여 듣는 자들에게 은혜를 끼치게 하라. 하나님의 성령을 근심하게 하지 말라. 그 안에서 너희가 구원의 날까지 인치심을 받았느니라. 너희는 모든 악독과 노함과 분냄과 떠드는 것과 비방하는 것을 모든 악의와 함께 버리고 서로 친절하게 하며 불쌍히 여기며 서로 용서하기를 하나님이 그리스도 안에서 너희를 용서하심과 같이 하라(엡 4:25-27, 29-32).

목양 사역자는 대인관계의 상실을 막도록 도와줌으로써 자살을 막는 보호 요소들을 증가시킨다.

3. 교회 출석은 자살을 막는다.[7] 맥컬로우(McCullough)와 윌로우비(Willoughby)는 교회 출석이 사회적 지지를 제공하고, 건강을 증진하게 하는 행동을 권고하며, 건강에 해로운 행동을 저지한다고 시사한다. 그들은 좀 더 나아가서 종교가 "사회적으로 비규범적인 행동을 억제하고 사회적으로 규범적인 행동을 장려하면서" 자기 조절과 자기 통제를 향상시킨다고 부연한다.[8] 자기 통제는 성령의 열매이고(갈 5:23), 양심적인 사람은 자살 시도를 포함한 건강에 위험을 주는 많은 행동을 하지 않는다는 사실을 주목하는 것이 중요하다.[9] 목회자, 기관 사역자 그리고

목회 상담가는 자살로부터 보호해주는 교회 출석을 권장할 수 있는데, 교회 출석은 자기 조절과 자기 통제와 같은 다양한 보호 요소를 증진시킨다.

4. 종교는 스트레스에 효과적으로 대처하는 것을 촉진한다. 기도, 하나님을 향한 예배, 묵상, 성경 읽기나 영적 지도자와의 만남과 같은 종교적인 대처 훈련들은 자살을 막는다.[10] 이런 주장은 타당하다. 기도와 영적 훈련이 분명히 신체적인 건강에 긍정적으로 영향을 끼치고, 사람들은 자살 생각에 대처하기 위해 적극적으로 영적 훈련들을 사용하기 때문이다.[11] 예를 들어 한 연구 결과를 살펴보면 사람들은 희망과 도움의 원천으로 정신건강 전문가보다 가족, 친구, 동료 그리고 신앙에 더욱더 의지했다.[12] 어려움에 대처하기 위해 신앙을 사용하는 것은 성경의 메시지와도 부합한다. 즉 전능하신 하나님(창 17:1), 부활하신 그리스도(눅 24:52), 성령(행 2:4)과의 만남은 삶을 변화시킨다. 하나님의 말씀은 영혼을 소생시키시고, 사람을 지혜롭게 하며, 마음에 기쁨을 주고, 눈을 밝게 한다(시 19:7-8). 목양 사역자는 자살하려는 사람을 하나님과 영적 훈련에 연결해줄 수 있다. 이것들은 사람들이 스트레스에 효과적으로 대처하도록 돕기 때문이다.

5. 문제 해결 및 관리에 중점을 둔 대처 전략과 자기의 감정적 반응을 조절하는 것이 자살을 막는다.[13] 성경에는 "유순한 대답은 분노를 쉬게 하여도 과격한 말은 노를 격동하느니라"(잠 15:1)와 같이 자신의 감정적 반응을 조절하는 가르침들이 풍부하다. 삶의 문제들은 신중함, 치밀함과 부지런함 그리고 하나님의 뜻을 기다리는 것과 균형을 맞춘 신중한 계획을

갖고 다루어진다(잠 31:13-27; 16:9; 약 4:13-15). 예를 들어 예수님은 어떤 사람이 당신에게 죄를 저질렀을 때 갈등을 해소하기 위해 규정된 과정을 따르라고 가르치신다(마 18:15-17). 목회자, 기관 사역자 그리고 목회 상담가는 문제 해결과 감정 조절에 대한 성경적 접근을 가르칠 수 있다.

6. 살아야 할 이유를 갖는 것이 자살을 막는다.[14] 이와 유사한 내용을 담은 여러 프로젝트를 유튜브에서 찾아볼 수 있다. 예를 들면 "100가지 살아야 할 이유"라는 제목으로 만들어진 비디오가 있다. 청소년 그룹은 이와 비슷한 프로젝트에 참여할 수 있다. 살아야 하는 각자의 이유, 즉 희망 상자를 만드는 것이다. 공동체로서 그리스도인은 살아야 할 많은 이유를 갖고 있다. 우리를 향한 하나님의 사랑, 고통 가운데서의 소망, 창조의 아름다움, 가족과 친구들의 축복 그리고 자살에 대한 도덕적 반론 등의 이유가 있다. 그러나 살아야 할 가장 중요한 두 가지 이유는 조이너가 인간 욕구의 기초라고 부르는 소속감과 능력과 연관이 있다.[15] 그리스도인들은 교회에서 봉사하도록 다양한 은사를 받았다(롬 12:6-8; 고전 12; 엡 4:11-13; 벧전 4:10-11). 이런 은사는 각각의 그리스도인에게 소속과("개인적으로 우리는 서로의 구성원이 된다"[롬 12:5], "당신은 그리스도의 지체이며 개별적으로 몸의 구성원이다"[고전 12:27]), 의미 있는 섬김의 장소를 제공한다("우리는 서로 다른 재능을 가지고 있다"[롬 12:6], 그리고 "각 사람에게 성령을 나타내심은 유익하게 하려 하심이라[고전 12:7]). 목양 사역자는 모든 그리스도인이 그들의 재능을 인식하고 의미 있는 봉사에 그들의 재능을 활용할 수 있는 기회를 가졌다는 사실을 재확인시켜줄

수 있다.

7. 청소년의 경우에 건강한 자존감을 갖는 것이 자살 생각과 행동을 막는다.[16]
성경은 인간의 죄성을 분명하게 가르치는 동시에 인간이 하나님의 형
상으로 만들어졌다는 것(창 1:27; 9:6), 오묘하게 만들어졌다는 것(시
139:14) 그리고 하나님이 매우 사랑하시는 존재라는 것을 분명히 말
한다(요 3:16). 그리스도인은 "하나님의 백성이다"(벧전 2:9). 청소년을
포함한 모든 사람은 하나님의 형상과 사랑의 표식을 갖고 있음을 이해
할 필요가 있다. 그들은 다른 사람을 사랑하듯이 자기 자신을 사랑할
것을 배울 필요가 있다. 목회자, 기관 사역자 그리고 목회 상담가는 이
러한 사실을 가르칠 수 있어야 한다.

목양 사역자는 사람들이 그들 각자의 삶에서 자살을 막아주는 신
념과 행동들을 도와주고, 또한 살 만한 가치가 있는 삶을 만들어가도록
돕는다.

공동체 발전시켜나가기

목회자, 기관 사역자 그리고 목회 상담가는 자신들이 혼자서 일하는 것
이 아니라는 사실을 발견한다. 신앙 공동체는 자살하려는 사람들, 자살
시도에서 생존한 사람들, 그들의 가족과 자살 사망으로 영향을 받는 사
람들을 돕는다. 목양 사역자가 주도해가는 경우도 있지만 공동체가 스
스로 배우기도 한다. 신앙 공동체는 어떻게 지속적인 관계를 형성하고
자살을 막을 수 있는지와 같은 기술을 가르친다. 이러한 기술은 학습
되고, 실행되며 공동체 안에서 실천된다. 소그룹에서 사람들은 경청 기

술, 자기 인식, 감정이입은 물론 기도나 묵상과 같은 영적 훈련들도 배운다. 소그룹에서 사람들은 소속감도 배울 것이다. 각자 음식을 조금씩 가져와서 나눠먹는 식사를 통해 문제 해결, 의사 결정 그리고 예를 들어 의견이 나누어진 위원회에서 어떻게 의견의 일치를 볼 수 있을지 협상하는 기술도 배운다. 우리는 사람들과 커피를 함께 마시는 시간을 보내면서 스트레스에 대처하는 방법과 의미 있는 봉사에 대해 배울 수 있다. 공예배에 참석하는 것은 개인묵상이나 성경을 읽는 것처럼 영적 훈련을 발전시킬 수 있게 돕는다. 청소년 그룹 모임에서의 토론은 또래 집단에서 받는 사회적 압력에 적극적으로 대응하는 기술을 향상하도록 돕는다. 낙인이 얼마나 파괴적인지를 알게 되는 곳도 공동체다.

또한 공동체는 지지가 필요한 사람들이 지지를 받을 수 있는 곳이다. 자살에 영향을 받는 사람들에게 편지를 쓸 수 있는 것도 신앙 공동체다. 편지를 보내는 것은 자살에 영향을 받는 어느 누구에게라도 변화를 이끌어낼 수 있고 평신도 사역자나 집사들의 방문도 도움을 줄 수 있다.

협력자

법집행자, 소방서, 지역 병원의 응급실, 의료 서비스 제공업체, 학교 교직원, 코치, 정신건강 전문가 그리고 장의사와 같이 지역 사회의 많은 전문가가 자살 예방, 개입, 사후 관리에 연관된다. 신앙 공동체의 리더로서 목회자, 기관 사역자 그리고 목회 상담가도 이러한 전문가들의 노력에 협력할 수 있다. 목양 사역자는 지역의 자살 예방 연맹에 가입할 수 있다. 다른 사람들과 협력하는 것은 의미 있는 일인데, 협력을 통해서 다른 사람을 돕는 짐을 함께 나눌 수 있으며 더 많은 전문가의 참여는 자살에 영향을 받는 사람들을 위한 더 넓은 안전망을 만들기 때문이다.

실현할 수 있는 일

목양 사역자의 자살 예방 프로그램이 실효성을 갖는 두 가지 이유가 있다. 첫 번째 이유는 신앙 공동체 안에서 자살이 이미 일어난다는 것이다. 사실 대부분의 목회자, 기관 사역자 그리고 목회 상담가는 사역하는 동안에 어느 시점에서든지 자살에 관여한다. 한 연구에 의하면, 성직자의 84%가 자살하려는 사람들에게서 도움을 요청받았다.[17] 많은 사람이 특히 힘든 시간 동안에 성직자에게 지지와 지도를 요청한다.[18] 다른 연구에서 응답자들의 1/3은 자해의 위험을 포함한 대다수의 정신건강 문제를 해결하는 데 도움을 주는 "첫 번째 조력자"로 성직자를 꼽았다.[19] 덧붙여서 또 다른 연구는 주요 정신건강 진단을 받은 사람이 정신건강 전문가에게 연락하는 만큼 성직자에게 도움을 요청할 가능성이 있고, 자살 사고, 자살 계획이나 시도는 성직자에게 연락을 취하는 중요한 예측 요인임을 발견했다.[20] 자살은 신앙 공동체에서 발생할 수 있는 일 중 하나다.

목양 사역자의 자살 예방 프로그램이 실효성을 갖는 두번째 이유는 그들이 자살로부터 사람들을 보호할 수 있는 많은 요인을 구축하는 일에 자신들이 이미 갖추고 있는 역량을 사용하기 때문이다. 목회자, 기관 사역자 그리고 목회 상담가는 삶, 죽음, 고통 그리고 공동체의 신학을 가르친다. 의도적이든지 혹은 그렇지 않든지 간에 그들은 사람들에게 살아야만 하는 이유를 가르치고 있다. 그들은 희망, 영적 훈련, 지속적인 관계를 맺는 기술들을 가르치고 모범을 보인다. 비록 자살 예방이 엄청나게 힘든 과제로 보일지라도, 그것은 실현할 수 있는 과제다. 그리고 목양 사역자는 이미 이 일에 참여하고 있다. 이 책의 목적은 자살을 다루는 목회자, 기관 사역자 그리고 목회 상담가에게 힘을 주는 것이고, 그들은 이런 작업을 통해 이미 갖고 있는 기술을 활용해 보다 효과적으로 이 일을 감당할 수 있을 것이다.

요약

목양 사역자는 자살을 예방하는 데 필요한 특별한 역량을 가지고 있다. 그들은 자살을 막는 믿음의 신념과 행동뿐만 아니라 자신들이 공부했던 실천신학을 제공한다. 목회자, 기관 사역자 그리고 목회 상담가는 자살이 이미 신앙 공동체 안에 존재하기 때문에 자살 예방, 개입 그리고 사후 관리에 참여하기 위한 준비를 할 필요가 있다.

토론을 위한 질문

1. 목회자, 기관 사역자 그리고 목회 상담가가 자살 예방을 위해 제공할 수 있는 독특한 기여는 무엇인가?

2. 목회자, 기관 사역자 그리고 목회 상담가가 이미 지고 있는 무거운 부담스런 짐에도 불구하고, 그들의 자살 예방 사역이 실효성을 갖게 하는 요인들은 무엇인가?

3. 당신이 이 책을 읽는 동안에 자살에 대해 달라진 관점이 있는가? 그렇다면, 어떻게 달라졌는가?

4. 자살에 관한 현재 당신의 관점은 무엇인가?

미주

서론

1 이 책에 나오는 모든 이야기와 사례는 실제 사건과 인물에 기초한 것이다. 하지만 인명과 세부적인 이야기는 개인들의 사생활을 보호하고자 각색한 것이다.

2 모든 정신건강 전문가가 자살이 예방할 수 있거나 예방해야 한다고 믿는 것은 아니다. 하지만 이런 부정적인 관점은 소수의 의견이다(Szasz, "Suicide as a Moral Issue," *The Freeman* 49 [July 1999]: 41-42을 보라).

3 S. Stack, B. Bowman, *Suicide Movies: Social Patterns 1900-2009* (Cambridge, MA: Hogrefe, 2012).

4 R. H. Fazio, "How Do Attitudes Guide Behavior?" in *Handbook of Motivation and Cognition: Foundations of Social Behavior*, ed. R. M. Sorrentino, E. T. Higgins (New York: Guilford, 1986), pp. 204-43. J. A. Krosnick, W. A. Smith, "Attitude Strength," in *Encyclopedia of Human Behavior*, ed. V. S. Ramachandran (San Diego: Academic, 1994).

5 H. R. Fedden, *Suicide: A Social and Historical Study* (London: Peter Davies, 1938), p. 19.

6 Ibid., p. 19.

7 Ibid., p. 18.

8 E. Stengel, *Suicide and Attempted Suicide* (Harmondsworth, UK: Penguin, 1964), p. 57.

9 Fedden, *Suicide*, p. 48.

10 J. R. Watt, *Choosing Death: Suicide and Calvinism in Early Modern Geneva* (Kirksville, MO: Truman State University Press, 2001), p. 70. 또한 Fedden은 Regulus의 자살을 "로마인의 자살 중 가장 훌륭한 자살"이라고 묘사한다. Fedden, *Suicide*, p. 60.

11 Josephus, *The Jewish War* 7, as cited in L. Carr, G. Carr, *Fierce Goodbye: Living in the Shadow of Suicide* (Scottdale, PA: Herald Press, 2004), p. 149.

12 Stengel, *Suicide and Attempted*, p. 57.

13 R. F. Worth, "How a Single Match Can Ignite a Revolution," *New York Times*, January 21, 2011, ⟨www.nytimes.com/2011/01/23/weekinreview/23worth.html⟩.

14 T. Joiner, *Why People Die by Suicide* (Cambridge, MA: Harvard University Press, 2005), p. 144. 『왜 사람들은 자살하는가?』(황소자리 역간).

15 M. Williams, *Cry of Pain: Understanding Suicide and Self-Harm* (London: Penguin, 1997), p.

115.

16 S. Langdon, *Babylonian Wisdom* (London: Luzac, 1923), p. 80. 전도서가 비슷한 사고방식을 보여주지만, 결론이 아주 다르다는 사실을 주목하는 것이 중요하다.

17 *Mori licet cui vivere non placet.* Fedden, *Suicide: A Social*, pp. 12, 78.

18 *Itaque sapiens vivit, quantum debet, non quantum potest.* Seneca, *Ad Lucilium Epistulae Morales*, Epistola 70, ed. Richard M. Gummere, Perseus Digital Library, Tufts University, 〈www.perseus.tufts.edu/hopper/text?doc=urn:cts:lati nLit:phi1017.phi015.perseus-lat1:70〉.

19 E. Durkheim, *Suicide: A Study in Sociology*, trans. John A. Spaulding, George Simpson (New York: Free Press, 1951), p. 330.『에밀 뒤르켐의 자살론』(청아 역간).

20 Ibid., p. 89.

21 R. Burton, *The Anatomy of Melancholy*, vol. 1 (London: Dent, 1964), p. 435.

22 Fedden, *Suicide*, p. 71.

23 Ibid., p. 86.

24 Ibid., pp. 166, 168.

25 Ibid., p. 203.

26 Watt, *Choosing Death*, p. 110.

27 M. Montaigne, "A Custom of the Ile of Cea," in *The Essays of Montaigne* 1.3 (1877), trans. Charles Cotton, ed. William Carew Hazlitt, Project Gutenberg, 〈www.gutenberg.org/ebooks/3600〉.『몽테뉴 수상록』(동서문화사 역간). 또한 Rousseau, *La Nouvelle Héloïse* (1761) 와 Montesquieu *Lettres Persanes* (1721)를 보라.

28 A. Schopenhauer, "On Suicide," in *The Essays of Schopenhauer*, trans. Mrs. Rudolf Dircks, Project Gutenberg, 〈www.gutenberg.org/cache/epub/11945/pg11945.html〉.

29 William Carlos Williams, "The Descent of Winter," *The Collected Poems of William Carlos Williams* (New York: New Directions, 1986), p. 308.

30 *Un suicide pose un home. On n'est rien debout; mort on devient un hé ros…Tous les suicides ont du succès….Décidément, il faut que je fasse mes pré paratifs.* L. Reybaud, *Jérome Paturot: Á la recherché d'une position sociale* (Paris: Paulin, 1848), 〈ia600501.us.archive.org/12/items/jromepaturo01reyb/jromepaturo01reyb.pdf〉.

31 F. Oyebode, "Choosing Death: The Moral Status of Suicide," *Psychiatric Bulletin* 20 (1996): 85-89.

32 Albert Camus, *The Myth of Sisyphus*, trans. J. O'Brien (London: Penguin, 1942).『시시포스의 신화』(연암서가 역간).

33 D. Humphry, *Final Exit: The Practicalities of Self-Deliverance and Assisted Suicide for the Dying* (Eugene, OR: Hemlock Society, 1991).『마지막 비상구』(지상사 역간).

34 Williams, *Cry of Pain*, pp. 111-112.

35 Alexander Leitch, "Van Dusen, Henry Pitney," in *A Princeton Companion* (Princeton, NJ: Princeton University Press, 1978). 〈etcweb.princeton.edu/CampusWWW/Companion/van_dusen_henry.html〉.

36   Sigmund Freud, *Beyond the Pleasure Principle*, trans. & ed. James Strachey (New York: W. W. Norton, 1961), p. xxii.

37   Fedden, *Suicide*, p. 64.

38   Horace Walpole, "Letter to Lady Ossory 15 August, 1776," in *The Yale Edition of Horace Walpole's Correspondence*, vol. 32, ed. W. S. Lewis, 42 vols. (New Haven, CT: Yale University Press, 1937-1980), pp. 314-15.

39   J. K. Galbraith, *The Great Crash 1929* (Boston: Mariner, 1997), p. 128.

40   Ibid., p. 214.

41   David Foster Wallace, "Transcription of the 2005 Kenyon Commencement Address," May 21, 2005, ⟨web.ics.purdue.edu/~drkelly/DFWKenyonAddress2005. pdf⟩.

42   A. Alvarez, *The Savage God: A Study of Suicide* (New York: Random House, 1972), p. 210.

43   C. Fine, *No Time to Say Goodbye: Surviving the Suicide of a Loved One* (New York: Double-day, 1997), p. 148.

44   John Dryden, *All for Love*, Project Gutenberg, ⟨www.gutenberg.org/cache/epub/2062/pg2062.html⟩.

45   F. Winslow, *The Anatomy of Suicide* (Boston: Milford House, 1972), p. 59. 『자살의 해부학』 (유아이북스 역간).

46   Ibid., p. 59.

47   J. W. von Goethe, *The Sorrows of Young Werther* (New York: Vintage Classic, 1971). 『젊은 베르테르의 슬픔』(민음사 역간).

48   Plato, *Phaedo*, trans. Benjamin Jowett, Project Gutenberg, ⟨www.gutenberg. org/files/1658/1658-h/1658-h.htm⟩. 『파이돈』(이제이북스 역간).

49   Dante, *Divine Comedy*, trans. Henry Wadsworth Longfellow, Project Gutenberg, ⟨www.gutenberg.org/files/1001/1001-h/1001-h.htm⟩. 『단테의 신곡』(가톨릭출판사 역간).

50   Virgil, *Aeneid* 6.433-37, trans. A. S. Kline, Poetry in Translation, ⟨www.poetryintranslation.com/PITBR/Latin/VirgilAeneidVI.htm#_Toc2242932⟩. 『아이네이스』(숲 역간).

51   Shakespeare, *Hamlet* 3.1. 햄릿도 제1막 2장에서 하나님이 "자살을 금하는 법칙을 내리셨다"고 말한다.

52   Milton, *Paradise Lost* 10.1023. 『실낙원』(문학동네 역간).

53   Fedden, *Suicide*, p. 35.

54   Winslow, *Anatomy of Suicide*, p. 307.

55   Fedden, *Suicide*, pp. 37, 140.

56   Ibid., p. 143.

57   Stengel, *Suicide and Attempted*, p. 60.

58   D. B. Biebel, S. L. Foster, *Finding Your Way After the Suicide of Someone You Love* (Grand Rapids,: Zondervan, 2005), p. 80.

59   Ibid., p. 169.

60   D. B. Larson, S. S. Larson, "Spirituality's Potential Relevance to Physical and Emotional

Health: A Brief Review of Quantitative Research," *Journal of Psychology and Theology* 31, no. 1 (1987): 37-51.

61 U.S. Department of Health and Human Services (HHS) Office of the Surgeon General and National Action Alliance for Suicide Prevention, *2012 National Strategy for Suicide Prevention: Goals and Objectives for Action* (Washington, DC: HHS, 2012).

62 Durkheim, *Suicide: A Study*, p. 44.

63 A. Wenzel, G. K. Brown, A. T. Beck, *Cognitive Therapy for Suicidal Patients: Scientific and Clinical Applications* (Washington, DC: American Psychological Association, 2009), p. 6.

64 다양한 자살 의도에 관한 추가 사례들에 대해서는 R. McKeon, *Suicidal Behavior*, in the series Advances in Psychotherapy: Evidence-Based Practice (Cambridge, MA: Hogrefe and Huber, 2009), p. 9를 보라.

65 Wenzel, Brown, Beck, *Cognitive Therapy*, pp. 6, 18.

66 M. M. Silverman et al., "Rebuilding the Tower of Babel: A Revised Nomenclature for the Study of Suicide and Suicidal Behaviors, Part II: Suicide-Related Ideations, Communications and Behaviors," *Suicide and Life-Threatening Behavior* 37, no. 3 (2007): 264-77.

67 Wenzel, Brown, Beck, *Cognitive Therapy*, p. 18.

68 Ibid., p. 20.

69 Stengel, *Suicide and Attempted*, p. 60.

70 H. I. Kushner, *American Suicide: A Psychocultural Exploration* (New Brunswick, NJ: Rutgers University Press, 1989), p. 19.

71 Watt, *Choosing Death*; Kushner, *American Suicide*, p. 26.

72 *Les lois sont furieuses en Europe contre ceux qui se tuent euxmémes. On les fait mourir, pour ainsi dire, une seconde fois; ils sont traînés indignement par les rues; on les note d'infamie; on confisque leurs biens. Montesquieu, Lettres Persanes* 76(번역은 Mason의 것이다).

73 Kushner, *American Suicide*, p. 26.

74 Williams, *Cry of Pain*, p. 15. Clemons는 다음과 같은 말을 덧붙인다. "웨슬리는 자신의 입장을 정당화할 필요성을 느끼지 못했다. 그는 단순하게 다음과 같이 추측했다. (1) [자살]은 가장 가혹한 조치를 받아야 하는 악이고, (2) 비록 그러한 '미친 짓'을 변명할 심리적 이유가 있을 수 있지만, 가혹한 처벌은 공동의 선에 도움을 주기 위해 정당화될 것이다." J. T. Clemons, *What Does the Bible Say About Suicide?* (Minneapolis: Fortress, 1990), p. 84.

75 John Donne, *Biathanatos*, ed. William A. Clebsch (Chico, CA: Scholars Press, 1983), p. 40.

76 "Le plus cruellement qu'il se pourra, pour monstrer l'experience aux autres." Winslow, *Anatomy of Suicide*, p. 142.

77 Burton, *Anatomy of Melancholy*; Winslow, *Anatomy of Suicide*.

78 Kushner, *American Suicide*, p. 33.

79 Williams, *Cry of Pain*, pp. 4, 12.

80 Fedden, *Suicide*, p. 193; Stengel, *Suicide and Attempted*, p. 59.

81 Fedden, *Suicide*, pp. 261-62.

82   Williams, *Cry of Pain*, p. 13; Kushner, *American Suicide*, p. 30; Durkheim, *Suicide: A Study*, p. 327.

83   Biebel, Foster, *Finding Your Way*, p. 122.

84   Stengel, *Suicide and Attempted*, p. 62; K. R. Jamison, *Night Falls Fast: Understanding Suicide* (New York: Vintage, 1999), p. 18.

85   Alvarez, *The Savage God*, p. 276.

86   Silverman et al., "Rebuilding the Tower," pp. 264-77.

87   E. S. Shneidman, *The Suicidal Mind* (New York: Oxford University Press, 1996), p. 63; Karl A. Menninger, *Man Against Himself* (New York: Harcourt, Brace and World, 1938), p. 87.

88   Donne, *Biathanatos*, p. 49.

89   J. D. Carter, S. B. Narramore, *The Integration of Psychology and Theology* (Grand Rapids: Zondervan, 1979), p. 73.

90   S. Jones, "An Integration Response to Biblical Counseling," in *Psychology and Christianity: Five Views*, ed. E. L. Johnson (Downers Grove, IL: IVP Academic, 2010), p. 279.

91   A. Holmes, *All Truth Is God's Truth* (Grand Rapids: Eerdmans, 1977), p. 8. 『모든 진리는 하나님의 진리다』(CH북스 역간).

92   J. D. Wardell, J. P. Read, "Does Cue Context Matter? Examining the Specificityof Cue-Related Activation of Positive and Negative Alcohol Expectancies," *Experimental and Clinical Psychopharmacology* 21, no. 6 (2013): 457-66.

93   C. Smith, *The Bible Made Impossible: Why Biblicism Is Not a Truly Evangelical Reading of Scripture* (Grand Rapids: Brazos, 2011), p. 5.

94   E. L. Johnson, "Christ, the Lord of Psychology," *Journal of Psychology and Theology* 25, no. 1 (1997): 11-27.

95   Elizabeth Barrett Browning, "Aurora Leigh," *The Oxford Book of English Mystical Verse*, ed. D. H. S. Nicholson, A. H. E. Lee (Oxford: Clarendon, 1917), p. 19.

96   Sigmund Freud, "The Future of an Illusion," in *The Standard Edition of the Complete Psychological Works of Freud* (London: Hogarth, 1927), p. 18.

97   M. R. McMinn, "An Integration Approach," in *Counseling and Christianity: Five Approaches*, ed. S. P. Greggo and T. A. Sisemore (Downers Grove, IL: IVP Academic, 2012), p. 84.

제1장

1   World Health Organization (WHO), "10 Facts on Injury and Violence," FactFile, ⟨www.who.int/features/factfiles/injuries/facts/en/index1.html⟩.

2   미국 질병통제예방센터(the Center for Disease Control and Prevention [CDCJ])가 2010년에 집계한 자살 사망자 자료를 사용한다. CDC, "Leading Causes of Death," Injury Prevention and Control: Data and Statistics, ⟨www.cdc.gov/injury/wisqars/leading_causes_death.

html〉. HIV 사망자는 S. L. Murphy, J. Q. Xu, K. D. Kochanek, "Deaths: Preliminary Data for 2010," National Vital Statistics Reports 60, no. 4 (2012), 〈www.cdc.gov/nchs/data/nvsr/nvsr60/nvsr60_04.pdf〉에서 가져온다.

3   R. McKeon, *Suicidal Behavior*, in the series Advances in Psychotherapy: Evidence-Based Practice (Cambridge, MA: Hogrefe and Huber, 2009), p. 11.

4   H. I. Kushner, *American Suicide: A Psychocultural Exploration* (New Brunswick, NJ: Rutgers University Press, 1989), p. 104.

5   추정은 다음의 자료에 기초한다. 1990-1992 National Comorbidity Survey and the 2001-2003 National Comorbidity Survey-Replication. R. Kessler et al., "Trends in Suicide Ideation, Plans, Gestures, and Attempts in the United States, 1990-1992 to 20012003," *Journal of the American Medical Association* 293, no. 20 (2005): 2487-95.

6   K. McCabe, "Teen's Suicide Prompts a Look at Bullying," *Boston Globe*, January24, 2010, 〈www.boston.com/news/education/k_12/articles/2010/01/24/teens_suicide_prompts_a_look_at_bullying〉.

7   CDC, "Leading Causes," 〈www.cdc.gov/injury/wisqars/leading_causes_death.html〉.

8   K. R. Jamison, K. Hawton, "The Burden of Suicide and Clinical Suggestions for Prevention," in *Prevention and Treatment of Suicidal Behavior: From Science to Practice*, ed. K. Hawton (New York: Oxford University Press, 2005), p. 189; A. L. Miller, J. H. Rathus, M. M. Linehan, *Dialectical Behavior Therapy with Suicidal Adolescents* (New York: Guilford, 2007), p. 7; E. Baca-Garcia et al., "Suicidal Ideation and Suicide Attempts in the United States: 1991-1992 and 2001-2002," *Molecular Psychiatry* 15 (2010): 250-59.

9   CDC, "Leading Causes," 〈www.cdc.gov/injury/wisqars/leading_causes_death.html〉. Durkheim은 19세기에 같은 패턴을 발견한다. E. Durkheim, *Suicide: A Study in Sociology*, trans. John A. Spaulding, George Simpson (New York: Free Press, 1951), p. 101.

10   CDC, "Leading Causes," 〈www.cdc.gov/injury/wisqars/leading_causes_death.html〉.

11   P. Rosenthal, S. Rosenthal, "Suicidal Behavior by Preschool Children," *American Journal of Psychiatry*, 141, no. 4 (1984): 520-25.

12   CDC, "Fatal Injury Reports," Injury Prevention and Control: Data and Statistics, 〈www.cdc.gov/injury/wisqars/fatal_injury_reports.html〉.

13   Ibid.

14   J. L. McIntosh, C. W. Drapeau, "U.S.A. Suicide 2010: Official Final Data," American Association of Suicidology, September 20, 2012, 〈www.suicidology. org/Portals/14/docs/Resources/FactSheets/2010OverallData.pdf〉.

15   CDC, "Fatal Injury Reports, National and Regional, 1999-2010," 〈webappa.cdc. gov/sasweb/ncipc/mortrate10_us.html〉.

16   CDC, "Nonfatal Injury Reports, 2001-2012," 〈webappa.cdc.gov/sasweb/ncipc/nfirates2001.html〉.

17   2010년 미국에서는 30,277명의 남성이 자살로 죽었고 그중 16,962명이 총기를 사용했다.

8,087명의 여성이 자살로 죽었고 그중 2,430명이 총기를 사용했다. "Fatal Injury Reports, National and Regional, 1999-2010," ⟨webappa.cdc.gov/sasweb/ncipc/mortrate10_us.html⟩.

18   2010년 미국에서 총기로 인한 자살 사망자는 19,392명이고, 이 중 16,962명이 남성이었다. Ibid.

19   Pew Research Center, "Why Own a Gun? Protection Is Now Top Reason: Perspectives of Gun Owners, Non-Owners," *Pew Research Center for the People and the Press*, March 12, 2013, ⟨www.people-press.org/2013/03/12/why-owna-gun-protection-is-now-top-reason⟩.

20   A. Alvarez, *The Savage God: A Study of Suicide* (New York: Random House, 1972), p. 180.

21   ABC News, "Man Survives Suicide Jump from Golden Gate Bridge," April 28, 2006, ⟨www.abcnews.go.com/GMA/story?id=1900628⟩.

22   Tad Friend, "Jumpers: The Fatal Grandeur of the Golden Gate Bridge," *The New Yorker*, October 13, 2003, ⟨www.newyorker.com/archive/2003/10/13/031013fa_fact⟩.

23   S. Canetto, I. Sakinofsky, "The Gender Paradox in Suicide," *Suicide and Life-Threatening Behavior* 28, no. 1 (1998): 17.

24   Substance Abuse and Mental Health Services Administration, *Results from the 2010 National Survey on Drug Use and Health: Summary of National Findings*, NSDUH Series H-41, HHS Publication No. (SMA) 11-4658 (Rockville, MD: Substance Abuse and Mental Health Services Administration, 2011).

25   J. S. Hyde, J. D. DeLamater, *Understanding Human Sexuality*, 10th ed. (New York: McGraw-Hill, 2006), p. 299.

26   E. S. Shneidman, *The Suicidal Mind* (New York: Oxford University Press, 1996), p. 15.

27   S. Fazel et al., "Prison Suicide in 12 Countries: An Ecological Study of 861 Suicides During 2003-2007," *Social Psychiatry and Psychiatric Epidemiology* 46, no. 3 (2011): 191-95.

28   남성이 87.7%를 차지했고, 여성이 12.3%를 차지했다. Todd D. Minton, "Jail Inmates at Midyear 2010—Statistical Tables," Bureau of Justice Statistics, U.S. Department of Justice, April 14, 2011, ⟨www.bjs.gov/ index.cfm?ty=pbdetail&iid=2375⟩.

29   M. Noonan, "Mortality in Local Jails, 2000-2007," Bureau of Justice Statistics, U.S. Department of Justice, July 2010, ⟨www.bjs.gov/content/pub/pdf/mlj07. pdf⟩; L. M. Hayes, "Prison Suicide: An Overview and Guide to Prevention," *The Prison Journal* 75, no. 4 (December 1995): 431-56.

30   C. J. Mumola, "Suicide and Homicide in State Prisons and Local Jails," Bureau of Justice Statistics, U.S. Department of Justice, August 2005, ⟨www.bjs.gov/ content/pub/pdf/shsplj.pdf⟩.

31   D. Pratt et al., "Suicide in Recently Released Prisoners: A Population-Based Cohort Study," Lancet 368, no. 9530 (2006): 119-23.

32   M. Williams, *Cry of Pain: Understanding Suicide and Self-Harm* (London: Penguin, 1997), p. 125.

33   K. R. Conner et al., "Reactive Aggression and Suicide: Theory and Evidence," *Aggression and Violent Behavior* 8, no. 4 (2003): 413.

34   유전적 요인이 두려움이 없는 성향의 70%를 차지한다. T. Joiner, "Lonely at the Top: Why Men Are the Lonely Sex," presentation given for the Massachusetts Coalition for Suicide Prevention, Northeast Region, September 20, 2012, Bedford, MA; T. Joiner, *Myths About Suicide* (Cambridge, MA: Harvard University Press, 2010), p. 100. 『자살에 대한 오해와 편견』(베이직북스 역간).

35   Voltaire, "Cato—On Suicide," in *A Philosophical Dictionary*, vol. 3, in *The Works of Voltaire*, vol. 7 (Paris: E. R. DuMont, 1901), p. 20.

36   T. Joiner Jr., *Why People Die by Suicide* (Cambridge, MA: Harvard University Press, 2007), p. 67.

37   E. Harris, B. Barraclough, "Suicide as an Outcome for Mental Disorders: A Meta-Analysis," *British Journal of Psychiatry* 170, no. 3 (1997): 205-28.

38   Joiner, *Why People Die*, p. 156.

39   J. Kemp, R. Bossarte, "Suicide Data Report, 2012," Department of Veterans Affairs, Mental Health Services, Suicide Prevention Program, 2012, 〈www.va.gov/opa/docs/Suicide-Data-Report-2012-final.pdf〉.

40   D. Woods, "Military and Veteran Suicides Rise Despite Aggressive Prevention Efforts," *The Huffington Post*, September 3, 2013, 〈www.huffingtonpost. com/2013/08/29/military-veteran-suicides-prevention_n_3791325.html. 군 자살에 대한 총서는 〈www.huffingtonpost. com/news/invisible-casualties〉를 보라.

41   McKeon, *Suicidal Behavior*, p. 12.

42   K. Hawton, L. Harriss, "How Often Does Deliberate Self-Harm Occur Relative to Each Suicide? A Study of Variations by Gender and Age," *Suicide and Life-Threatening Behavior* 38, no. 6 (2008): 650-60.

43   남성도 여성만큼 자살을 시도한다는 증거가 있다. 특히 "자살 행동은 사람들에게 무엇인가를 전달하려는 의도보다는 죽으려는 의도에 의해 자극을 받는다." A. Wenzel, G. K. Brown, A. T. Beck, *Cognitive Therapy for Suicidal Patients: Scientific and Clinical Applications* (Washington, DC: American Psychological Association, 2009), p. 33.

44   E. Robins, *The Final Months: A Study of the Lives of 134 Persons Who Committed Suicide* (New York: Oxford University Press, 1981), p. 315.

45   S. Seedat et al., "Cross-National Associations Between Gender and Mental Disorders in the World Health Organization World Mental Health Surveys," *Archives of General Psychiatry* 66, no. 7 (2009): 785-95.

46   G. Borges et al., "A Risk Index for 12-Month Suicide Attempts in the National Comorbidity Survey Replication (NCS-R)," *Psychological Medicine* 36 (2006): 1747-57.

47   R. Campbell et al., "The Co-occurrence of Childhood Sexual Abuse, Adult Sexual Assault, Intimate Partner Violence, and Sexual Harassment: A Meditational Model of Posttraumatic

Stress Disorder and Physical Health Outcomes," *Journal of Consulting and Clinical Psychology* 76, no. 2 (2008): 194-207. N. Sedeh, D. E. McNiel, "Facets of Anger, Childhood Sexual Victimization, and Gender as Predictors of Suicide Attempts by Psychiatric Patients After Hospital Discharge," *Journal of Abnormal Psychology* 122, no. 3 (2013): 879-90.

48 M. I. Oliver et al., "Help-Seeking Behavior in Men and Women with Common Mental Health Problems: Cross-Sectional Study," British Journal of Psychiatry 186 (2005): 297-301. K. L. Knox et al., "Risk of Suicide and Related Adverse Outcomes After Exposure to a Suicide Prevention Programme in the US Air Force: Cohort Study," *British Medical Journal* 327, no. 7428 (2003): 1376.

49 S. Stack, B. Bowman, *Suicide Movies: Social Patterns 1900-2009* (Cambridge, MA: Hogrefe, 2012), p. 6.

50 CDC, "Fatal Injury Reports, National and Regional, 1999-2010," ⟨webappa.cdc. gov/sasweb/ncipc/mortrate10_us.html⟩.

51 CDC, Nonfatal Injury Reports, 2001-2012," ⟨webappa.cdc.gov/sasweb/ncipc/nfirates2001. html⟩.

52 Stengel, *Suicide and Attempted*, p. 69.

53 K. E. Jamison, *Night Falls Fast: Understanding Suicide* (New York: Vintage, 1999), p. 31.

54 Durkheim, *Suicide: A Study*, p. 177.

55 Harris, Barraclough, "Suicide as an Outcome," pp. 205-28.

56 2001-2003년에 National Comorbidity Survey-Replication은 18-54살 사이의 4,320명을 면담했다. Kessler et al., "Trends in Suicide," pp. 2487-95.

57 T. Joiner et al., *The Interpersonal Theory of Suicide: Guidance for Working with Suicidal Clients* (Washington, DC: American Psychological Association, 2009), pp. 21, 44; Harris, Barraclough, "Suicide as an Outcome," pp. 205-28. 비율은 성별에 따라 다르다. 예를 들어 남성의 7%와 여성의 1%가 주요 우울증으로 인해 자살로 사망한 것으로 밝혀졌다. G. W. Blair-West, G. W. Mellsop, "Major Depression: Does a Gender-Based Down-Rating of Suicide Risk Challenge its Diagnostic Validity?" *Australian and New Zealand Journal of Psychiatry* 35, no. 3 (2001): 322-28.

58 Joiner, *Myths About Suicide*, p. 89.

59 U.S. Department of Health and Human Services, *Mental Health: A Report of the Surgeon General* (Rockville, MD: U.S. Department of Health and Human Services, Substance Abuse and Mental Health Services Administration, Center for Mental Health Services, National Institutes of Health, National Institute of Mental Health, 1999).

60 E. K. Mościcki, "Epidemiology of Suicide," in *The Harvard Medical School Guide to Suicide Assessment and Intervention*, ed. Douglas G. Jacobs (San Francisco: Jossey-Bass, 1999), p. 45.

61 S. Goldsmith et al., *Reducing Suicide: A National Imperative* (Washington, DC: National Academies Press, 2002), p. 5.

62 Mościcki, "Epidemiology of Suicide," p. 47.

63 McKeon, *Suicidal Behavior*, p. 18.

64 K. R. Conner, M. S. McCloskey, P. R. Duberstein, "Psychiatric Risk Factors for Suicide in the Alcohol-Dependent Patient," *Psychiatric Annals* 38, no. 11 (2008): 742-48.

65 M. K. Nock et al., "Cross-National Analysis of the Associations Among Mental Disorders and Suicidal Behavior: Findings from the WHO World Mental Health Surveys," *PloS Medicine* 6, no. 8 (2009).

66 T. R. Goldstein, J. A. Bridge, D. A. Brent, "Sleep Disturbance Preceding Completed Suicide in Adolescents," *Journal of Consulting and Clinical Psychology* 76, no. 1 (2008): 84-91. J. H. Bjorngaard et al., "Sleeping Problems and Suicide in 75,000 Norwegian Adults: A 20 Year Follow-up of the HUNT I Study," *Sleep* 34, no. 9 (2011): 1155-59.

67 N. Sjöström, J. Hetta, M. Waern, "Persistent Nightmares Are Associated with Repeat Suicide Attempt: A Prospective Study," *Psychiatry Research* 170, no. 2-3 (2009): 208-11.

68 Joiner, *Why People Die*, p. 152.

69 A. A. Roy et al., "Genetics of Suicide in Depression," *Journal of Clinical Psychiatry* 60, no. 2 (1999): 12-17. A. Roy, N. L. Segal, M. Sarchiapone, "Attempted Suicide Among Living Co-twins of Twin Suicide Victims," *The American Journal of Psychiatry* 152, no. 7 (1995): 1075-76.

70 J. A. Egeland, J. N. Sussex, "Suicide and Family Loading for Affective Disorders,"*Journal of the American Medical Association* 254, no. 7 (1985): 915-18.

71 E. E. Agerbo, M. M. Nordentoft, P. B. Mortensen, "Familial, Psychiatric, and Socioeconomic Risk Factors for Suicide in Young People: Nested Case-Control Study," *British Medical Journal* 325, no. 7355 (2002): 74-77.

72 Goldsmith, *Reducing Suicide*, p. 2.

73 Joiner, *Why People Die*, p. 174.

74 Jamison, *Night Falls Fast*, p. 197.

75 Conner et al., "Reactive Aggression," p. 413; M. Krakowski, "Violence and Serotonin: Influence of Impulse Control, Affect Regulation, and Social Functioning," *The Journal of Neuropsychiatry and Clinical Neurosciences* 15, no. 3 (2003): 294-305; Williams, *Cry of Pain*, p. 125; Joiner, *Why People Die*, pp. 179-84.

76 Kushner, *American Suicide*, p. 120.

77 CDC, "Suicide Contagion and the Reporting of Suicide: Recommendations from a National Workshop," *MMWR: Recommendations and Reports* 43, no. RR-6 (1994): 9-18.

78 T. E. Joiner et al., "Childhood Physical and Sexual Abuse and Lifetime Number of Suicide Attempts: A Persistent and Theoretically Important Relationship," *Behaviour Research and Therapy* 45, no. 3 (2007): 539-47; Office of the Surgeon General and Office of Population Affairs, *The Surgeon General's Call to Action to Promote Sexual Health and Responsible Sexual Behavior* (Rockville, MD: Office of the Surgeon General, 2001).

79 16개 주에서 자살을 포함하여 폭력으로 인한 사망자를 추적한 국가 폭력 사망 보고 시스템

은 2009년에 자살자의 31.9%가 연인 문제와 관련이 있다고 보고한다. CDC, ⟨wisqars.cdc. gov:8080/nvdrs/nvdrsDisplay.jsp⟩

80   K. Devries et al., "Violence Against Women Is Strongly Associated with Suicide Attempts: Evidence from the WHO Multi-Country Study on Women's Health and Domestic Violence Against Women," *Social Science and Medicine* 73, no. 1 (2011): 79-86; C. M. Rennison, *Intimate Partner Violence, 1993-2001* (Washington, DC: U.S. Department of Justice, Bureau of Justice Statistics, 2003). A. J. Sedlak et al., *Fourth National Incidence Study of Child Abuse and Neglect* (NIS4): Report to Congress, *Executive Summary* (Washington, DC: U.S. Department of Health and Human Services, Administration for Children and Families, 2010).

81   R. L. Marquet et al., "The Epidemiology of Suicide and Attempted Suicide in Dutch General Practice 1983-2003," *BMC Family Practice* 6, no. 45 (2005). Durkheim은 결혼의 보호 효과와 19세기 독신의 위험에 주목했다. Durkheim, *Suicide: A Study*, p. 173; P. Corcoran, "Suicide and Marital Status in Northern Ireland," *Social Psychiatry and Psychiatric Epidemiology* 45, no. 8 (2010): 795-800; M. Stroebe, W. Stroebe, G. Abakoumkin, "The Broken Heart: Suicidal Ideation in Bereavement," *American Journal of Psychiatry* 162, no. 11 (2005): 2178-80; Agerbo, Nordentoft, Mortensen, "Familial, Psychiatric, and Socioeconomic," pp. 74-77.

82   M. M. Miller et al., "The Association Between Changes in Household Firearm Ownership and Rates of Suicide in the United States, 1981-2002," *Injury Prevention* 12, no. 3 (2006): 178-82; M. S. Kaplan et al., "Factors Associated with Suicide by Firearm Among U.S. Older Adult Men," *Psychology of Men and Masculinity* 13, no. 1 (2012): 65-74.

83   N. Kreitman, V. Carstairs, J. C. Duffy, "Association of Age and Social Class with Suicide Among Men in Great Britain," *Journal of Epidemiology and Community Health* 45, no. 3 (1991): 195-202.

84   F. Luo et al., "Impact of Business Cycles on US Suicide Rates, 1928-2007," *American Journal of Public Health* 101 (2011): 1139-46; Kessler et al., "Trends in Suicide," pp. 2487-95.

85   M. A. Ilgen et al., "Pain and Suicidal Thoughts, Plans and Attempts in the United States," *General Hospital Psychiatry* 30 (2008): 521-27.

86   R. Eynan et al., "The Association Between Homelessness and Suicidal Ideation and Behaviors: Results of a Cross-Sectional Survey," *Suicide and Life-Threatening Behavior* 32, no. 4 (2002): 418-27.

87   M. Kaplan et al., "Suicide Among Male Veterans: A Prospective Population-Based Study," *Journal of Epidemiology and Community Health* 61, no. 7 (2007): 619-24.

88   Kushner, *American Suicide*, p. 88.

89   R. R. Garofalo et al., "Sexual Orientation and Risk of Suicide Attempts Among a Representative Sample of Youth," *Archives of Pediatrics and Adolescent Medicine* 153 (1999): 487-93; S. C. Gilman et al., "Risk of Psychiatric Disorders Among Individuals Reporting Same-Sex Sexual Partners in the National Comorbidity Survey," *American Journal of Public Health* 91,

no. 6 (2001): 933-39; M. King et al., "A Systematic Review of Mental Disorder, Suicide, and Deliberate Self Harm in Lesbian, Gay and Bisexual People," *BMC Psychiatry* 8 (2008): 70; G. Remafedi et al., "The Relationship Between Suicide Risk and Sexual Orientation: Results of a Population-Based Study," *American Journal of Public Health* 88, no. 1 (1998): 57-60.

90 E. Miller, C. McCullough, J. Johnson, "The Association of Family Risk Factors with Suicidality Among Adolescent Primary Care Patients," *Journal of Family Violence* 27, no. 6 (2012): 523-29.

91 Miller, Rathus, Linehan, *Dialectical Behavior Therapy*, p. 20.

92 A. Beautrais, "Child and Young Adolescent Suicide in New Zealand," *Australian and New Zealand Journal of Psychiatry* 35, no. 5 (2001): 647-53. Mościcki, "Epidimiology of Suicide," p. 49.

93 M. S. Gould et al., "Psychosocial Risk Factors of Child and Adolescent Completed Suicide," *Archives of General Psychiatry* 53, no. 12 (1996): 1155-62.

94 W. Styron, *Darkness Visible: A Memoir of Madness* (New York: Random House, 1990), p. 39. 『보이는 어둠』(문학동네 역간).

95 Durkheim, *Suicide: A Study*, pp. 277-78.

96 I. W. Borowsky, M. Ireland, M. D. Resnick, "Adolescent Suicide Attempts: Risks and Protectors," *Pediatrics* 107, no. 3 (2001): 485-93.

97 McKeon, *Suicidal Behavior*, p. 33.

98 L. A. Brenner et al., "Suicidality and Veterans with a History of Traumatic Brain Injury: Precipitating Events, Protective Factors, and Prevention Strategies," *Rehabilitation Psychology* 54, no. 4 (2009): 390-97.

99 N. A. Skopp et al., "Childhood Adversity and Suicidal Ideation in a Clinical Military Sample: Military Unit Cohesion and Intimate Relationships as Protective Factors," *Journal of Social and Clinical Psychology* 30, no. 4 (2011): 361-77.

100 S. Stack, "The Effect of the Decline in Institutionalized Religion on Suicide, 1954-1978," *Journal for the Scientific Study of Religion* 22, no. 3 (1983): 239-52.

101 D. B. Larson, S. S. Larson, "Spirituality's Potential Relevance to Physical and Emotional Health: A Brief Review of Quantitative Research," *Journal of Psychology and Theology* 31, no. 1 (2003): 37-51.

102 S. Hamdan et al., "Protective Factors and Suicidality in Members of Arab Kindred," *Crisis: The Journal of Crisis Intervention and Suicide Prevention* 33, no. 2 (2012): 80-86.

103 M. M. Linehan et al., "Reasons for Staying Alive When You Are Thinking of Killing Yourself: The Reasons for Living Inventory," *Journal of Consulting and Clinical Psychology* 51, no. 2 (1983): 276-86.

104 Y. Lee, "Validation of Reasons for Living and Their Relationship with Suicidal Ideation in Korean College Students," *Death Studies* 36, no. 8 (2012): 712-22; M. Oquendo et al.,

"Protective Factors Against Suicidal Behavior in Latinos," *Journal of Nervous and Mental Disease* 193, no. 7 (2005): 438-43. 생활 수준의 근거를 다룬 보고서의 사본을 보기 위해서는 다음 사이트를 방문하라. ⟨depts.washington.edu/brtc/files/RFL72.pdf⟩

105 M. A. Marty, D. L. Segal, F. L. Coolidge, "Relationships Among Dispositional Coping Strategies, Suicidal Ideation, and Protective Factors Against Suicide in Older Adults," *Aging and Mental Health* 14, no. 8 (2010): 1015-23.

106 P. Qin, P. Mortensen, "The Impact of Parental Status on the Risk of Completed Suicide," *Archives of General Psychiatry* 60, no. 8 (2003): 797-802

107 E. Miller, C. McCullough, J. Johnson, "The Association of Family Risk Factors with Suicidality Among Adolescent Primary Care Patients," *Journal of Family Violence* 27, no. 6 (2012): 523-29; S. D. Walsh, A. Edelstein, D. Vota, "Suicidal Ideation and Alcohol Use Among Ethiopian Adolescents in Israel: The Relationship with Ethnic Identity and Parental Support," *European Psychologist* 17, no. 2 (2012): 131-42; D. Li et al., "Gratitude and Suicidal Ideation and Suicide Attempts Among Chinese Adolescents: Direct, Mediated, and Moderated Effects," *Journal of Adolescence* 35, no. 1 (2012): 55-66; M. S. Gould, R. A. Kramer, "Youth Suicide Prevention," *Suicide and Life Threatening Behaviors* 31, no. s1 (2001): 6-31.

108 Kushner는 자살한 개인은 다른 모든 자살한 이들과 비슷하게 행동한다는 가정에 근거한 통계에 문제가 있다고 논한다. 한 개인은 다른 이들과 비슷하게 자살하지 않는다. Kushner, *American Suicide*, p. 72. P. G. Quinnett, *Counseling Suicidal People: A Therapy of Hope*, 3rd ed. (Spokane, WA: QPR Institute, 2009), p. 40.

109 McKeon, *Suicidal Behavior*, p. 24.

110 출처는 알려지지 않았다.

111 Jamison, *Night Falls Fast*, p. 25.

제2장

1 K. Greene-McCreight, *Darkness Is My Only Companion: A Christian Response to Mental Illness* (Grand Rapids: Brazos, 2006), p. 28. 허락을 받아 사용함. J. T. Stout, *Bipolar Disorder: Rebuilding Your Life* (Costa Mesa, CA: Shepherd, 2002).

2 F. Schaeffer, *Crazy for God* (Cambridge, MA: Da Capo, 2007), p. 138.

3 L. A. Brenner et al., "Suicidality and Veterans with a History of Traumatic Brain Injury: Precipitating Events, Protective Factors, and Prevention Strategies," *Rehabilitation Psychology* 54, no. 4 (2009): 390-97; K. Dervic et al., "Moral or Religious Objections to Suicide May Protect Against Suicidal Behavior in Bipolar Disorder," *Journal of Clinical Psychiatry* 72, no. 10 (2011): 1390-96; K. Dervic et al., "Religious Affiliation and Suicide Attempt," *American Journal of Psychiatry* 161, no. 12 (2004): 2303-8.

4 M. E. McCullough, B. B. Willoughby, "Religion, Self-Regulation, and Self-Control: Associations, Explanations, and Implications," *Psychological Bulletin* 135, no. 1 (2009): 69-93.

5 Ibid.

6 C. H. Spurgeon, "Joy and Peace in Believing," sermon 692, Metropolitan Tabernacle Pulpit, May 20, 1866, ⟨www.spurgeongems.org/vols10-12/chs692.pdf⟩.

7 R. Bainton, *Here I Stand: A Life of Martin Luther* (New York: Abingdon, 1950).『마르틴 루터의 생애』(생명의말씀사 역간).

8 J. R. Watt, *Choosing Death: Suicide and Calvinism in Early Modern Geneva* (Kirksville, MO: Truman State University Press, 2001), p. 10.

9 Carnell이 Harold John Ockenga에게 보낸 편지. 1961. 6. 25, Carnell은 다음과 같이 썼다."나는 심한 우울증으로 고통 받고 있어.…나는 열흘 동안 병원에 입원해 있네. 이 기간 동안에 다섯 번의 충격 요법 치료를 받았어. 우울증은 많이 좋아졌고, 퇴원했어. 그 이후에는 아카디아의 웰스 메디컬 그룹(Wells Medical Group of Arcadia)의 외래 환자로 6-7회 충격 요법 치료를 받았어. 현재는 마음이 평안해. 계속 이런 상태면 좋겠어." R. Nelson, *The Making and Unmaking of an Evangelical Mind: The Case of Edward John Carnell* (Cambridge, MA: Cambridge University Press, 1987), p. 113. 또한 Carnell은 다음과 같은 글을 보냈다. "나는 지금까지 불면증으로 고통 받고 있어." E. J. Carnell, *Christian Commitment* (New York: Macmillan, 1957), p. 10. "그는 향정신성 의약품인 바르비투르산의 중독에서 결코 자유로울 수 없을 것이다." Nelson, *Making and Unmaking*, p. 113.

10 P. A. Seaman, "A Moth in the Heart," in *Children of Jonah*, ed. J. T. Clemons (Sterling, VA: Capital, 2001), p. 39; D. Connelly, *After Life: What the Bible Really Says* (Downers Grove, IL: InterVarsity Press, 1994), p. 51.

11 Kushner는 "사탄이 자신을 제압하려는 악몽"을 꿨고, 그 꿈에서 자살을 생각했지만 그런 유혹에 저항했다고 말한 Mather의 상태를 묘사한다. H. I. Kushner, *American Suicide: A Psychocultural Exploration* (New Brunswick, NJ: Rutgers University Press, 1989), p. 26.

12 J. Donne, *Biathanatos*, ed. William A. Clebsch (Chico, CA: Scholars, 1983), p. 3.

13 Carnell, *Christian Commitment*, p. 11.

14 검시관의 의견은 다음과 같다. "[그는] 1967년 4월 14일, 캘리포니아 오클랜드 클레어몬트 호텔에서 확인 미상의 시간에 고통을 겪었고, 사망의 원인은 바르비투르산염 중독에 의한 폐충혈과 부종이다.…나는 이 죽음이 사고인지 혹은 자살인지 아직 결정하지 못했다. Nelson, *Making and Unmaking*, pp. 117, 120.

15 L. V. Baldwin, *There Is a Balm in Gilead: The Cultural Roots of Martin Luther King, Jr.* (Minneapolis: Fortress, 1991), pp. 109-10.

16 K. Mason, *When the Pieces Don't Fit: Making Sense of Life's Puzzles* (Grand Rapids: Discovery House, 2008).

17 M. McMinn, *Sin and Grace in Christian Counseling* (Downers Grove, IL: IVP Academic, 2008), p. 154.『죄와 은혜의 기독교상담학』(CLC 역간).

18 H. R. Fedden, *Suicide: A Social and Historical Study* (London: Peter Davies, 1938), p. 309.

19 Kushner, *American Suicide*, p. 21.

20 A. Y. Hsu, *Grieving a Suicide: A Loved One's Search for Comfort, Answers and Hope* (Downers

Grove, IL: InterVarsity Press, 2002), p. 89.『자살을 애도하며』(세복 역간).

21 L. Carr, G. Carr, *Fierce Goodbye: Living in the Shadow of Suicide* (Scottdale,PA: Herald, 2004), p. 107.

22 Nelson, *Making and Unmaking*, p. 116.

23 T. Wright, *The Life of William Cowper* (London: T. Fisher Unwin, 1892), pp.60-61, 105, 208.

24 McCullough, Willoughby, "Religion, Self-Regulation," pp. 69-93.

25 D. B. Larson, S. S. Larson, "Spirituality's Potential Relevance to Physical and Emotional Health: A Brief Review of Quantitative Research," *Journal of Psychology and Theology* 31, no. 1 (2003): 37-51.

26 K. I. Pargament et al., "Religious Coping Methods as Predictors of Psychological, Physical and Spiritual Outcomes Among Medically Ill Elderly Patients: A Two-year Longitudinal Study," *Journal of Health Psychology* 9, no. 6 (2004): 713-30.

27 J. B. Green, *Body, Soul, and Human Life: The Nature of Humanity in the Bible* (Grand Rapids: Baker Academic, 2008), pp. 29-31.

28 Beck와 Demarest는 다음과 같이 썼다. "육체와 정신은 존재론적으로 별개의 실체이지만, 이 생에서 그것들은 복잡하게 연결되어 있다." J. R. Beck, B. Demarest, *The Human Person in Theology and Psychology: A Biblical Anthropology for the Twenty-First Century* (Grand Rapids: Kregel, 2005), p. 141.

29 Ibid., p. 153; G. W. Moon, "A Transformational Approach," in S. P. Greggo, T. A. Sisemore, *Counseling and Christianity: Five Approaches* (Downers Grove, IL: IVP Academic, 2012), p. 136; Green, *Body, Soul*, p. 179.

30 C. Plantinga Jr., *Not the Way It's Supposed to Be* (Grand Rapids: Eerdmans, 1995), p. 140.『우리의 죄 하나님의 샬롬』(복있는사람 역간).

31 D. Willard, *The Spirit of the Disciplines: Understanding How God Changes Lives* (San Francisco: HarperSanFrancisco, 1988), p. 70.

32 J. T. Maltsberger, T. Jobe, D. G. Stauffacher, "Supporting the Family of a Suicidal Person: Those Who Live in Fear," D. C. Clark, *Clergy Response to Suicidal Persons and Their Family Members* (Chicago: Exploration, 1993), p. 79.

33 M. G. Hubbard, *More Than an Aspirin: A Christian Perspective on Pain and Suffering* (Grand Rapids: Discovery House, 2009), p. 91.

34 Greene-McCreight, *Darkness Is My Only Companion*, p. 59.

35 A. B. Spencer, W. D. Spencer, *Joy Through the Night: Biblical Resources for Suffering People* (Downers Grove, IL: InterVarsity Press, 1994), p. 127.

36 Greene-McCreight, *Darkness Is My Only Companion*, p. 130.

37 E. Robins, *The Final Months: A Study of the Lives of 134 Persons Who Committed Suicide* (New York: Oxford University Press, 1994), p. 206.

38 I. Bolton with C. Mitchell, *My Son...My Son...: A Guide to Healing After Death, Loss or Sui-*

cide (Roswell, GA: Bolton Press Atlanta, 2005), p. 31.

39 Robins, *The Final Months*, pp. 200-201.

40 K. R. Jamison, *Night Falls Fast: Understanding Suicide* (New York: Vintage, 1999), p. 82.

41 T. Joiner, *Myths About Suicide* (Cambridge, MA: Harvard University Press, 2010), p. 171.

42 E. S. Shneidman, *The Suicidal Mind* (New York: Oxford University Press, 1996), p. 56.

43 D. B. Biebel, S. L. Foster, *Finding Your Way After the Suicide of Someone You Love* (Grand Rapids: Zondervan, 2005), p. 27.

44 Ibid., p. 14.

45 Hsu, *Grieving a Suicide*, p. 29.

46 Ibid., p. 17.

47 Ibid., p. 89.

48 E. R. Ellis, G. N. Allen, *Traitor Within: Our Suicide Problem* (Garden City, NY: Doubleday, 1961), p. 176.

49 Joiner, *Myths About Suicide*, p. 44.

50 Kushner, *American Suicide*, p. 2.

51 Joiner, *Myths About Suicide*, p. 86.

52 T. Joiner Jr., *Why People Die by Suicide* (Cambridge, MA: Harvard University Press, 2007), p. 35.

53 E. Stengel, *Suicide and Attempted Suicide* (Harmondsworth, UK: Penguin, 1964), p. 99; M. Williams, *Cry of Pain: Understanding Suicide and Self-Harm* (London: Penguin, 1997), p. 150.

54 S. R. Blauner, *How I Stayed Alive When My Brain Was Trying to Kill Me: One Person's Guide to Suicide Prevention* (New York: William Morrow, 2002), p. 219.

55 M. Z. Brown, K. Comtois, M. M. Linehan, "Reasons for Suicide Attempts and Nonsuicidal Self-Injury in Women with Borderline Personality Disorder," *Journal of Abnormal Psychology* 111, no. 1 (2002): 198-202.

56 B. M. Barraclough et al., "A Hundred Cases of Suicide: Clinical Aspects," *British Journal of Psychiatry* 125 (1974): 355-73.

57 W. Styron, *Darkness Visible: A Memoir of Madness* (New York: Random House, 1990), p. 33.

58 Ibid., p. 83.

59 Ibid., p. 62

60 Robins, *The Final Months*, p. 410.

61 Ibid., p. 94.

62 J. B. Luoma, C. E. Martin, J. L. Pearson, "Contact with Mental Health and Primary Care Providers Before Suicide: A Review of the Evidence," *The American Journal of Psychiatry* 159, no. 6 (2002): 909-16; P. Wang, P. Berglund, R. Kessler, "Patterns and Correlates of Contacting Clergy for Mental Disorders in the United States," *Health Services Research* 38, no. 2 (2003): 647-73.

63   Robins, *The Final Months*, p. 248.

64   bid., p. 399.

65   Ibid., p. 355.

66   Ibid.

67   M. Gould et al., "Evaluating Iatrogenic Risk of Youth Suicide Screening Programs: A Rand-omized Controlled Trial," *The Journal of the American Medical Association* 293, no. 13 (2005): 1635–43.

68   Robins, *The Final Months*, p. 377.

69   Shneidman, *The Suicidal Mind*, p. 74.

70   Ibid., p. 46.

71   ABC News, "Man Survives Suicide Jump from Golden Gate Bridge," April 28, 2006, 〈www.abcnews.go.com/GMA/story?id=1900628〉

72   Shneidman, *The Suicidal Mind*, p. 133.

73   R. McKeon, *Suicidal Behaivor*, in the series Advances in Psychotherapy: Evidence–Based Practice (Cambridge, MA: Hogrefe and Huber, 2009), p. 15.

74   Jamison, *Night Falls Fast*, pp. 206–7; J. Sun et al., "Seasonality of Suicide inShandong China, 19912009: Associations with Gender, Age, Area and Methods of Suicide," *Journal of Affec-tive Disorders* 135, no. 1–3 (2011): 258–66.

75   T. Joiner et al., *The Interpersonal Theory of Suicide: Guidance for Working with Suicidal Clients* (Washington, DC: American Psychological Association, 2009), p. 14. 구체적인 통계를 위해서는 Joiner, *Why People Die*, pp. 128–29을 보라.

76   Jamison, *Night Falls Fast*, pp. 94–95.

77   G. Maldonado, J. F. Kraus, "Variation in Suicide Occurrence by Time of Day, Day of the Week, Month, and Lunar Phase," *Suicide and Life-Threatening Behavior* 21, no. 2 (1991): 174–87.

78   Robins, *The Final Months*, p. 284.

제3장

1   S. R. Blauner, *How I Stayed Alive When My Brain Was Trying to Kill Me: One Person's Guide to Suicide Prevention* (New York: William Morrow, 2002).

2   E. R. Ellis, G. N. Allen, *Traitor Within: Our Suicide Problem* (Garden City, NY: Doubleday, 1961), p. 176.

3   E. S. Shneidman, *The Suicidal Mind* (New York: Oxford University Press, 1996).

4   E. Robins, *The Final Months: A Study of the Lives of 134 Persons Who Committed Suicide* (New York: Oxford University Press, 1994), p. 229.

5   J. W. von Goethe, *The Sorrows of Young Werther* (New York: Vintage Classic, 1971).

6   Shneidman, *The Suicidal Mind*, p. 45.

7   K. Mason et al., "Clergy Referral of Suicidal Individuals: A Qualitative Study," *Journal of Pastoral Care and Counseling* 65, no. 3 (2011).

8   J. T. Clemons, *What Does the Bible Say About Suicide?* (Minneapolis: Fortress, 1990), p. 97.

9   예를 들어 Smedes는 다음과 같은 글을 썼다. "어렸을 때 나는 배려심 많은 이들이 유족들에게 자살한 이들은 자살하는 그 순간에 심신 상실 상태였을 것이라며 위로하는 말을 들었다. 자살 희생자는 죄를 저질렀음에도 불구하고 하나님에게 죽음에 대한 책임을 지지 않을 것이라는 의미다. 물론 그들은 틀렸다." L. B. Smedes, "Good Question: Is Suicide Unforgiveable?" *Christianity Today*, July 10, 2000. 〈www.christianitytoday.com/ct/2000/july10/30.61.html〉

10   M. Luther, *Works of Luther*, ed., trans. Jaroslav Pelikan (Philadelphia: Fortress, 1967), 54:29.

11   Biebel과 Foster는 다음과 같이 주장한다. "여섯 번째 계명은 그 누구도 살인하지 말라는 일반적인 계명이 아니었다. 이스라엘은 그 계명을 받은 이후에 하나님의 축복을 받고 자신들의 많은 적을 죽였기 때문이다. 그뿐만 아니라 그 계명은 자살에 적용되지 않는 것 같다." D. B. Biebel, S. L. Foster, *Finding Your Way After the Suicide of Someone You Love* (Grand Rapids: Zondervan, 2005), p. 123.

12   H. R. Fedden, *Suicide: A Social and Historical Study* (London: Peter Davies, 1938), pp. 10, 31; A. J. Droge, J. D. Tabor, *A Noble Death: Suicide and Martyrdom Among Christians and Jews in Antiquity* (San Francisco: Harper-Collins, 1992).

13   Droge, Tabor, *A Noble Death*.

14   Ibid., p. 129.

15   Ibid., p. 131.

16   Ibid., p. 188.

17   St. Ambrose of Milan, *Letter 37*, Christian Classics Ethereal Library, Calvin College, 〈www.ccel.org/ccel/pearse/morefathers/files/ambrose_letters_04_ letters31_40.htm〉.

18   J. Donne, *Biathanatos*, ed. William A. Clebsch (Chico, CA: Scholars Press, 1983), pp. 24-25.

19   Fedden, *Suicide*, p. 120.

20   Donne, *Biathanatos*, p. 37.

21   Ibid., pp. 42, 46-47, 60-61, 81, 96.

22   A. Alvarez, *The Savage God: A Study of Suicide* (New York: Random House, 1972), p. 165.

23   F. Winslow, *The Anatomy of Suicide* (Boston: Milford House, 1972), p. 38.

24   D. Bonhoeffer, *Ethics*, vol. 6, ed. I. Tödt et al., trans. R. Krauss, C. C. West, D. W. Stott (Minneapolis: Fortress), p. 200. 『윤리학』(대한기독교서회 역간).

25   A. Y. Hsu, *Grieving a Suicide: A Loved One's Search for Comfort, Answers and Hope* (Downers Grove, IL: InterVarsity Press, 2002), p. 100.

26   Winslow는 다음과 같이 말한다. "다른 사람이 하나님의 형상으로 만들어졌기 때문에 그의 피를 흘리지 말라는 명령을 내가 받았다면, 나 스스로 나 자신의 피를 흘리는 것도 정당하지 않다. 나의 동료가 하나님과 맺은 관계를, 나도 그분과 동일하게 맺고 있기 때문이다."

Winslow, *Anatomy of Suicide*, p. 37.

27 Augustine, *City of God* 1.20; 또한 1.17, 1.18, 1.22, 1.24, 1.25, 1.26, 1.27도 보라. 게다가 Augustine's tract *Against Gaudentius*도 보라.

28 Droge, Tabor, *A Noble Death*, p. 175.

29 J. Bels, "La mort volontaire dans l'oeuvre de saint Augustin," *Revue de l'histoire des religions* 187, 164 (1975). Droge와 Tabor는 다음과 같이 설명한다. "우리가 앞에서 본 것처럼, 아우구스티누스가 이것을 가장 먼저 구분한 것은 아니다. 하지만 그것을 강화하고 오늘날까지 지속되도록 확립한 사람은 바로 그였다." Droge, Tabor, *A Noble Death*, p. 179.

30 Joiner는 무슬림 성직자가 자기 순교와 자살을 구별한다고 말한다. T. Joiner, *Why People Die by Suicide* (Cambridge, MA: Harvard University Press, 2005), p. 142.

31 T. Aquinas, *Summa Theologiae* 42.124 (New York: McGraw-Hill, 1966), p. 43.

32 Bonhoeffer, *Ethics*, p. 200.

33 G. K. Chesterton, *Orthodoxy* (New York: John Lane, 1908), p. 134. 『G. K. 체스터턴의 정통』 (아바서원 역간). 또한 그는 다음과 같은 글을 썼다. "분명하게, 순교자는 자신의 외부에 있는 것에 아주 많은 관심을 기울이는 사람이다. 그는 자신의 개인적 삶을 잊는다. 자살한 이는 자신의 외부에 있는 것에 조금도 관심이 없다. 그는 모든 것의 마지막을 보고 싶어 한다. 순교자는 어떤 것이 시작되길 원한다. 자살한 이는 모든 것이 끝나길 원한다.…자살한 이는 비열하다. 그는 존재와 관련이 없기 때문이다. 그는 단순히 파괴자다. 그는 우주를 영적으로 파괴한다." *Orthodoxy*, p. 133.

34 Clemons는 초기 과딕스 공의회(305), 카르타고 공의회(348) 그리고 브라가 공의회(363)를 언급한다. Clemons, *What Does the Bible Say*, p. 79. Fedden은 오세르 공의회(578), 앙띠시도 공의회(590), 헤리퍼드 공의회(673), 트로예 공의회(878), 에드거 왕의 법령 공표(967)와 낭스 공의회(1284)를 추가한다. Fedden, *Suicide*, pp. 134, 135, 144. Alvarez는 톨레도 공의회를 추가한다(a.d. 693). Alvarez, *The Savage God*, p. 71. Durkheim은 아를 공의회를 추가한다. E. Durkheim, *Suicide: A Study in Sociology*, trans. John A. Spaulding, George Simpson (New York: Free Press, 1951), p. 327. Stengel은 낭스 공의회(1284)를 추가한다. E. Stengel, *Suicide and Attempted Suicide* (Harmondsworth, UK: Penguin, 1964), p. 60. Watt도 낭스 공의회(1284)를 언급한다. J. R. Watt, *Choosing Death: Suicide and Calvinism in Early Modern Geneva* (Kirksville, MO: Truman State University Press, 2001), p. 86.

35 Stengel, *Suicide and Attempted*, p. 59. Fedden, *Suicide: A Social*, p. 115.

36 Fedden, *Suicide*, p. 133.

37 T. López Bardón, "Councils of Braga," in *The Catholic Encyclopedia* (New York:Robert Appleton, 1907). Droge, Tabor, *A Noble Death*, p. 5.

38 Aquinas, *Summa Theologiae* 2.2.64.5. 『신학대전 2』(바오로딸 역간).

39 칼뱅도 두 편의 설교(사울과 그의 무기를 든 자에 대한 설교와 아히도벨에 대한 설교에서 자살을 논했다. Watt, *Choosing Death*, pp. 67-68.

40 Chesterton, *Orthodoxy*, pp. 131-32. 이것은 Bittgenstein의 관점과 비슷한 것이다. Bittgenstein은 다음과 같이 말한다. "자살이 허용되면 모든 것이 허용된다." L. Wittgenstein, *Note-*

books 1914-1916, trans. G. E. M. Anscombe (New York: Harper, 1961).

41 "자살은 숙명이어야 한다"(Le suicide doit étre une vocation). J. Rigaut, "Je serai sé rieux comme le plaisir," *Revue Litt érature* 17 (December 1920). 〈www.larevuedesressources.org/je-serai-serieux-comme-le-plaisir,1900.html〉

42 Bonhoeffer, *Ethics*, p. 198.

43 D. Bonhoeffer, *Letters and Papers from Prison*, ed. C. Gremmels et al., trans. I. Best et al. (Minneapolis: Fortress, 2010), 8:64.『옥중서신』(복있는사람 역간).

44 논의를 위해서는 다음을 보라. J. A. Gallagher, "A Catholic Perspective on Suicide," in *Clergy Response to Suicidal Persons and Their Family Members*, ed. D. C. Clark (Chicago: Exploration 1993), p. 22.

45 Clemons는 다음과 같이 썼다. "로마 가톨릭 교회법은 1983년에 개정되었고 어느 경우에 자살자에 대한 장례 미사를 허용한다." Clemons, *What Does the Bible Say*, p. 9. 다음을 보라. paragraph 2281 of the *Catechism of the Catholic Church*, 〈www.vatican.va/archive/ENG0015/_INDEX.HTM〉.

46 다음을 보라. paragraph 2283 of the *Catechism of the Catholic Church*, 〈www.vatican.va/archive/ENG0015/_INDEX.HTM〉.

47 Carr 부부는 다음과 같이 쓴다. "그렇다면 그 증거는 교회가 자살을 용서받을 수 없는 죄악이라고 비난할 수 있는 건전한 성경적 근거도 없고 '자연적' 근거도 없다는 것이다. 우리가 허용하거나 격려하고 싶지 않은 행동이지만, 자살에 성공한 행위자들에게 영원한 지옥을 가져다준다는 증거도 없다.…하나님의 은총은 충분하다." L. Carr, G. Carr, *Fierce Goodbye: Living in the Shadow of Suicide* (Scottdale, PA: Herald, 2004), p. 103.

48 Smedes, "Good Question," 〈www.christianitytoday.com/ct/2000/july10/30.61.html〉.

49 Donne, *Biathanatos*, p. 10.

50 Carr, Carr, *Fierce Goodbye*, p. 45.

51 Hsu, *Grieving a Suicide*.

52 Bonhoeffer, *Ethics*, p. 199.

53 Smedes, "Good Question," 〈www.christianitytoday.com/ct/2000/july10/30.61.html〉.

54 Burton은 다음과 같이 썼다. "따라서 우리는 [자살한 이들의] 물건이나 몸과 관련해서는 결론을 내릴 수 있다. 하지만 그들의 영혼이 어떻게 될지에 대해서는 오직 하나님만이 말씀하실 수 있다. 그분의 자비는 다리와 개울 사이에, 칼과 목 사이에[*inter pontem et fontem, inter gladium et jugulum*] 있을 수 있다. 어떤 이에게 일어나는 일은 모든 이에게 일어날 수 있다[*Quod cuiquam contigit, cuivis potest*]. 그가 어떻게 유혹받았는지를 그 누가 알겠는가? 그것은 그의 경우고, 그것은 당신의 경우다. 오늘 준비되지 않은 사람은 내일은 더 준비가 되어 있지 않을 것이다[*Quae sua sors hodie est, cras fore vestra potest*]. 우리는 일부 사람들처럼 우리의 비난에서 그렇게 너무 성급하고 혹독하면 안 된다. 관대함은 끝까지 희망을 버리지 않을 것이다. 하나님, 우리 모두에게 자비를 베푸소서!" R. Burton, *The Anatomy of Melancholy*, vol. 1 (London: Dent, 1964), p. 439.

55 K. Greene-McCreight, *Darkness Is My Only Companion: A Christian Response to Mental*

Illness (Grand Rapids: Brazos, 2006), p. 97.

56 D. Wilkerson, *Suicide* (Lindale, TX: David Wilkerson Publications, 1978), p. 29.

57 "성경은 우리의 몸이 성령의 전이라고 말한다. 성전을 파괴하는 것은 하나님을 모독하는 것이다. 그것은 용서받을 수 없는 죄다." Ibid., p. 40.

58 S. Harper, "A Wesleyan Arminian View," in *4 Views on Eternal Security*, ed. J. Matthew Pinson (Grand Rapids: Zondervan, 2002), p. 239.

59 Ibid., p. 243.

60 "죄의 평등은 구별되지 않는 죄의 바다에서 모든 구체적인 죄를 융해한다"는 더 자세한 논의를 위해서는 M. Volf, *Exclusion and Embrace: A Theological Exploration of Identity, Otherness, and Reconciliation* (Nashville: Abingdon, 1996), p. 82을 보라. 『배제와 포용』(IVP역간). 또한 Chesterton, *Orthodoxy*, p. 133도 보라.

61 Williams가 주목했던 것처럼, "경험주의자로서 흄은 지금 자살의 여파로 일어난 것과 관련해 무엇을 증거로 제시했을까? 많은 예를 살펴보면, 자살은 생존자들에게 매우 파괴적인 영향을 끼치는 것처럼 보인다. 우리가 고통의 증거만을 살펴본다면, 사람들은 자살이 윤리적으로 정당하지 않다고 결론 내릴 것이다." M. Williams, *Cry of Pain: Understanding Suicide and Self-Harm* (London: Penguin, 1997), p. 104.

62 C. Plantinga Jr., *Not the Way It's Supposed to Be* (Grand Rapids: Eerdmans, 1995), p. 21.

63 Ibid., p. 22.

64 어떤 이는 그렇지 않다. 예를 들어 Fedden은 자살이 윤리적 기준으로는 가치중립적이라고 생각한다. "삶을 벗어난 방식으로 삶 전체를 판단하는 것은 조야하고 불합리하다. Gesundheit는 유대교는 자살을 죄로 생각한다고 믿는다. B. Gesundheit, "Suicide—A Halakhic and Moral Analysis of Masekhet Semahot, Chapter 2, Laws 1–6," *Tradition* 35, no. 3 (2001): 31–51. 이슬람에서 신은 자살을 처벌한다. 코란 4:29을 보라.

65 Durkheim, *Suicide: A Study*, p. 327.

66 Mason et al., "Clergy Referral."

67 Szasz dissents. T. Szasz, "The Case Against Suicide Prevention," *American Psychologist* 41, no. 7 (1986): 806–12을 보라.

68 T. Joiner et al., *The Interpersonal Theory of Suicide: Guidance for Working with Suicidal Clients* (Washington, DC: American Psychological Association, 2009), p. 168.

69 Plantinga, *Not the Way It's Supposed to Be*, p. 20. 그는 계속해서 사회문화적 힘은 때때로 셀 수 없는 방법으로 인간을 몰아붙이고 옥죄며 지배한다"고 말한다. pp. 64–65.

70 Smedes, "Good Question," ⟨www.christianitytoday.com/ct/2000/july10/30.61.html⟩.

71 Mason et al., "Clergy Referral."

72 "Suicide," Assemblies of God, ⟨ag.org/top/beliefs/contempissues_17_suicide.cfm⟩.

73 *Catechism of the Catholic Church* 3.2.2.5, ⟨www.vatican.va/archive/ccc_css/archive/catechism/p3s2c2a5.htm⟩. "1983년에 로마 가톨릭교회는 대죄 목록에서 자살을 제외했다." Suicide Prevention Resource Center, *The Role of Faith Communities in Preventing Suicide: A Report of an Interfaith Suicide Prevention Dialogue* (Newton, MA: Education Development

Center, 2009), p. 27.

74　〈www.elca.org/en/Faith/Faith-and-Society/Social-Messages/Suicide-Prevention〉

75　General Convention, *Journal of the General Convention of the. . .Episcopal Church, Denver, 2000* (New York: General Convention, 2001), p. 173.

76　Stanley S. Harakas, "The Stand of the Orthodox Church on Controversial Issues," Greek Orthodox Archdiocese of America, 〈www.goarch.org/ourfaith/ controversialissues〉.

77　"Consensus Statement on Suicide and Suicide Prevention," Suicide Prevention Resource Center, March 1213, 2008, 〈www.sprc.org/sites/sprc.org/files/library/Consensus_Statement. pdf〉.

78　"The Nature and Value of Human Life," Presbyterian Church USA, 〈www.pcusa.org/resource/nature-and-value-human-life〉.

79　Clemons, What Does the Bible Say.

80　"Prevention of Lesbian, Gay, Bisexual, and Transgender Youth Suicide," July 6, 1999, United Church of Christ General Synod, 〈www.ucc.org/assets/pdfs/1999-PREVENTION-OF-LESBIAN-GAY-BISEXUAL-AND-TRANSGENDERSUICIDE.pdf〉.

81　*The Book of Discipline of the United Methodist Church* (Nashville: United Methodist Publishing House, 2004), 〈www.umc.org/what-we-believe/social-principlessocial-creed〉. 또한 Suicide Prevention Resource Center, Appendix E, *The Role of Faith Communities*, p. 29도 보라.

82　William H. Nicholson, "How to Help Someone Who Wants to Commit Suicide," Anchorage Moravian Church, November 11, 2004, 〈www.alaskamoravian.org/artman/publish/article_19.shtml,Chapter 4: Theories of Suicide〉

제4장

1　K. Lewin, *Field Theory in Social Science: Selected Theoretical Papers*, ed. D.Cartwright (New York: Harper and Row, 1951), p. 169.

2　R. Burton, *The Anatomy of Melancholy* (London: Dent, 1964), 1:177에서 인용함.

3　Chrysostom's seventeenth epistle to Olympia를 보라. Burton, *Anatomyof Melancholy*, p. 259에서 인용함.

4　Aquinas, *Summa Theologiae* 35. 물론 우울함(Melancholy)은 르네상스 이전부터 있었다. 예를 들어 이집트의 사막 수도사들은 우울함과 나태함을 경험했고, 단테의 제5층은 우울함을 가두었다. 이것은 르네상스 이전에 우울함이 존재했음을 지지해주는 증거를 제공한다. H. R. Fedden, *Suicide: A Social and Historical Study* (London: Peter Davies, 1938), p. 169.

5　F. Winslow, *The Anatomy of Suicide* (Boston: Milford House, 1972), p. 126.

6　Burton, *Anatomy of Melancholy*, pp. 169-70.

7　Ibid., pp. 210-11, 219, 301, 331, 333, 336, 339, 346, 372.

8   J. R. Watt, *Choosing Death: Suicide and Calvinism in Early Modern Geneva* (Kirksville, MO: Truman State University Press, 2001), p. 11. Watt 역시 1970년대에 성공회 의사들인 "Alexander Crichton과 William Pargeter가 감리교도들이 지옥의 공포를 키워 사람들을 우울하고 절망하게 함으로써 자살에 기여했다고 비난했다는 사실에 주목했다(p. 118).

9   Burton, *Anatomy of Melancholy*, pp. 429–30.

10 Ibid., p. 431.

11 H. I. Kushner, *American Suicide: A Psychocultural Exploration* (New Brunswick, NJ: Rutgers University Press, 1989), pp. 19, 28.

12 Winslow, *Anatomy of Suicide*, p. 229.

13 Ibid., p. 241.

14 Ibid., pp. 45, 136.

15 Ibid., p. 338.

16 E. Durkheim, *Suicide: A Study in Sociology*, trans. John A. Spaulding, George Simpson (New York: Free Press, 1951), p. 67.

17 Ibid., p. 313.

18 Ibid., pp. 324, 312. Durkheim도 이런 자살 성향이 어린 시절부터 노인 시기까지 증가한다고 믿었다. 그는 자살 성향이 어린 시절보다 노인 시기에 10배 더 크다는 사실을 주목했다.

19 Ibid., p. 388. Durkheim은 가족 단위나 문중과 같은 전통적으로 오래된 사회적 형태의 조직은 시간이 경과하면서 사라졌고 대체되지 않았음을 주목한다.

20 Ibid., p. 185. Watt는 다음과 같이 명시한다. "자료의 철저한 검토는 18세기에, 특히 1750년 이후에 자살이 극적으로 증가했다는 사실을 입증한다. 이러한 증가는 한 시대의 분실된 기록 혹은 태만한 조사의 결과로서 무시될 수 없고 다른 시대를 위한 완전한 기록이고 엄격한 조사임이 입증되었다." Watt, *Choosing Death*, p. 13.

21 Durkheim, *Suicide: A Study*, p. 85.

22 Ibid., pp. 213, 158, 221. Durkheim은 사회 통합이 중요하다고 주장한다. 사회만이 각 개인의 가치와 삶의 가치를 개별 구성원들에게 전달할 수 있기 때문이다. 개인이라는 작은 시야(horizon)는 각 개인에 대해 정확한 평가를 하지 못한다(p. 213). Durkheim은 가톨릭 신자들보다 개신교 신자들의 자살률이 더 높다고 생각했다. 로마 가톨릭은 신자들의 삶을 지배하고 통제했기 때문이다(p. 158). Durkheim은 이타적인 자살을 행하는 사회는 집단에 "거의 완전히 흡수된" 개인들과 밀접하게 통합되어 있다고 논했다(p. 221).

23 Ibid., pp. 246, 258. Durkheim은 위기가 자살을 초래한다고 생각했다. 위기는 "집단 질서의 혼란"이고(p. 246), "규제 없이 사람들을 방치해" 개인들을 사회에 남겨두는 결과로 끝나기 때문이다(p. 258).

24 Kushner, *American Suicide*, p. 61.

25 S. Freud, "Mourning and Melancholia," in *Standard Edition of the Complete Psychological Works of Sigmund Freud*, ed. and trans. James Strachey et al. (London: Hogarth, 1957), 14:239–58.

26 "The aim of all life is death." S. Freud, *Beyond the Pleasure Principle*, trans. and ed. James

Strachey (New York: W. W. Norton, 1961), p. 46.

27 Freud, "Mourning and Melancholia," p. 248.

28 Ibid., pp. 252, 246.

29 I. Bolton, C. Mitchell, *My Son...My Son...: A Guide to Healing After Death, Loss or Suicide* (Roswell, GA: Bolton Press Atlanta, 2005), p. 9.

30 A. Wenzel, G. K. Brown, A. T. Beck, *Cognitive Therapy for Suicidal Patients: Scientific and Clinical Applications* (Washington, DC: American Psychological Association, 2009), p. 4.

31 E. S. Shneidman, *The Suicidal Mind* (New York: Oxford University Press, 1996), p. 4.

32 Ibid., p. 25.

33 Ibid., p. 13.

34 R. McKeon, *Suicidal Behavior*, in the series Advances in Psychotherapy: Evidence-Based Practice (Cambridge, MA: Hogrefe and Huber, 2009), p. 28. Shneidman, *The Suicidal Mind*, p. 131.

35 Shneidman, *The Suicidal Mind*, p. 151.

36 M. Williams, *Cry of Pain: Understanding Suicide and Self-Harm* (London: Penguin, 1997), pp. xii, 152.

37 Ibid., p. 153.

38 Ibid., pp. 162, 92, 171.

39 Ibid., p. 173.

40 Ibid., p. 215.

41 R. R. van der Sande et al., "Psychosocial Intervention Following Suicide Attempt: A Systematic Review of Treatment Interventions," *Acta Psychiatrica Scandinavica* 96, no. 1 (1997): 43-50. Wenzel과 그의 동료들은 자신들의 이론이 Joiner와 Rudd의 이론과 조화를 이룬다고 주장한다. *Cognitive Therapy*, pp. 58-59. 그들은 계속해서 다음과 같이 말한다. "우리는 자살의 위기가 가시화되기 위해서는 좌절된 소속감 혹은 부담감 같은 인생에서의 실패감이 필요하다는 Joiner의 의견에 동의한다"(p. 76). Joiner와 그녀의 동료들은 다음과 같이 주장했다. "[상호 관계] 이론은 인지 상호 관계 접근법으로 수정될 수 있고 그리고 쉽게 통합될 수 있다." T. Joiner et al., *The Interpersonal Theory of Suicide: Guidance for Working with Suicidal Clients* (Washington, DC: American Psychological Association, 2009), p. 193. Joiner는 Linehan의 이론에 대해 다음과 같이 말한다. "최근의 체계와 Linehan의 모델은 매우 분명하게 조화를 이룰 수 있다. 그녀는 자살 행위로 이어지는 인과적 연결 고리에서 상대적으로 먼 요인으로 여겨질 수 있는 동일한 과정을 설명한다. 다음으로 그 과정들은 지금 강조하고 있는 상대적으로 훨씬 더 인접한 요인에 대한 토대가 될 수 있다"(p. 42).

42 A. L. Miller, J. H. Rathus and M. M. Linehan, *Dialectical Behavior Therapy with Suicidal Adolescents* (New York: Guilford, 2007), p. 28. 대화적 행동 치료법은 우선 삶에 간섭하는 행동, 그 다음에 치료에 간섭하는 행동, 마지막으로 삶의 질에 간섭하는 행동 치료를 목표 삼는다.

43 Wenzel, Brown and Beck, *Cognitive Therapy*.

44 A. T. Beck, G. Brown, R. A. Steer, "Prediction of Eventual Suicide in Psychiatric Inpatients

by Clinical Ratings of Hopelessness," *Journal of Consulting and Clinical Psychology* 57, no. 2 (1989): 309-10; A. T. Beck et al., "Relationship Between Hopelessness and Ultimate Suicide: A Replication with Psychiatric Outpatients," *The American Journal of Psychiatry* 147, no. 2 (1990): 190-95; G. K. Brown et al., "Risk Factors for Suicide in Psychiatric Outpatients: A 20-Year Prospective Study," *Journal of Consulting and Clinical Psychology* 68, no. 3 (2000): 371-77; D. McMillan et al., "Can We Predict Suicide and Non-Fatal Self-Harm with the Beck Hopelessness Scale? A Meta-Analysis," *Psychological Medicine* 37, no. 6 (2007): 769-78. M. Spokas et al., "Suicide Risk Factors and Mediators Between Childhood Sexual Abuse and Suicide Ideation Among Male and Female Suicide Attempters," *Journal of Traumatic Stress* 22, no. 5 (2009): 467-70.

45   Wenzel, Brown and Beck, *Cognitive Therapy*, p. 119; L. R. Pollock, J. M. G. Williams, "Problem-Solving in Suicide Attempters," *Psychological Medicine* 34, no 1 (2004): 163-67.

46   Wenzel, Brown, Beck, *Cognitive Therapy*, p. 65.

47   Ibid., p. 128.

48   Ibid., p. 191.

49   Ibid., p. 192.

50   Ibid.

51   Ibid., p. 193.

52   Ibid., pp. 10, 94, 132.

53   M. M. Linehan, *Cognitive-Behavioral Treatment of Borderline Personality Disorder* (New York: Guilford, 1993); McKeon, *Suicidal Behavior*, p. 40.

54   Y. Lee, "Validation of Reasons for Living and Their Relationship with Suicidal Ideation in Korean College Students," *Death Studies* 36, no. 8 (2012): 712-22; M. Oquendo et al., "Protective Factors Against Suicidal Behavior in Latinos," *Journal of Nervous and Mental Disease* 193, no. 7 (2005): 438-43.

55   McKeon, *Suicidal Behavior*, p. 45.

56   Miller, Rathus, Linehan, *Dialectical Behavior Therapy*, p. 38.

57   Ibid., p. 35.

58   M. M. Linehan et al., "Two-Year Randomized Controlled Trial and Follow-Up of Dialectical Behavior Therapy vs. Therapy by Experts for Suicidal Behaviors and Borderline Personality Disorder," *Archives of General Psychiatry* 63, no. 7 (2006): 757-66. 이 연구의 중요한 측면은 전문가들이 대화적 행동 치료법을 일반적인 치료법과 비교한 게 아니라 지역 사회 치료법과 비교한 것이고, 전문가들이 자살 행동 치료 대상자들을 대상으로 실시한 것과 관련해 대화적 행동 치료법이 지역 사회 치료법을 훨씬 능가한다는 사실을 밝혔다는 것이다.

59   J. H. Rathus, A. L. Miller, "Dialectical Behavior Therapy Adapted for Suicidal Adolescents," *Suicide and Life-Threatening Behavior* 32, no. 2 (2002): 146-57.

60   T. Joiner, *Why People Die by Suicide* (Cambridge, MA: Harvard University Press, 2005), pp. 96-97, 47.

61   T. Joiner et al., *The Interpersonal Theory*, pp. 42, 136.

62   Ibid., p. 101.

63   Ibid., p. 6.

64   D. W. Cox et al., "Suicide in the United States Air Force: Risk Factors Communicated Be-
      fore and at Death," *Journal of Affective Disorders* 133 (2011): 398-405; T. E. Joiner et al.,
      "Main Predictions of the Interpersonal-Psychological Theory of Suicidal Behavior: Empiri-
      cal Tests in Two Samples of Young Adults," *Journal of Abnormal Psychology* 118, no. 3 (2009):
      634-46; K. A. Van Orden et al., "Suicidal Desire and the Capability for Suicide: Tests of the
      Interpersonal-Psychological Theory of Suicidal Behavior Among Adults," *Journal of Consult-
      ing and Clinical Psychology* 76, no. 1 (2008): 72-83.

65   Joiner et al., *The Interpersonal Theory*, p. 111.

66   유전자적 요인이 두려움 없음의 70%를 차지한다. T. Joiner, "Lonely at the Top: Why Men
      Are the Lonely Sex," presentation given for the Massachusetts Coalition for Suicide Preven-
      tion, Northeast Region, September 20, 2012, Bedford, MA.

67   Joiner, *Why People Die*, p. 118.

68   J. G. Saxe, "The Blind Men and the Elephant," in *The Poems of John Godfrey Saxe: Complete
      in One Volume* (Boston: Ticknor and Fields, 1868), p. 259.

69   P. Wang, P. Berglund, R. Kessler, "Patterns and Correlates of Contacting Clergy for Mental
      Disorders in the United States," *Health Services Research* 38, no. 2 (2003): 647-73.

70   C. G. Ellison et al., "The Clergy as a Source of Mental Health Assistance: WhatAmericans
      Believe," *Review of Religious Research* 48, no. 2 (2006): 190-211, 197.

71   K. Mason et al., "Clergy Referral of Suicidal Individuals: A Qualitative Study,"*Journal of Pas-
      toral Care and Counseling* 65, no. 3 (2011).

72   D. Lester, "Religiosity and Personal Violence: A Regional Analysis of Suicide and Homicide
      Rates," *Journal of Social Psychology* 127, no. 6 (1987): 685-86; J. Neeleman, "Regional
      Suicide Rates in the Netherlands: Does Religion Still Play a Role?" *International Journal of
      Epidemiology* 27, no. 3 (1998): 466-72; S. Stack, "The Effect of Religious Commitment: A
      Cross National Analysis," *Journal of Health and Social Behavior* 24 (1983): 362-74; S. Stack,
      "The Effect of the Decline in Institutionalized Religion on Suicide, 1954-1978," *Journal for
      the Scientific Study of Religion* 22, no. 3 (1983): 239-52; F. Van Tubergen et al., "Denomi-
      nation, Religious Context, and Suicide: Neo-Durkheimian Multilevel Explanations Tested
      with Individual and Contextual Data," *American Journal of Sociology* 111, no. 3 (2005):
      797-823.

73   M. J. Alexander et al., "Coping with Thoughts of Suicide: Techniques Used by Consumers
      of Mental Health Services," *Psychiatric Services* 60, no. 9 (2009): 1214-21.

74   A. Holmes, *All Truth Is God's Truth* (Grand Rapids: Eerdmans, 1977), p. 8; J. D. Carter,
      B. Narramore, *The Integration of Psychology and Theology: An Introduction* (Grand Rapids:
      Zondervan), p. 73.

75 K. Mason et al., "Clergy referral."

76 시편 전체 중 거의 절반이 애가다. 예를 들어 시 89편.

77 K. Mason et al., "Clergy referral."

78 F. Watts, K. Dutton, L. Gulliford, "Human Spiritual Qualities: Integrating Psychologyand Religion," *Mental Health, Religion and Culture* 9, no. 3 (2006): 277-89.

제5장

1   D. G. Stauffacher, D. C. Clark, "Recognizing Suicidal Risk," in D. C. Clark, *Clergy Response to Suicidal Persons and Their Family Members* (Chicago: Exploration, 1993), pp. 35-36.

2   H. Hendin et al., "Recognizing and Responding to a Suicide Crisis," *Suicide and Life-Threatening Behavior* 31, no. 2 (2001): 115-28.

3   A. Wenzel, G. K. Brown, A. T. Beck, *Cognitive Therapy for Suicidal Patients: Scientific and Clinical Applications* (Washington, DC: American Psychological Association, 2009), p. 142.

4   Ibid.

5   우울증(이른 아침에 일어남, 골프와 친구들에 대한 관심 상실), 자기 명성의 상실, 실직, 사회적 위축.

6   T. Joiner, *Myths About Suicide* (Cambridge, MA: Harvard University Press, 2010), p. 65.

7   L. Barnes, R. M. Ikeda, M. Kresnow, "Help-Seeking Behavior Prior to Nearly Lethal Suicide Attempts," *Suicide and Life-Threatening Behavior* 32, suppl. (2001): 68-75.

8   P. Wang, P. Berglund, R. Kessler, "Patterns and Correlates of Contacting Clergy for Mental Disorders in the United States," *Health Services Research* 38, no. 2 (2003): 647-73.

9   P. A. Seaman, "A Moth in the Heart," in *Children of Jonah*, ed. J. T. Clemons (Sterling, VA: Capital Books, 2001), p. 42.

10 M. S. Gould et al., "Evaluating Iatrogenic Risk of Youth Suicide Screening Programs: A Randomized Controlled Trial," *Journal of the American Medical Association* 293, no. 13 (2005): 1635-43.

11 T. Joiner et al., *The Interpersonal Theory of Suicide: Guidance for Working with Suicidal Clients* (Washington, DC: American Psychological Association, 2009), p. 178.

12 J. Peterson, J. Skeem, S. Manchak, "If You Want to Know, Consider Asking: How Likely Is It That Patients Will Hurt Themselves in the Future?" *Psychological Assessment* 23, no. 3 (2011): 626-34.

13 L. L. Morrison, D. L. Downey, "Racial Differences in Self-Disclosure of Suicidal Ideation and Reasons for Living: Implications for Training," *Cultural Diversity and Ethnic Minority Psychology* 6, no. 4 (2000): 374-86.

14 K. A. Busch, J. Fawcett, D. G. Jacobs, "Clinical Correlates of Inpatient Suicide," *Journal of Clinical Psychiatry*, 64, no. 1 (2003): 14-19.

15 R. McKeon, *Suicidal Behavior*, in the series Advances in Psychotherapy: Evidence-Based Practice (Cambridge, MA: Hogrefe and Huber, 2009), p. 77. Wenzel, Brown, Beck, *Cognitive Therapy*, p. 140; A. L. Miller, J. H. Rathus, M. M. Linehan, *Dialectical Behavior Therapy with Suicidal Adolescents* (New York: Guilford, 2007), p. 67.

16 McKeon, *Suicidal Behavior*, p. 21.

17 S. Goldsmith et al., *Reducing Suicide: A National Imperative* (Washington, DC: National Academies Press, 2002), p. 5; A. T. Beck, G. Brown, R. A. Steer, "Prediction of Eventual Suicide in Psychiatric Inpatients by Clinical Ratings of Hopelessness," *Journal of Consulting and Clinical Psychology* 57, no. 2 (1989): 309-10; M. Williams, *Cry of Pain: Understanding Suicide and Self-Harm* (London: Penguin, 1997), p. 185.

18 L. C. Range, E. Knott, "Twenty Suicide Assessment Instruments: Evaluation and Recommendations," *Death Studies* 21, no. 1 (1997): 25-58; D. Shaffer et al., "The Columbia Suicide Screen: Validity and Reliability of a Screen for Youth Suicide and Depression," *Journal of the American Academy of Child and Adolescent Psychiatry* 43 (2004): 71-79; United States Preventive Services Task Force, *Screening for Depression: Recommendations and Rationale*, 3rd ed. (Washington, DC: Office of Disease Prevention and Health Promotion, 2002).

19 T. Joiner, *Why People Die by Suicide* (Cambridge, MA: Harvard University Press, 2005), p. 207; T. Joiner et al., *The Interpersonal Theory of Suicide: Guidance for Working with Suicidal Clients* (Washington, DC: American Psychological Association, 2009), p. 72; Wenzel, Brown, Beck, *Cognitive Therapy*, p. 140.

20 P. M. Lewinsohn, P. Rohde, J. R. Seeley, "Adolescent Suicidal Ideation and Attempts: Prevalence, Risk Factors, and Clinical Implications," *Clinical Psychology: Science And Practice* 3, no. 1 (1996): 25-46.

21 Wenzel, Brown, Beck, *Cognitive Therapy*, pp. 9, 139.

22 Joiner et al., *The Interpersonal Theory*, p. 60.

23 McKeon, *Suicidal Behavior*, p. 6.

24 획득된 자살 능력 척도에 대해서는 Joiner et al., *The Interpersonal Theory*, p. 61을 보라.

25 E. K. Mościcki, "Epidemiology of Suicide," in *The Harvard Medical School Guide to Suicide Assessment and Intervention*, ed. Douglas G. Jacobs (San Francisco: Jossey-Bass, 1999), p. 43.

26 McKeon, *Suicidal Behavior*, p. 34.

27 Joiner et al., *The Interpersonal Theory*, p. 86.

28 "Nally 대 Grace Community Church의 소송과 관련해서, 한 젊은이가 여러 번 다른 목사들을 방문했고 이후에 자살했다. 캘리포니아 대법원은 목사는 정신건강 전문가들이 지켜야 하는 것처럼 동일한 기준을 지키지 않아도 된다고 판결했다. Nally v. Grace Community Church, 47 Cal.3d 278 (1988), ⟨law.justia.com/cases/california/cal3d/47/278.html⟩.

29 Joiner와 그의 동료들의 목록을 보려면, Joiner et al., *The Interpersonal Theory*, p. 75를 보라.

30 Mościcki, "Epidemiology of Suicide," p. 45; Goldsmith et al., *Reducing Suicide*, p. 5.

31 K. Mason et al., "Clergy Referral of Suicidal Individuals: A Qualitative Study," *Journal of*

Pastoral Care and Counseling 65, no. 3 (2011).

32 M. A. Hubble, B. L. Duncan, S. D. Miller, *The Heart and Soul of Change: What Works in Therapy* (Washington, DC: American Psychological Association, 2000).

33 T. Jobe, J. H. Shackelford, D. G. Stauffacher, "How to Get Professional Help for a Suicidal Person and Remain Involved," in Clark, *Clergy Response*, p. 67.

34 Stauffacher, Clark, "Recognizing Suicidal Risk," p. 37.

35 Wenzel, Brown, Beck, *Cognitive Therapy*, pp. 144–45.

36 Joiner et al., *The Interpersonal Theory*, p. 95.

37 S. R. Blauner, *How I Stayed Alive When My Brain Was Trying to Kill Me: One Person's Guide to Suicide Prevention* (New York: William Morrow, 2002), p. 149.

38 M. S. Berk et al., "A Cognitive Therapy Intervention for Suicide Attempters: An Overview of the Treatment and Case Examples," *Cognitive and Behavioral Practice* 11 (2004): 265–77; Wenzel, Brown, Beck, *Cognitive Therapy*, p. 277.

39 성공회 사제 Chad Varah가 이 단체를 출범시켰다.

40 M. S. Gould et al., "An Evaluation of Crisis Hotline Outcomes, Part 2: Suicidal Callers," *Suicide and Life-Threatening Behavior* 37, no. 3 (2007): 338–52.

41 M. Rudd, M. Mandrusiak, T. E. Joiner Jr., "The Case Against No-Suicide Contracts: The Commitment to Treatment Statement as a Practice Alternative," *Journal of Clinical Psychology* 62, no. 2 (2006): 243–51; Wenzel, Brown, Beck, *Cognitive Therapy*, p. 145.

42 Suicide Prevention Alert," Office of the Ombudsman for Mental Health and Mental Retardation, State of Minnesota, 2002, ⟨mn.gov/omhdd/images/suicide-prevention-alert.pdf⟩. Notes 215

43 B. L. Drew, "Self-Harm Behavior and No-Suicide Contracting in Psychiatric Inpatient Settings," *Archives of Psychiatric Nursing* 15, no. 3 (2001): 99–106.

44 Joiner, *Why People Die*, p. 213.

45 T. L. Farrow, A. F. Simpson, H. B. Warren, "The Effects of the Use of 'No-Suicide Contracts' in Community Crisis Situations: The Experience of Clinicians and Consumers," *Brief Treatment and Crisis Intervention* 2, no. 3 (2002): 241–46.

46 Joiner와 그녀의 동료들의 목록에 대해서는 Joiner et al., *The Interpersonal Theory*, p. 75을 보라.

47 McKeon, *Suicidal Behavior*, p. 35.

48 Stauffacher, Clark, "Recognizing Suicidal Risk," p. 38.

49 Jobe, Shackelford, Stauffacher, "How to Get Professional Help," p. 69.

50 McKeon, *Suicidal Behavior*, p. 55.

51 A. Beautrais, "The Contribution to Suicide Prevention of Restricting Access to Methods and Sites," *Crisis: The Journal of Crisis Intervention and Suicide Prevention* 28, no. 1 (2007): 1–3; Williams, *Cry of Pain*, p. 187.

52 A. Beautrais, "The Contribution to Suicide Prevention of Restricting Access to Methods and

Sites," *Crisis: The Journal of Crisis Intervention and Suicide Prevention* 28, no. 1 (2007): 1-3; Williams, *Cry of Pain*, p. 187.

53 R. H. Seiden, "Where Are They Now? A Follow-Up Study of Suicide Attempters from the Golden Gate Bridge," *Suicide and Life-Threatening Behavior* 8 (1978): 203-16.

54 M. M. Miller et al., "The Association Between Changes in Household Firearm Ownership and Rates of Suicide in the United States, 19812002," *Injury Prevention* 12, no. 3 (2006): 178-82.

55 Joiner와 그녀의 동료들의 목록에 대해서는 Joiner et al., *The Interpersonal Theory*, p. 75을 보라.

56 E. Stengel, *Suicide and Attempted Suicide* (Harmondsworth, UK: Penguin, 1964), p. 71.

57 M. K. Nock et al., "Cross-National Prevalence and Risk Factors for Suicidal Ideation, Plans and Attempts," *British Journal of Psychiatry* 192, no. 2 (2008): 98-105.

58 G. Borges et al., "A Risk Index for 12-Month Suicide Attempts in the National Comorbidity Survey Replication (NCS-R)," *Psychological Medicine: A Journal of Research in Psychiatry and the Allied Sciences* 36, vol. 12 (2006): 1747-57; H. M. Hoberman, B. D. Garfinkel, "Completed Suicide in Children and Adolescents," *American Academy of Child and Adolescent Psychiatry Journal* 27, no. 6 (1988): 689-95; K. R. Jamison, Night Falls Fast: Understanding Suicide (New York: Vintage, 1999), p. 189; O. Simon et al., "Characteristics of Impulsive Suicide Attempts and Attempters," *Suicide and Life-Threatening Behavior* 32, 1 suppl. (2001): 49-59.

59 G. Larkin, R. Smith, A. Beautrais, "Trends in US Emergency Department Visits for Suicide Attempts, 1992-2001," *Crisis* 29, vol. 2 (2008): 73-80; E. Salinsky, C. Loftis, "Shrinking Inpatient Psychiatric Capacity: Cause for Celebration or Concern?" *Issue Brief National Health Policy Forum* 1, no. 823 (2007): 1-21.

60 L. J. Baraff, N. Janowicz, J. R. Asarnow, "Survey of California Emergency Departments About Practices for Management of Suicidal Patients and Resources Available for Their Care," *Annals of Emergency Medicine* 48, vol. 4 (2006): 452-58.

61 Jobe, Shackelford, Stauffacher, "How to Get Professional Help," pp. 59-71; Clark, *Clergy Response*, p. 68.

62 O. Bennewith et al., "General Practice Based Intervention to Prevent Repeat Episodes of Deliberate Self-Harm," *British Medical Journal* 324, vol. 7348 (2002); McKeon, *Suicidal Behavior*, p. 1. Miller, Rathus, Linehan, *Dialectical Behavior Therapy*, p. 202; J. Waterhouse, S. Platt, "General Hospital Admission in the Management of Parasuicide: A Randomised Controlled Trial," *British Journal of Psychiatry* 156 (1990): 236-42.

63 Joint Commission on the Accreditation of Health Care Organizations. *Sentinel Event Data, Event Type by Year, 1995-Fourth Quarter*. Retrieved November 2, 2011 from ⟨www.jointcommission.org/sentinel_event_data_general⟩. W. Styron, *Darkness Visible: A Memoir of Madness* (New York: Random House, 1990), p. 70.

64 Joiner et al., *The Interpersonal Theory*, p. 149.

65 L. J. Baraff, N. Janowicz, J. R. Asarnow, "Survey of California Emergency Departments About Practices for Management of Suicidal Patients and Resources Available for Their Care," *Annals of Emergency Medicine* 48, no. 4 (2006): 452–58.

66 Douglas G. Jacobs et al., "Practice Guideline for the Assessment and Treatment of Patients with Suicidal Behavior," ⟨*Psychiatry Online*, November 2003, psychiatryonline. org/content. aspx?bookid=28&sectionid=1673332⟩.

67 K. Greene–McCreight, *Darkness Is My Only Companion: A Christian Response to Mental Illness* (Grand Rapids: Brazos, 2006), p. 32.

68 A. G. Weaver, H. G. Koenig, "Elderly Suicide, Mental Health Professionals and the Clergy: A Need for Clinical Collaboration," *Death Studies* 20, no. 5 (1996): 495.

69 Jobe, Shackelford, Stauffacher, "How to Get Professional Help," p. 69.

70 Greene–McCreight, *Darkness Is My Only Companion*, p. 35.

71 Joiner, *Why People Die*, pp. 96–97.

72 McKeon, *Suicidal Behavior*, p. 53.

73 Joiner, *Myths About Suicide*, p. 123.

74 Joiner, *Why People Die*, p. 226.

75 L. M. Chatters et al., "Church–Based Social Support and Suicidality Among Notes 217 African Americans and Black Caribbeans," *Archives of Suicide Research* 15, no. 4 (2011): 337–53.

76 T. D. Doty, S. Spencer–Thomas, *The Role of Faith Communities in Suicide Prevention: A Guidebook for Faith Leaders* (Westminster, CO: Carson J. Spencer Foundation, 2009), p. 12.

77 J. A. Motto, "Suicide Prevention for High–Risk Persons Who Refuse Treatment," *Suicide: A Quarterly Journal of Life-Threatening Behavior* 6, no. 4 (1976): 223–30.

78 G. L. Carter et al., "Postcards from the EDge: 24–Month Outcomes of a Randomised Controlled Trial for Hospital–Treated Self–Poisoning," *British Journal of Psychiatry* 191, no. 6 (2007): 548–53.

79 G. Vaiva et al., "Effect of Telephone Contact on Further Suicide Attempts in Patients Discharged from an Emergency Department: Randomised Controlled Study," *BMJ: Clinical Research Edition* 332, no. 7552 (2006): 1241–45.

80 Mason, "Clergy Referral."

81 Blauner, *How I Stayed Alive*, p. 224.

82 E. J. Langer, J. Rodin, "The Effects of Choice and Enhanced Personal Responsibility for the Aged: A Field Experiment in an Institutional Setting," *Journal of Personality and Social Psychology* 34 (1976): 191–98.

83 L. A. Brenner et al., "Suicidality and Veterans with a History of Traumatic Brain Injury: Precipitating Events, Protective Factors, and Prevention Strategies," *Rehabilitation Psychology* 54, no. 4 (2009): 390–97.

84 Joiner, *Why People Die*, p. 47.

85 K. J. Kaplan, M. B. Schwartz, *A Psychology of Hope: A Biblical Response to Tragedy and Suicide* (Grand Rapids: Eerdmans, 2008).

86 McKeon, *Suicidal Behavior*, p. 63.

87 A. Y. Hsu, *Grieving a Suicide: A Loved One's Search for Comfort, Answers and Hope* (Downers Grove, IL: InterVarsity Press, 2002), p. 134.

88 D. Hollinger, "A Theology of Death," in *Suicide: A Christian Response: Crucial Considerations for Choosing Life*, ed. Timothy J. Demy, Gary P. Stewart (Grand Rapids: Kregel, 1998), p. 261.

89 Greene-McCreight, *Darkness Is My Only Companion*, p. 88.

90 Mason, "Clergy Referral."

91 Greene-McCreight, *Darkness Is My Only Companion*, p. 13.

92 M. G. Hubbard, *More Than an Aspirin: A Christian Perspective on Pain and Suffering* (Grand Rapids: Discovery House, 2009), p. 278.

93 Jamison, *Night Falls Fast*, p. 105.

94 J. R. Beck, B. Demarest, *The Human Person in Theology and Psychology: A Biblical Anthropology for the Twenty-First Century* (Grand Rapids: Kregel, 2005), pp. 187-88, 189에서 가져옴.

95 L. L. Townsend, *Suicide: Pastoral Responses* (Nashville: Abingdon, 2006), p. 44.

제6장

1 A. Alvarez, *The Savage God: A Study of Suicide* (New York: Random House, 1972).

2 L. Townsend, *Suicide: Pastoral Responses* (Nashville: Abingdon, 2006), p. 72.

3 M. Williams, *Cry of Pain: Understanding Suicide and Self-Harm* (London: Penguin, 1997).

4 K. Mason et al., "Clergy Referral of Suicidal Individuals: A Qualitative Study," *Journal of Pastoral Care and Counseling* 65, no. 3 (2011).

5 Ibid.

6 E. S. Shneidman, *The Suicidal Mind* (New York: Oxford University Press, 1996), p. 131.

7 S. R. Blauner, *How I Stayed Alive When My Brain Was Trying to Kill Me: One Person's Guide to Suicide Prevention* (New York: William Morrow, 2002), p. 144.

8 이것이 어떤 이들이 자살에서 성공하지 않았기 때문에 "실패한 시도"와 "성공적인 자살"이라는 불행한 단어를 사용하는 이유일 것이다.

9 Cowper는 258장 "샘물과 같은 보혈은"(God Moves in a Mysterious Way)의 작곡가다. T. Wright, *The Life of William Cowper* (London: T. Fisher Unwin, 1892).

10 F. Winslow, *The Anatomy of Suicide* (Boston: Milford House, 1972), p. 145.

11 Wright, *The Life of William Cowper*, pp. 108-9.

12 J. T. Clemons, *What Does the Bible Say About Suicide?* (Minneapolis: Fortress, 1990), p. 23.

13 U.S. Department of Health and Human Services, *Mental Health: A Report of the Surgeon*

General (Rockville, MD: U.S. Department of Health and Human Services, Substance Abuse and Mental Health Services Administration, Center for Mental Health Services, National Institutes of Health, National Institute of Mental Health, 1999).

14 S. S. Canetto, "Women and Suicidal Behavior: A Cultural Analysis," *American Journal or Orthopsychiatry* 78, no. 2 (2008): 259-66. 또한 E. R. Dahlen and S. Canetto, "The Role of Gender and Suicide Precipitant in Attitudes Toward Nonfatal Suicidal Behavior," *Death Studies* 26, no. 2 (2002): 99-116을 보라.

15 T. Joiner, *Myths About Suicide* (Cambridge, MA: Harvard University Press, 2010), p. 44.

16 Silverman et al., "Rebuilding the Tower of Babel: A Revised Nomenclature for the Study of Suicide and Suicidal Behaviors, Part II: Suicide-Related Ideations, Communications and Behaviors," *Suicide and Life-Threatening Behavior* 37, no. 3 (2007): 264-77.

17 E. Stengel, *Suicide and Attempted Suicide* (Harmondsworth, UK: Penguin, 1964).

18 Williams, *Cry of Pain*.

19 Shneidman, *The Suicidal Mind*.

20 R. McKeon, *Suicidal Behavior*, in the series Advances in Psychotherapy: Evidence-Based Practice (Cambridge, MA: Hogrefe and Huber, 2009).

21 S. J. Gibb, A. L. Beautrais, D. M. Fergusson, "Mortality and Further Suicidal Behaviour After an Index Suicide Attempt: A 10-Year Study," *Australian and New Zealand Journal of Psychiatry* 39, nos. 1-2 (2005): 95-100. C. Haw et al., "Repetition of Deliberate Self-Harm: A Study of the Characteristics and Subsequent Deaths in Patients Presenting to a General Hospital According to Extent of Repetition," *Suicide and Life-Threatening Behavior* 37, no. 4 (2007): 379-96.

22 T. Joiner, *Why People Die by Suicide* (Cambridge, MA: Harvard University Press, 2007); A. L. Beautrais, "Further Suicidal Behavior Among Medically Serious Suicide Attempters," *Suicide and Life-Threatening Behavior* 34, no. 1 (2004): 1-11.

23 E. Harris, B. Barraclough, "Suicide as an Outcome for Mental Disorders: A Meta-Analysis," *British Journal of Psychiatry* 170, no. 3 (1997): 205-28; J. Cooper et al., "Suicide After Deliberate Self-Harm: A 4-Year Cohort Study," *The American Journal of Psychiatry* 162, no. 2 (2005): 297-303.

24 K. Hawton, *Prevention and Treatment of Suicidal Behavior* (New York: Oxford University Press, 2005), p. 6.

25 M. S. Gould et al., "Youth Suicide Risk and Preventive Interventions: A Review of the Past 10 Years," *Journal of the American Academy of Child and Adolescent Psychiatry* 42, no. 4 (2003): 386.

26 E. K. Mościcki, "Epidemiology of Suicide," in *The Harvard Medical School Guide to Suicide Assessment and Intervention* (San Francisco: Jossey-Bass, 1999), pp. 40-51; Joiner, *Why People Die*.

27 S. Goldsmith et al., *Reducing Suicide: A National Imperative* (Washington, DC: National

Academies Press, 2002).

28 K. Hawton, L. Harriss, "How Often Does Deliberate Self-Harm Occur Relative to Each Suicide? A Study of Variations by Gender and Age," *Suicide and Life-Threatening Behavior* 38, no. 6 (2008): 650-60.

29 Stengel, *Suicide and Attempted*, p. 83.

30 Ibid.

31 Gibb, Beautrais, Fergusson, "Mortality and Further Suicidal Behaviour," pp. 95-100.

32 D. Wilkerson, *Suicide* (Lindale, TX: David Wilkerson Publications, 1978), p. 76.

33 A. Wenzel, G. K. Brown, A. T. Beck, *Cognitive Therapy for Suicidal Patients: Scientific and Clinical Applications* (Washington, DC: American Psychological Association, 2009).

34 Ibid., p. 6.

35 네 가지 요인, 곧 기대와 태도, 사전 예측, 구전 의사소통으로 구성된 Beck의 자살 의도 척도도 참고하라. Wenzel, Brown, Beck, *Cognitive Therapy*, p. 24.

36 Williams, *Cry of Pain*, pp. 81-82.

37 정신건강 전문가는 자살하려는 사람이 차량에서 뛰어내리면 잠재적인 책임을 지기 때문에 그를 병원으로 데려가지 않는다.

38 G. Pittman, "Many Self-Harm Patients Don't Get Psych Evaluation," Reuters, September 7, 2011; L. J. Baraff, N. Janowicz, J. R. Asarnow, "Survey of California Emergency Departments About Practices for Management of Suicidal Patients and Resources Available for Their Care," *Annals of Emergency Medicine* 48, no. 4 (2006): 452-58.

39 Baraff, Janowicz, Asarnow, "Survey of California Emergency Departments," pp. 452-58.

40 Stengel, *Suicide and Attempted*.

41 T. Joiner et al., *The Interpersonal Theory of Suicide: Guidance for Working with Suicidal Clients* (Washington, DC: American Psychological Association, 2009), p. 88; K. R. Jamison, *Night Falls Fast: Understanding Suicide* (New York: Vintage, 1999), p. 149.

42 L. Appleby et al., "Suicide Within 12 Months of Contact with Mental Health Services: National Clinical Survey," *BMJ: Clinical Research Edition* 318, no. 7193 (1999): 1235-39.

43 Jamison, *Night Falls Fast*, pp. 114-15; K. A. Busch, J. Fawcett, D. G. Jacobs, "Clinical Correlates of Inpatient Suicide," *Journal of Clinical Psychiatry* 64, no. 1 (2003): 14-19; H. G. Morgan, P. Priest, "Suicide and Other Unexpected Deaths Among Psychiatric In-Patients: The Bristol Confidential Inquiry," *British Journal of Psychiatry* 158 (1991): 368-74.

44 Nally v. Grace Community Church, 47 Cal.3d 278 (1988), ⟨law.justia.com/cases/california/cal3d/47/278.html⟩.

45 Williams, *Cry of Pain*.

46 Mościcki, "Epidemiology of Suicide," pp. 40-51.

47 M. Alexander et al., "Coping with Thoughts of Suicide: Techniques Used by Consumers of Mental Health Services," *Psychiatric Services* 60, no. 9 (2009): 1214-21. A. G. Weaver, H. G. Koenig, "Elderly Suicide, Mental Health Professionals and the Clergy: A Need for Clinical

Collaboration," *Death Studies* 20, no. 5 (1996): 495도 보라.

48 K. Mason et al., "Clergy Referral of Suicidal Individuals: A Qualitative Study," *Journal of Pastoral Care and Counseling* 65, no. 3 (2011).

49 K. Greene-McCreight, *Darkness Is My Only Companion: A Christian Response to Mental Illness* (Grand Rapids: Brazos, 2006), p. 137.

50 Jamison, *Night Falls Fast*, pp. 258-59.

51 McKeon, *Suicidal Behavior*.

52 Ibid.

53 Appleby et al., "Suicide Within 12 Months," pp. 1235-39. Cooper et al., "Suicide After Deliberate Self-Harm," pp. 297-303도 보라.

54 Gibb, Beautrais, Fergusson, "Mortality and Further Suicidal Behaviour," pp. 95-100.

55 Jamison, *Night Falls Fast*, p. 153.

56 T. C. Welu, "A Follow-Up Program for Suicide Attempters: Evaluation of Effectiveness," *Suicide and Life-Threatening Behavior* 7, no. 1 (1977): 17-30.

57 McKeon, *Suicidal Behavior*, p. 77.

58 G. G. O'Brien et al., "Deliberate Self-Harm and Predictors of Out-Patient Attendance," *British Journal of Psychiatry* 150 (1987): 246-47.

59 R. Kessler et al., "Trends in Suicide Ideation, Plans, Gestures, and Attempts in the United States, 1990-1992 to 2001-2003," *The Journal of the American Medical Association* 293, no. 20 (2005): 2493.

60 A. L. Berman, D. A. Jobes, M. M. *Silverman, Adolescent Suicide: Assessment and Intervention*, 2nd ed. (Washington, DC: American Psychological Association, 2006).

61 J. A. Cramer, R. Rosenbeck, "Compliance with Medication Regimens for Mental and Physical Disorders," *Psychiatric Services* 49 (1988): 196-201.

62 J. A. Urquhart, "A Call for a New Discipline," *Pharmacology Technology* 11 (1987): 16-17.

63 S. D. Cochran, "Preventing Medical Noncompliance in the Outpatient Treatment of Bipolar Affective Disorders," *Journal of Consulting and Clinical Psychology* 52 (1984): 873-78.

64 Health Insurance Portability and Accountability Act of 1996, ⟨www.hhs.gov/ocr/privacy⟩.

65 Jamison, *Night Falls Fast*.

66 Joiner, *Why People Die*, p. 165.

67 K. J. Kaplan, M. B. Schwartz, *A Psychology of Hope: A Biblical Response to Tragedy and Suicide* (Grand Rapids: Eerdmans, 2008); K. Dervic et al., "Religious Affiliation and Suicide Attempt," *The American Journal of Psychiatry* 161, no. 12 (2004): 2303-8.

68 Shneidman, *The Suicidal Mind*.

69 K. Hawton, "Psychosocial Treatments Following Attempted Suicide: Evidence to Inform Clinical Practice," in *Prevention and Treatment of Suicidal Behavior: From Science to Practice* (New York: Oxford University Press, 2005), p. 198.

70 Williams, *Cry of Pain*.

제7장

1   K. R. Jamison, *Night Falls Fast: Understanding Suicide* (New York: Vintage, 1999), p. 259.

2   W. Styron, *Darkness Visible: A Memoir of Madness* (New York: Random House, 1990), p. 77.

3   L. Pessoa, "On the Relationship Between Emotion and Cognition," *Nature Reviews Neuroscience* 9 (2008): 148-58.

4   E. Kennedy-Moore, J. C. Watson, *Expressing Emotion: Myths, Realities, and Therapeutic Strategies* (New York: Guilford Press, 1999), p. 7.

5   A. L. Miller, J. H. Rathus, M. M. Linehan, *Dialectical Behavior Therapy with Suicidal Adolescents* (New York: Guilford, 2007), p. 188.

6   신앙 공동체에서 자살 사건이 발생한 이후의 경험에 대해 5명의 목사와 면담한 미발표 자료. 나는 Heather Thornburg라는 학생 조교와 함께 면담에 참여했다.

7   L. L. Townsend, *Suicide: Pastoral Responses* (Nashville: Abingdon, 2006), p. 93.

8   15명의 목회자와 면담한 미발표 자료. 나와 함께 면담에 참여한 학생 조교는 Elizabeth Bousa다.

9   S. R. Blauner, *How I Stayed Alive When My Brain Was Trying to Kill Me: One Person's Guide to Suicide Prevention* (New York: William Morrow, 2002), p. 211.

10 Ibid., p. 209.

11 J. Asarnow, M. S. Berk, L. J. Baraff, "Family Intervention for Suicide Prevention: A Specialized Emergency Department Intervention for Suicidal Youths," *Professional Psychology: Research and Practice* 40, no. 2 (2009): 118-25.

12 A. Spirito et al., "An Intervention Trial to Improve Adherence to Community Treatment by Adolescents After a Suicide Attempt," *Journal of the American Academy of Child and Adolescent Psychiatry* 41, no. 4 (2002): 435-42.

13 R. McKeon, *Suicidal Behavior, in the series Advances in Psychotherapy: Evidence-Based Practice* (Cambridge, MA: Hogrefe and Huber, 2009).

14 "AAS Recommendations for Inpatient and Residential Patients Known to Be at Elevated Risk for Suicide," American Association of Suicidology, 2008. ⟨www. suicidology.org/Portals/14/docs/Resources/WhitePapers/RecommendationsforInpatient.pdf⟩.

15 경고 신호에 대한 정보 목록은 미국 자살학 협회를 참조하라. ⟨www. suicidology.org/ncpys/warning-signs-risk-factors⟩.

16 M. S. Berk et al., "A Cognitive Therapy Intervention for Suicide Attempters: An Overview of the Treatment and Case Examples," *Cognitive and Behavioral Practice* 11 (2004): 265-77.

17 Asarnow, Berk, Baraff, "Family Intervention," pp. 118-25.

18 Miller, Rathus, Linehan, *Dialectical Behavior Therapy*, p. 111.

19 E. Bernstein, "After a Suicide: Privacy on Trial," *Wall Street Journal, March* 24,2007; M. Carmichael, "MIT Reexamines Campus Efforts after 2 Suicides," *Boston Globe*, November 9, 2011; Jain v. Iowa 617 N.W.2d 293 (Iowa 2000); White v. University of Wyoming 954 P.2d

983; P. Lake, N. Tribbensee, "The Emerging Crisis of College Student Suicide: Law and Policy Responses to Serious Forms of Self-Inflicted Injury," *Stetson Law Review* 32 (2005): 134.

20 Jamison, *Night Falls Fast*, p. 262.

21 K. R. Jamison, K. Hawton, "The Burden of Suicide and Clinical Suggestions for Prevention," in *Prevention and Treatment of Suicidal Behavior: From Science to Practice*, ed. K. Hawton (New York: Oxford University Press, 2005), p. 189.

22 Ibid., p. 261.

23 H. Hendin et al., "Problems in Psychotherapy with Suicidal Patients," *American Journal of Psychiatry* 163, no. 1 (2006): 67-72.

24 Miller, Rathus, Linehan, *Dialectical Behavior Therapy*, p. 205.

25 Ibid., p. 189. 자살을 포함한 폭력적인 사망자를 추적하는 전국 폭력 사망 보고 시스템은 2009년에 자살의 31.97%가 연애 문제와 관련이 있다고 보고한다. CDC, ⟨wisqars.cdc.gov:8080/nvdrs/nvdrsDisplay.jsp⟩

26 Miller, Rathus, Linehan, *Dialectical Behavior Therapy*, p. 238.

27 R. Joiner, *Why People Die by Suicide* (Cambridge, MA: Harvard University Press, 2005), p. 96.

28 Asarnow, Berk, Baraff, "Family Intervention," pp. 118-25.

29 Miller, Rathus and Linehan, *Dialectical Behavior Therapy*, p. 194.

30 Ibid., p. 43.

31 Blauner, *How I Stayed Alive*, p. 261.

32 H. J. Markman, S. M. Stanley, S. L. Blumberg, *Fighting for Your Marriage: Positive Steps for Preventing Divorce and Preserving a Lasting Love* (San Francisco: Jossey-Bass, 2001).

33 ⟨www.prepinc.com⟩를 보라.

34 Miller, Rathus, Linehan, *Dialectical Behavior Therapy*, p. 191.

35 Ibid., p. 106.

36 Ibid.

37 Ibid., p. 107.

38 D. Baumrind, "The Influence of Parenting Style on Adolescent Competence and Substance Use," *Journal of Early Adolescence* 11, no. 1 (1991): 56-95.

39 Miller, Rathus, Linehan, *Dialectical Behavior Therapy*, p. 112.

40 Ibid., p. 200.

41 Ibid., p. 58.

42 Ibid.

43 Ibid., p. 200.

44 Ibid., p. 113.

45 15명의 목회자와 면담한 미발표 자료. 나와 함께 면담에 참여한 학생 조교는 Elizabeth Bousa다.

46 S. D. Govig, *the Shadow of Our Steeples: Pastoral Presence for Families Coping with Mental*

Illness (Binghamton, NY: Haworth Pastoral, 1999).

47 L. G. Calhoun, R. G. Tedeschi, "Posttraumatic Growth: The Positive Lessons of Loss," in *Meaning Reconstruction and the Experience of Loss*, ed. R. A. Niemeyer (Washington DC: American Psychological Association, 2001), p. 168.

48 A. J. Weaver et al., "Mental Health Issues Among Clergy and Other Religious Professionals: A Review of Research," *Journal of Pastoral Care and Counseling* 56, no. 4 (2002): 393–403.

49 R. J. Wicks, *The Resilient Clinician* (New York: Oxford University Press, 2007), Kindle edition, 2장.

50 C. A. Chessick et al., "Current Suicide Ideation and Prior Suicide Attempts of Bipolar Patients as Influences on Caregiver Burden," *Suicide and Life-Threatening Behavior* 37, no. 4 (2007): 482–91.

51 Wicks, *Resilient Clinician*, 1장.

52 A. D. Hart, "Burnout: Prevention and Cure," ⟨images.acswebnetworks.com/1/48/Burnout. pdf⟩.

53 K. Mason et al., "Clergy Referral of Suicidal Individuals: A Qualitative Study," *Journal of Pastoral Care and Counseling* 65, no. 3 (2011).

54 15명의 목회자와 면담한 미발표 자료. 나와 함께 면담에 참여한 학생 조교는 Elizabeth Bousa다.

55 K. S. Pope, M. J. T. Vasquez, *Ethics in Psychotherapy and Counseling: A Practical Guide*, 3rd ed. (San Francisco: John Wiley and Sons, 2007), p. 61.

56 J. T. Maltsberger, T. Jobe, D. G. Stauffacher, "Supporting the Family of a Suicidal Person: Those Who Live in Fear," in D. C. Clark, *Clergy Response to Suicidal Persons and Their Family Members* (Chicago: Exploration, 1993), p. 80.

57 R. Anderson, *The Soul of Ministry: Forming Leaders for God's People* (Louisville, KY: Westminster John Knox, 1997), p. 81.

58 15명의 목회자와 면담한 미발표 자료. 나와 함께 면담한 학생 조교는 Elizabeth Bousa다.

59 Ibid.

60 신앙 공동체에서 자살 사건이 발생한 경험에 대해 5명의 목회자와 면담한 미발표 자료. 나와 함께 면담에 참여한 학생 조교는 Heather Thornburg다.

61 15명의 목회자와 면담한 미발표 자료. 나와 함께 면담에 참여한 학생 조교는 Elizabeth Bousa다.

62 Ibid.

63 Mason, "Clergy Referral."

64 J. L. Farrell, D. A. Goebert, "Collaboration Between Psychiatrists and Clergy in Treating Serious Mental Illness," *Psychiatric Services* 59, no. 4 (2008).

65 Calhoun, Tedeschi, "Posttraumatic Growth," p. 161.

66 Ibid., p. 158.

67 R. G. Tedeschi, R. J. McNally, "Can We Facilitate Posttraumatic Growth in Combat Veter-

ans?" *American Psychologist* 66, no. 1 (2011): 19-24.

제8장

1   B. Rubel, *But I Didn't Say Goodbye: For Parents and Professionals HelpingChild Suicide Survivors* (Kendall Park, NJ: Griefwork Center, 2000), pp. xiv.

2   Ibid., p. xx.

3   D. E. Ness, C. R. Pfeffer, "Sequelae of Bereavement Resulting from Suicide," *The American Journal of Psychiatry* 147, no. 3 (1990): 279-85.

4   D. B. Biebel, S. L. Foster, *Finding Your Way After the Suicide of SomeoneYou Love* (Grand Rapids: Zondervan, 2005), p. 133.

5   W. Leane, R. Shute, "Youth Suicide: The Knowledge and Attitudes of AustralianTeachers and Clergy," *Suicide and Life-Threatening Behaviors* 28, no. 2 (1998): 165-73.

6   C. S. Lewis, *A Grief Observed* (London: Faber and Faber, 1961), p. 7.『헤아려 본 슬픔』(홍성사 역간)

7   K. R. Jamison, *Night Falls Fast: Understanding Suicide* (New York: Vintage, 1999), p. 295.

8   C. Fine, *No Time to Say Goodbye: Surviving the Suicide of a Loved One* (New York: Doubleday, 1997), p. 191.

9   Ibid., p. 200.

10   Ibid., p. 68.

11   Jamison, *Night Falls Fast*, p. 297.

12   Fine, *No Time*, p. 152.

13   Biebel, Foster, *Finding Your Way*, p. 112.

14   T. Joiner, *Myths About Suicide* (Cambridge, MA: Harvard University Press, 2010), p. 119.

15   Fine, *No Time*, p. 27.

16   I. Bolton, C. Mitchell, *My Son...My Son...: A Guide to Healing After Death, Loss or Suicide* (Roswell, GA: Bolton Press Atlanta), p. 14.

17   Ibid., p. 28.

18   E. Goffman, *Stigma: Notes on the Management of Social Identity* (New York:Simon and Schuster, 1963), p. 3.

19   L. Range, L. Calhoun, "Responses Following Suicide and Other Types of Death: The Perspective of the Bereaved," *Omega: Journal of Death and Dying* 21, no. 4 (1990): 311-20.

20   Jamison, *Night Falls Fast*, p. 299.

21   M. I. Solomon, "The Bereaved and the Stigma of Suicide," *Omega: Journal of Death and Dying* 13, no. 4 (1982-83): 377-87.

22   Fine, *No Time*, p. 137.

23   Bolton, Mitchell, *My Son*, p. 105.

24 Ibid., p. 42.

25 S. Freud, *Letters of Sigmund Freud*, ed. Ernst L. Freud, trans. Tania, James Stern (Mineola, NY: Courier Dover, 1992), p. 65.

26 Bolton, Mitchell, *My Son*, p. 49.

27 Fine, *No Time*, p. 85.

28 Jamison, *Night Falls Fast*, p. 294.

29 Biebel, Foster, *Finding Your Way*, p. 39.

30 Ibid., p. 11.

31 Fine, *No Time*, p. 95.

32 Bolton, Mitchell, *My Son*, p. 54.

33 Biebel, Foster, *Finding Your Way*, p. 84.

34 Fine, *No Time*, p. 155.

35 A. Y. Hsu, *Grieving a Suicide: A Loved One's Search for Comfort, Answers and Hope* (Downers Grove, IL: InterVarsity Press, 2002), p. 33.

36 D. A. Brent et al., "The Impact of Adolescent Suicide on Siblings and Parents: ALongitudinal Follow-up," *Suicidal and Life-Threatening Behavior* 26 (1996): 253-59.

37 P. Qin and P. Mortensen, "The Impact of Parental Status on the Risk of CompletedSuicide," *Archives of General Psychiatry* 60, no. 8 (2003): 797-802.

38 Bolton, Mitchell, *My Son*, p. 15.

39 Ibid., p. 107.

40 Biebel, Foster, *Finding Your Way*, p. 68.

41 L. Carr, G. Carr, *Fierce Goodbye: Living in the Shadow of Suicide* (Scottdale, PA: Herald, 2004), p. 109.

42 Biebe, Foster, *Finding Your Way*, pp. 10-11.

43 Fine, *No Time*, p. 120.

44 Biebel, Foster, *Finding Your Way*, p. 29.

45 E. S. Shneidman, *The Suicidal Mind* (New York: Oxford University Press, 1996), pp. 14-15.

46 Fine, *No Time*, p. 73.

47 Biebel, Foster, *Finding Your Way*, p. 100.

48 Fine, *No Time*, p. 70.

49 Carr, Carr, *Fierce Goodbye*, p. 127.

50 N. B. Webb, "The Child and Death," in *Helping Bereaved Children: A Handbook for Practitioners*, ed. N. B. Webb (New York: Guilford, 1993), p. 4.

51 Joiner, *Myths About Suicide*, p. 227.

52 Webb, "The Child," p. 4.

53 Biebel, Foster, *Finding Your Way*, pp. 102-3.

54 R. A. Niemeyer, *Meaning Reconstruction and the Experience of Loss* (Washington, DC: American Psychological Association, 2001).

55 Lewis, *A Grief Observed*, p. 46. "나는 어떤 상태를 묘사할 수 있다고 생각했다. 슬픔의 지도를 만들 수 있다고 말이야. 하지만 슬픔은 상태가 아니라 과정으로 판명되었다"(p. 47).

56 E. Jennings, "Words About Grief," *The Collected Poems, ed. Emma Mason* (Manchester, UK: Carcanet, 2012), p. 485. 허가를 받고 사용함.

57 T. W. Barrett, T. B. Scott, "Suicide Bereavement and Recovery Patterns Compared with Nonsuicide Bereavement Patterns," *Suicide and Life-Threatening Behavior* 20, no. 1 (1990): 1-15.

58 Bolton, Mitchell, *My Son*, p. 69.

59 Hsu, *Grieving a Suicide*, p. 22.

60 Fine, *No Time*, p. 89.

61 Bolton, Mitchell, *My Son*, p. 103.

62 Ibid., p. 107.

63 T. Work, "Advent's Answer to the Problem of Evil," *International Journal of Systematic Theology* 2, no. 1 (2000): p. 103.

64 Hsu, *Grieving a Suicide*, p. 143.

65 Lewis, *A Grief Observed*, pp. 24-25.

66 H. J. M. Nouwen, *The Inner Voice of Love: A Journey Through Anguish to Freedom* (New York: Image Books Doubleday, 1996), p. 103.

67 N. Wolterstorff, *Lament for a Son* (Grand Rapids: Eerdmans, 1987), p. 25. 『나는 사랑하는 사람을 잃었습니다』(좋은씨앗 역간).

68 Bolton, Mitchell, *My Son*, p. 111.

69 Biebel, Foster, *Finding Your Way*, p. 21.

70 Fine, *No Time*, p. 44.

71 Hsu, *Grieving a Suicide*, p. 144.

72 Wolterstorff, *Lament for a Son*, p. 34.

73 Bolton, Mitchell, *My Son*, p. 111.

74 Hubbard, *More Than an Aspirin*, p. 91. 히 11:35-37을 보라.

75 Wolterstorff, *Lament for a Son*, p. 34.

76 T. Joiner Jr., *Why People Die by Suicide* (Cambridge, MA: Harvard University Press, 2007), p. 5.

77 Bolton, Mitchell, *My Son*, p. 66.

78 Hubbard, *More Than an Aspirin*, p. 261

79 Biebel, Foster, *Finding Your Way*, p. 109.

80 Bolton, Mitchell, *My Son*, p. 111.

81 Biebel, Foster, *Finding Your Way*, p. 29.

82 Bolton, Mitchell, *My Son*, p. 107.

83 Wolterstorff, *Lament for a Son*, p. 76.

84 Bolton, Mitchell, *My Son*, p. 111.

85 Carr, Carr, *Fierce Goodbye*, p. 31.

86 Hubbard, *More Than an Aspirin*, p. 278. 예를 들어 시 102편.

87 A. Weems, *Psalms of Lament* (Louisville, KY: Westminster John Knox, 1995).

88 *Surviving a Suicide Loss: A Financial Guide* (New York: American Foundationfor Suicide Prevention, 2005).

89 Bolton, Mitchell, *My Son*, p. 111.

90 Ibid.

91 L. Vandecreek, K. Mottram, "The Religious Life During Suicide Bereavement:A Description," *Death Studies* 33, no. 8 (2009): 741-61.

92 Ibid., p. 26. 또한 Biebel, Foster, *Finding Your Way*, p. 50을 보라.

93 Carr, Carr, *Fierce Goodbye*, p. 38.

제9장

1 Bishop Thomas Shaw, 사적인 대화, Nov. 20, 2011.

2 Michael Cooper, "Bishop David E. Johnson, 61, Dies From Gunshot," *New York Times*, January 17, 1995, 〈www.nytimes.com/1995/01/17/obituaries/bishopdavid-e-johnson-61-dies-from-gunshot.html〉.

3 Mother Beth Maynard, 사적인 대화, July 27, 2011.

4 T. Joiner, *Why People Die by Suicide* (Cambridge, MA: Harvard University Press, 2005), pp. 224-25.

5 15명의 목회자와 면담한 미발표 자료. 나와 함께 면담에 참여한 학생 조교는 Elizabeth Bousa다.

6 E. Goffman, *Stigma: Notes on the Management of Social Identity* (New York: Simon and Schuster, 1963), p. 6; W. W. Rankin et al., "The Stigma of Being HIV-Positive in Africa," *PLoS Med* 2, no. 8 (2005).

7 I. Rold án, "AIDS Stigma in the Puerto Rican Community: An Expression of Other Stigma Phenomenon in Puerto Rican Culture," *Interamerican Journal of Psychology* 41, no. 1 (2007).

8 M. Requarth, *After a Parent's Suicide: Helping Children Heal* (Sebastopol, CA: Healing Hearts, 2006), p. 96.

9 다른 언급이 없다면, 이번 장에 나오는 지금 면담과 다른 모든 면담은 5명의 목회자와 그들의 신앙 공동체에서 자살 사건이 발생한 이후의 경험을 면담한 미발표 자료에서 인용한 것이다. 나와 함께 면담에 참여한 학생 조교는 Heather Thornburg다.

10 A. Y. Hsu, *Grieving a Suicide: A Loved One's Search for Comfort, Answers and Hope* (Downers Grove, IL: Inter Varsity Press, 2002), p. 66.

11 "CDC Recommendations for a Community Plan for the Prevention, Containmentof Suicide Clusters," *MMWR* 37, no. S-6 (1988): 1-12.

12 L. Wissow et al., "Cluster and Regional Influences on Suicide in a Southwestern American

Indian Tribe," *Social Science and Medicine* 53 (2001): 1115-24.

13 H. R. Fedden, *Suicide: A Social and Historical Study* (London: Peter Davies, 1938), p. 299.

14 E. Durkheim, *Suicide: A Study in Sociology* trans. John A. Spaulding and George Simpson (New York: Free Press, 1951), p. 97.

15 Fedden, *Suicide*, p. 298.

16 M. Gould, P. Jamieson. D. Romer, "Media Contagion and Suicide Among the Young," *American Behavioral Scientist* 46, no. 9 (2003): 1269; L. Coleman, *The Copycat Effect* (New York: Simon and Schuster, 2004); J. W. von Goethe, *The Sorrows of Young Werther* (New York: Vintage Classic, 1971).

17 K. R. Jamison, *Night Falls Fast: Understanding Suicide* (New York: Vintage, 1999), p. 278.

18 A. Alvarez, *The Savage God: A Study of Suicide* (New York: Random House, 1972), p. 210.

19 S. J. Surtees, "Suicide and Accidental Death at Beachy Head," *British Medical Journal* 284 (1982): 321-24.

20 T. Joiner, *Myths About Suicide* (Cambridge, MA: Harvard University Press, 2010), p. 143.

21 E. K. Mościcki, "Epidemiology of Suicide," in *The Harvard Medical School Guide to Suicide Assessment and Intervention*, ed. Douglas G. Jacobs (San Francisco: Jossey-Bass, 1999), p. 49.

22 M. Williams, *Cry of Pain: Understanding Suicide and Self-harm* (London: Penguin, 1997), pp. 131-32.

23 Ibid., p. 136.

24 A. Schmidtke, H. H äfner, "The Werther Effect After Television Films: New Evidence for an Old Hypothesis," *Psychological Medicine* 18, no. 3 (1988): 665-76.

25 A. Beautrais, "The Contribution to Suicide Prevention of Restricting Access to Methods and Sites," *Crisis: The Journal of Crisis Intervention and Suicide Prevention* 28, no. 1 (2007): 1-3.

26 M. Gould, D. Shaffer, "The Impact of Suicide in Television Movies: Evidence of Imitation," *New England Journal of Medicine* 315, no. 11 (1986): 690-94.

27 Jamison, *Night Falls Fast*, pp. 279-80.

28 Williams, *Cry of Pain*, pp. 131-32.

29 Suicide Prevention Resource Center, *After a Suicide: Recommendations for Religious Services and Other Public Memorial Observances* (Newton, MA: Education Development Center, 2004); *Reporting on Suicide: Recommendations for the Media* (Centers for Disease Control and Prevention, et al.), ⟨www. sprc.org/sites/sprc.org/files/library/sreporting.pdf⟩.

30 Jamison, *Night Falls Fast*, p. 144.

31 Gould, Jamieson, Romer, "Media Contagion," p. 1269.

32 L. J. Nicoletti, "Morbid Topographies: Placing Suicide in Victorian London," in *A Mighty Mass of Brick and Smoke: Victorian and Edwardian Representations of London* (New York: Rodopi, 2007), pp. 13-14.

33 F. Winslow, *The Anatomy of Suicide* (Boston: Milford House, 1972), p. 96.

34 Gould, Jamieson, Romer, "Media Contagion," p. 1269.

35 M. Requarth, *After a Parent's Suicide: Helping Children Heal* (Sebastopol, CA: Healing Hearts, 2006), p. 120.

36 Jamison, *Night Falls Fast*, p. 279.

37 Mościcki, "Epidemiology of Suicide," p. 49.

38 D. M. Cutler, E. L. Glaeser, K. E. Norberg, "Explaining the Rise in Youth Suicide," in *Risky Behavior Among Youths: An Economic Analysis*, ed. J. Gruber (Chicago: University of Chicago Press, 2001), pp. 219–69.

39 D. B. Goldston et al., "Cultural Considerations in Adolescent Suicide Prevention and Psychosocial Treatment," *American Psychologist* 63, no. 1 (2008): 14–31; T. Joiner, *Why People Die*, pp. 30, 168.

40 Durkheim, *Suicide: A Study*, p. 96.

41 D. M. Velting, M. S. Gould, "Suicide Contagion," in *Review of Suicidology*, ed. R. W. Maris, M. M. Silverman, S. Canetto (New York: Guilford, 1997), pp. 96–137.

42 Suicide Prevention Resource Center, *After a Suicide*, p. 10.

43 Ibid.

44 Ibid.

45 Requarth, *After a Parent's Suicide*, p. 122.

46 T. D. Doty, S. Spencer-Thomas, *The Role of Faith Communities in Suicide Prevention: A Guidebook for Faith Leaders* (Westminster, CO: Carson J. Spencer Foundation, 2009), p. 29.

47 Ibid., p. 39.

48 D. B. Biebel, S. L. Foster, *Finding Your Way After the Suicide of Someone You Love* (Grand Rapids: Zondervan, 2005), p. 169.

49 *The Journey: A Meditation with Words and Music*, Festival Service Book 7, The Royal School of Church Music, Croydon, in L. Carr, G. Carr, *Fierce Goodbye: Living in the Shadow of Suicide* (Scottdale, PA: Herald, 2004)에서 인용함. p. 104. 코번트리 대성당의 허락을 받아 사용함.

50 Suicide Prevention Resource Center, *Choosing and Implementing a Suicide Prevention Gatekeeper Training Program* (training course), slide 6.

51 Doty, Spencer-Thomas, *Role of Faith Communities*, p. 14.

52 Joiner, *Myths About Suicide*, p. 65.

53 R. H. Aseltine Jr., R. DeMartino, "An Outcome Evaluation of the SOS Suicide Prevention Program," *American Journal of Public Health* 94, no. 3 (2004): 446–51.

54 M. S. Gould et al., "Youth Suicide Risk and Preventive Interventions: A Review of the Past 10 Years," *Journal of the American Academy of Child and Adolescent Psychiatry* 42, no. 4 (2003): 386.

55 T. Joiner et al., *The Interpersonal Theory of Suicide: Guidance for Working with Suicidal Clients* (Washington, DC: American Psychological Association, 2009), p. 177.

56 P. A. Wyman et al., "Randomized Trial of a Gatekeeper Program for Suicide Prevention:

1-Year Impact on Secondary School Staff," *Journal of Consulting and Clinical Psychology* 76, no. 1 (2008): 104-15.

57   T. Jobe, J. H. Shackelford, D. G. Stauffacher, "How to Get Professional Help for a Suicidal Person and Remain Involved," in D. C. Clark, *Clergy Response to Suicidal Persons and Their Family Members* (Chicago: Exploration, 1993), p. 66.

58   Doty, Spencer-Thomas, *Role of Faith Communities*, p. 12.

59   U.S. Department of Health and Human Services (HHS) Office of the Surgeon General and National Action Alliance for Suicide Prevention, 2012 *National Strategy for Suicide Prevention: Goals and Objectives for Action* (Washington, DC: HHS, 2012).

60   Ibid., p. 40.

결론

1   C. G. Ellison et al., "The Clergy as a Source of Mental Health Assistance: What Americans Believe," *Review of Religious Research* 48, no. 2 (2006): 190-211.

2   S. Harris, *Your Breakthrough Is Guaranteed: Seven Simple Steps That Will Help Insure Your Success in Every Area of Life* (CreateSpace Independent Publishing Platform [an Amazon company], 2010).

3   K. Mason, *When the Pieces Don't Fit: Making Sense of Life's Puzzles* (Grand Rapids: Discovery House, 2008).

4   L. A. Brenner et al., "Suicidality and Veterans with a History of Traumatic Brain Injury: Precipitating Events, Protective Factors, and Prevention Strategies," *Rehabilitation Psychology* 54, no. 4 (2009): 390-97.

5   E. Miller, C. McCullough, J. Johnson, "The Association of Family Risk Factors with Suicidality Among Adolescent Primary Care Patients," *Journal of Family Violence* 27, no. 6 (2012): 523-29.

6   N. A. Skopp et al., "Childhood Adversity and Suicidal Ideation in a Clinical Military Sample: Military Unit Cohesion and Intimate Relationships as Protective Factors," *Journal of Social and Clinical Psychology* 30, no. 4 (2011): 361-77.

7   S. Stack, "The Effect of the Decline in Institutionalized Religion on Suicide, 19541978," *Journal for the Scientific Study of Religion* 22, no. 3 (1983): 239-52.

8   M. E. McCullough, B. B. Willoughby, "Religion, Self-Regulation, and Self-Control: Associations, Explanations, and Implications," *Psychological Bulletin* 135, no. 1 (2009): 69-93.

9   Ibid.

10   D. B. Larson, S. S. Larson, "Spirituality's Potential Relevance to Physical and Emotional Health: A Brief Review of Quantitative Research," *Journal of Psychology and Theology* 31, no. 1 (2003): 37-51.

11 L. Dossey, *Healing Words: The Power of Prayer and the Practice of Medicine* (San Francisco: HarperSanFrancisco, 1993), pp. 252-53.

12 M. Alexander et al., "Coping with Thoughts of Suicide: Techniques Used by Consumers of Mental Health Services," *Psychiatric Services* 60, no. 9 (2009): 1214-21.

13 M. A. Marty, D. L. Segal, F. L. Coolidge, "Relationships Among Dispositional Coping Strategies, Suicidal Ideation, and Protective Factors Against Suicide in Older Adults," *Aging and Mental Health* 14, no. 8 (2010): 1015-23.

14 Y. Lee, "Validation of Reasons for Living and Their Relationship with Suicidal Ideation in Korean College Students," *Death Studies* 36, no. 8 (2012): 712-22; M. Oquendo et al., "Protective Factors Against Suicidal Behavior in Latinos," *Journal of Nervous and Mental Disease* 193, no. 7 (2005): 438-43.

15 T. Joiner, *Why People Die by Suicide* (Cambridge, MA: Harvard University Press, 2005), p. 96.

16 D. Li et al., "Gratitude and Suicidal Ideation and Suicide Attempts Among Chinese Adolescents: Direct, Mediated, and Moderated Effects," *Journal of Adolescence* 35, no. 1 (2012): 55-66.

17 W. Leane, R. Shute, "Youth Suicide: The Knowledge and Attitudes of Australian Teachers and Clergy," *Suicide and Life-Threatening Behavior* 28, no. 2 (1998): 165-73.

18 K. I. Pargament, N. A. Murray-Swank, N. Tarakeshwar, "Editorial: An Empirically-Based Rationale for a Spiritually-Integrated Psychotherapy," *Mental Health, Religion and Culture* 8, no. 3 (2005): 155-65.

19 Ellison et al., "The Clergy as a Source," p. 197.

20 A. A. Hohmann, D. B. Larson, "Psychiatric Factors Predicting Use of Clergy," in *Psychotherapy and Religious Values*, ed. E. L. Worthington (Grand Rapids: Baker, 1993); P. Wang, P. Berglund, R. Kessler, "Patterns and Correlates of Contacting Clergy for Mental Disorders in the United States," *Health Services Research* 38, no. 2 (2003): 647-73.

그대, 죽지 말아요

자살 위험에 노출된 사람을 돕는 방법

Copyright ⓒ 새물결플러스 2019

1쇄 발행 2019년 10월 30일

지은이 캐런 메이슨
옮긴이 장보철
펴낸이 김요한
펴낸곳 새물결플러스

편 집 왕희광 정인철 박규준 노재현 한바울
　　　　정혜인 이형일 서종원 나유영 노동래
디자인 윤민주 황진주 박인미 이지윤
마케팅 박성민 이원혁
총 무 김명화 이성순
영 상 최정호 조용석 곽상원
아카데미 차상희

홈페이지 www.holywaveplus.com
이메일 hwpbooks@hwpbooks.com
출판등록 2008년 8월 21일 제2008-24호
주 소 (우) 04118 서울시 마포구 마포대로19길 33
전 화 02) 2652-3161
팩 스 02) 2652-3191

ISBN 979-11-6129-128-4 03230

책값은 뒤표지에 있습니다.

이 도서의 국립중앙도서관 출판예정도서목록(CIP)은 서지정보유통지원시스
템 홈페이지(seoji.nl.go.kr)와 국가자료공동목록시스템(nl.go.kr/kolisnet)
에서 이용하실 수 있습니다. CIP2019042089